HAROLDO LOURENÇO

PROCESSO COLETIVO
SISTEMATIZADO

EDITORA FOCO

2021 © Editora Foco
Autor: Haroldo Lourenço
Diretor Acadêmico: Leonardo Pereira
Editor: Roberta Densa
Assistente Editorial: Paula Morishita
Revisora Sênior: Georgia Renata Dias
Capa Criação: Leonardo Hermano
Diagramação: Ladislau Lima e Aparecida Lima
Impressão miolo e capa: GRAFNORTE

Dados Internacionais de Catalogação na Publicação (CIP) de acordo com ISBD

L892p   Lourenço, Haroldo
Processo coletivo sistematizado / Haroldo Lourenço. - Indaiatuba, SP : Editora Foco, 2021.

240 p. ; 17cm x 24cm.

Inclui bibliografia e índice.

ISBN: 978-65-5515-343-9

1. Direito. 2. Processo coletivo. I. Título.

2021-2576   CDD 340   CDU 37

Elaborado por Vagner Rodolfo da Silva - CRB-8/9410
Índices para Catálogo Sistemático:
1. Direito 340
2. Direito 34

DIREITOS AUTORAIS: É proibida a reprodução parcial ou total desta publicação, por qualquer forma ou meio, sem a prévia autorização da Editora FOCO, com exceção do teor das questões de concursos públicos que, por serem atos oficiais, não são protegidas como Direitos Autorais, na forma do Artigo 8º, IV, da Lei 9.610/1998. Referida vedação se estende às características gráficas da obra e sua editoração. A punição para a violação dos Direitos Autorais é crime previsto no Artigo 184 do Código Penal e as sanções civis às violações dos Direitos Autorais estão previstas nos Artigos 101 a 110 da Lei 9.610/1998. Os comentários das questões são de responsabilidade dos autores.

NOTAS DA EDITORA:

Atualizações e erratas: A presente obra é vendida como está, atualizada até a data do seu fechamento, informação que consta na página II do livro. Havendo a publicação de legislação de suma relevância, a editora, de forma discricionária, se empenhará em disponibilizar atualização futura.

Erratas: A Editora se compromete a disponibilizar no site www.editorafoco.com.br, na seção Atualizações, eventuais erratas por razões de erros técnicos ou de conteúdo. Solicitamos, outrossim, que o leitor faça a gentileza de colaborar com a perfeição da obra, comunicando eventual erro encontrado por meio de mensagem para contato@editorafoco.com.br. O acesso será disponibilizado durante a vigência da edição da obra.

Impresso no Brasil (07.2021) – Data de Fechamento (07.2021)

2021
Todos os direitos reservados à
Editora Foco Jurídico Ltda.
Avenida Itororó, 348 – Sala 05 – Cidade Nova
CEP 13334-050 – Indaiatuba – SP

E-mail: contato@editorafoco.com.br
www.editorafoco.com.br

ABREVIATURAS

AIJ – Audiência de Instrução e Julgamento.
ADC – Ação Declaratória de Constitucionalidade.
ADI – Ação Declaratória de Inconstitucionalidade.
ANPC – Acordo de não persecução cível.
ANPD – Autoridade Nacional de Proteção de Dados.
ANPP – Acordo de não persecução penal.
CAC – Compromisso de Ajustamento de Conduta.
CC/02 – Código Civil de 2002.
CC/16 – Código Civil de 1916.
CDC – Código de Defesa do Consumidor.
CF/88 – Constituição Federal de 1988.
CPC/15 – Código de Processo Civil de 2015.
CPP – Código de Processo Penal.
ECA – Estatuto da Criança e do Adolescente.
EI – Estatuto do Idoso (Lei nº 10.741/2003).
FPPC – Fórum Permanente de Processualistas Cíveis.
IC – Inquérito Civil.
IRDR – Incidente de Resolução de Demandas Repetitivas.
LACP – Lei da Ação Civil Pública (Lei nº 7.347/1985).
LAP – Lei da Ação Popular (Lei nº 4.717/65).
LGPD – Lei Geral de Proteção de Dados Pessoais.
LIA – Lei de improbidade administrativa (Lei nº 8.249/92).
LINDB – Lei de Introdução as Normas do Direito Brasileiro.
LMI – Lei do Mandado de Injunção (Lei nº 13.300/2016).
LMS – Lei do Mandado de Segurança (Lei nº 12.016/2009).
MP – Ministério Público.
MPF – Ministério Público Federal.
STF – Supremo Tribunal Federal.
STJ – Superior Tribunal de Justiça.
TAC – Termo de Ajustamento de Conduta.

ABREVIATURAS

AIJ – Audiência de Instrução e Julgamento.
ADC – Ação Declaratória de Constitucionalidade.
ADI – Ação Declaratória de Inconstitucionalidade.
ANPC – Acordo de não persecução cível.
ANPD – Autoridade Nacional de Proteção de Dados.
ANPP – Acordo de não persecução penal.
CAC – Compromisso de Ajustamento de Conduta.
CC/02 – Código Civil de 2002.
CC/16 – Código Civil de 1916.
CDC – Código de Defesa do Consumidor.
CF/88 – Constituição Federal de 1988.
CPC/15 – Código de Processo Civil de 2015.
CPP – Código de Processo Penal.
ECA – Estatuto da Criança e do Adolescente.
EI – Estatuto do Idoso (Lei nº. 10.741/2003).
FPPC – Fórum Permanente de Processualistas Civis.
IC – Inquérito Civil.
IRDR – Incidente de Resolução de Demandas Repetitivas.
LACP – Lei da Ação Civil Pública (Lei nº 7.347/1985).
LAP – Lei da Ação Popular (Lei nº 4.717/65).
LGPD – Lei Geral de Proteção de Dados Pessoais.
LIA – Lei de improbidade administrativa (Lei nº 8.249/92).
LINDB – Lei de Introdução as Normas do Direito Brasileiro.
LMI – Lei do Mandado de Injunção (Lei nº 13.300/2016).
LMS – Lei do Mandado de Segurança (Lei nº 12.016/2009).
MP – Ministério Público.
MPF – Ministério Público Federal.
STF – Supremo Tribunal Federal.
STJ – Superior Tribunal de Justiça.
TAC – Termo de Ajustamento de Conduta.

SUMÁRIO

ABREVIATURAS.. III

PARTE 1
TEORIA GERAL DA TUTELA COLETIVA

CAPÍTULO 1 – DIREITO PROCESSUAL COLETIVO.. 3

1.1   Noções gerais. Proposta da presente obra.. 3
1.2   Alguns antecedentes históricos... 3
1.3   Codificação, recodificação, CPC/15 e a tutela coletiva............................... 4
1.4   A mutação da ótica individualista para a coletiva....................................... 6
1.5   Ação coletiva e litisconsórcio multitudinário.. 7
1.6   As motivações e justificativas à tutela coletiva... 8
1.7   Tutela coletiva como processo civil de interesse público........................... 8
1.8   Elementos necessários para a identificação de um processo coletivo........ 9
1.9   Microssistema das causas coletivas... 9
1.10 Ações de controle de constitucionalidade como tutela coletiva.................. 13
1.11 Ações coletivas e os juizados especiais.. 13
1.12 Tutela coletiva como refém do autoritarismo legislativo........................... 14
1.13 Consensualidade na tutela coletiva... 16
1.14 Dano moral coletivo.. 17
1.15 Litígios estruturantes ou estruturais.. 18

CAPÍTULO 2 – PRINCÍPIOS DO DIREITO PROCESSUAL COLETIVO............... 21

2.1   Noções gerais.. 21
2.2   Indisponibilidade (mitigada) e da continuidade da ação coletiva............... 21
2.3   Interesse jurisdicional no conhecimento do mérito e da instrumentalidade das formas.. 22
2.4   Obrigatoriedade da demanda coletiva executiva.. 23
2.5   Máxima prioridade na tramitação... 23
2.6   Máximo benefício da tutela coletiva (extensão subjetiva da coisa julgada *secundum eventum litis* e transporte *in utilibus*)....................................... 23

2.7	Máxima efetividade do processo coletivo ou ativismo judicial	23
2.8	Atipicidade do processo coletivo ou não taxatividade	25
2.9	Princípio da participação pelo processo coletivo	25
2.10	Ampla divulgação da demanda coletiva	26
2.11	Adequada representação ou controle judicial da representação	26
2.12	Princípio da competência adequada (*forum non conveniens* e *forum shopping*)	27

CAPÍTULO 3 – DIREITOS COLETIVOS 29

3.1	Dos direitos coletivos *lato sensu*	29
3.2	Direitos difusos	29
3.3	Direitos coletivos *stricto sensu*	30
3.4	Direitos individuais homogêneos	31
3.5	Quadro sinótico para identificação do direito coletivo	34
3.6	Direitos ou interesses coletivos?	34
3.7	Titularidade dos direitos coletivos	36
3.8	Critérios para identificação do direito discutido na ação coletiva	36
3.9	Ações pseudoindividuais	38
3.10	Ações pseudocoletivas	40

CAPÍTULO 4 – PROTEÇÃO ESPECÍFICA DE ALGUNS DIREITOS COLETIVOS 43

4.1	Considerações iniciais	43
4.2	Meio ambiente	43
4.3	Patrimônio cultural, público e social	43
4.4	Tombamento	44
4.5	Consumidor	44
4.6	Dados pessoais – LGPD	44
4.7	Interesses transindividuais	46

CAPÍTULO 5 – COMPETÊNCIA 47

5.1	Considerações gerais	47
5.2	Competência funcional e territorial absoluta	47
5.3	Competência para a ação coletiva	48
5.4	Delegação de competência federal ao juízo estadual (art. 109, §§ 3º e 4º, da CF/88)	48
5.5	Competência prevista no CDC	49
5.6	Dano de âmbito local	49

5.7	Dano nacional ou regional	49
5.8	restrição territorial da decisão na tutela coletiva	51
5.9	Ação de improbidade administrativa. Agentes políticos. Prerrogativa de função	52
5.10	Outras hipóteses de competência da Justiça Federal para a ação coletiva	53

CAPÍTULO 6 – RELAÇÃO ENTRE DEMANDAS 55

6.1	Noções gerais	55
6.2	Relação entre demandas coletivas e individuais	55
	6.2.1 Right to opt in. right to opt out	56
6.3	Relação entre demandas coletivas	57
6.4	Relação entre demandas coletivas com o mesmo procedimento	58
6.5	Relação entre demandas coletivas com procedimentos distintos	59
6.6	Critério para reunião de demandas coletivas: "Juízo universal"	60

CAPÍTULO 7 – DAS PARTES 63

7.1	Noções gerais	63
7.2	Natureza jurídica da legitimação coletiva	64
7.3	Legitimação ativa	65
7.4	Controle judicial da legitimidade	66
	7.4.1 Legitimidade ativa do Ministério Público	66
	7.4.2 Legitimidade ativa da Defensoria Pública	69
	7.4.3 Entes despersonalizados	72
	7.4.4 Pessoas administrativas	73
	7.4.5 Associações	73
	7.4.6 Conselhos de classe e a OAB	74
	7.4.7 Litisconsórcio ativo	75
7.8	Consequência da falta de legitimidade	76
7.9	Legitimidade passiva	76
7.10	Legitimação coletiva passiva. Ações coletivas passivas	77
7.11	Intervenção de terceiros	79
	7.11.1 Polo ativo	79
	7.11.2 Causas que versem sobre direitos individuais homogêneos	79
	7.11.3 Ingresso do MP como assistente na ação popular	80
	7.11.4 Polo passivo	80
	7.11.5 Amicus curiae	80

7.12	Defensoria pública como *custos vulnerabilis*	81
7.13	Intervenção móvel	81

CAPÍTULO 8 – COISA JULGADA 83

8.1	Noções gerais	83
8.2	Premissas Necessárias para compreensão da coisa julgada na tutela coletiva	83
8.3	Coisa julgada *secundum eventus probationis*	85
8.4	Coisa julgada *secundum eventus litis*	86
8.5	Constitucionalidade de tais técnicas de produção da coisa julgada	87
8.6	Análise do CDC como regra geral para a tutela coletiva	87
8.7	Transporte *in utilibus*. *Right opt in* e *out*	89
8.8	Quadro sinótico	90

CAPÍTULO 9 – LIQUIDAÇÃO E EXECUÇÃO DA SENTENÇA 93

9.1	Noções gerais	93
9.2	Legitimidade	94
9.3	Competência	94
9.4	Interesses individuais homogêneos	95
	9.4.1 Execução individual da pretensão individual	95
	9.4.2 Execução coletiva da pretensão individual	96
	9.4.3 Execução coletiva subsidiária ou residual. *Fluid recovery*	97
9.5	Concurso de créditos (preferências)	98
9.6	Honorários advocatícios na liquidação e execução das pretensões individuais	98

PARTE 2
AÇÕES COLETIVAS EM ESPÉCIE

CAPÍTULO 1 – AÇÃO CIVIL PÚBLICA 103

1.1	Introdução e nomenclatura	103
1.2	Histórico	104
1.3	Intervenção do Ministério Público	104
1.4	Inquérito civil	105
	1.4.1 Noções gerais	105
	1.4.2 Características	105
	1.4.3 Espécies	106
	1.4.4 Instauração e seus efeitos	106

	1.4.5	Poderes instrutórios do MP	106
	1.4.6	Conclusão do IC	107
	1.4.7	Defesas possíveis	108
1.5		Termo de ajustamento de conduta	109
1.6		Aspectos procedimentais	113
	1.6.1	Rito	113
	1.6.2	Petição inicial	113
	1.6.3	Liminar e mecanismos de impugnação	113
	1.6.4	Sentença	115
	1.6.5	Reexame necessário	115
	1.6.6	Das custas. Honorários advocatícios. Despesas processuais	116
	1.6.7	Despesas da perícia	117
1.7		Prescrição	118
1.8		Sistematização gráfica do procedimento	118

CAPÍTULO 2 – AÇÃO POPULAR 119

2.1	Natureza jurídica	119
2.2	Relação com o mandado de segurança	119
2.3	Legitimidade ativa e passiva	122
2.4	Intervenção móvel	124
2.5	Intervenção de terceiros	124
2.6	Ministério Público	124
2.7	Competência. "Juízo universal"	125
2.8	Aspectos processuais	126
	2.8.1 Petição inicial	126
	2.8.2 Posturas do magistrado. Tutelas provisórias	127
	2.8.3 Respostas. Prazo	127
	2.8.4 Instrução processual	128
	2.8.5 Sentença	128
	2.8.6 Reexame necessário	129
	2.8.7 Meios de impugnação das decisões	129
	2.8.8 Execução	129
2.9	Prescrição	130
2.10	Despesas processuais	130
2.11	Sistematização gráfica do procedimento	130

CAPÍTULO 3 – IMPROBIDADE ADMINISTRATIVA 131

- 3.1 Noções gerais. Relação com a ação civil pública e ação popular 131
- 3.2 Tipologia dos atos de improbidade 133
  - 3.2.1 Noções gerais 133
  - 3.2.2 Atos que importam enriquecimento ilícito (art. 9º) 135
  - 3.2.3 Atos que causam lesão ao erário (art. 10) 137
  - 3.2.4 Atos que violam os princípios regentes da Administração Pública (art. 11) 138
  - 3.2.5 Improbidade formal e improbidade material 139
- 3.3 Legitimidade 140
  - 3.3.1 Ativa 140
  - 3.3.2 Passiva. Agentes políticos 140
- 3.4 Competência. Agentes políticos 142
- 3.5 Aspectos processuais 142
  - 3.5.1 Rito. Petição inicial. Pedido. Custas 142
  - 3.5.2 Notificação do demandado 143
  - 3.5.3 Posturas do juiz após a notificação 144
  - 3.5.4 Das decisões interlocutórias em geral 144
  - 3.5.5 Reexame necessário 145
  - 3.5.6 Atipicidade das medidas executivas 145
- 3.6 Tutelas cautelares típicas e atípicas 146
  - 3.6.1 Noções gerais 146
  - 3.6.2 Cautelares típicas: afastamento do cargo (art. 20, parágrafo único) ... 147
  - 3.6.3 Cautelares típicas: indisponibilidade (art. 7º) 150
  - 3.6.4 Cautelares típicas: sequestro (art. 16) e bloqueio (art. 16, § 2º) 151
  - 3.6.5 Impenhorabilidades 151
  - 3.6.6 Cautelares atípicas 153
  - 3.6.7 Suspensão da liminar ou agravo de instrumento? 153
- 3.7 Termo de ajustamento de conduta 153
- 3.8 Acordo de não persecução cível 155
- 3.9 Prescrição 156
- 3.10 Sistematização gráfica do procedimento 157

CAPÍTULO 4 – MANDADO DE SEGURANÇA COLETIVO 159

- 4.1 Introdução 159
- 4.2 Origem histórica 159

4.3	Conceito	162
4.4	Natureza processual, rito e prioridade	162
4.5	"Direito" líquido e certo	163
	4.5.1 Uma primeira exceção à comprovação de plano	165
	4.5.2 Uma segunda exceção à comprovação de plano	167
	4.5.3 Exibição de documentos no mandado de segurança e no CPC	168
4.6	Das custas	169
4.7	Valor da causa	170
4.8	Ministério Público	170
4.9	Reexame necessário	172
4.10	Legitimidade ativa	172
	4.10.1 Ministério Público e Defensoria Pública	172
	4.10.2 Partidos políticos	172
	4.10.3 Organizações sindicais, entidades de classe e associações	173
4.11	Legitimidade passiva	174
4.12	Autoridade coatora	176
	4.12.1 Indicação errônea da autoridade coatora. Posições do STJ	177
	4.12.2 Teoria da encampação	177
	4.12.3 "Emenda" à autoridade coatora	178
	4.12.4 Informações e defesa técnica	178
	4.12.5 Legitimidade recursal	180
	4.12.6 Da competência	181
4.13	Do prazo	185
4.14	Atos passíveis de mandado de segurança	187
	4.14.1 Ato ilegal ou com abuso de poder, não amparado por *habeas corpus* ou *habeas data*	187
	4.14.2 Mandado de segurança preventivo	188
	4.14.3 Atos de gestão comercial	188
	4.14.4 Ato passível de recurso administrativo com efeito suspensivo, independentemente de caução	190
	4.14.5 Decisão judicial sujeita a recurso sem efeito suspensivo	191
	4.14.6 Decisão judicial transitada em julgado	192
	4.14.7 Atos normativos abstratos e concretos. Enunciado 266 do STF	192
4.15	Objeto do mandado de segurança coletivo	193
4.16	Da liminar	194
	4.16.1 Da perempção ou caducidade da medida liminar	197

4.17   Dos recursos 198
4.18   Da suspensão de segurança 199
4.19   Relação entre MS individual e coletivo. Coisa julgada. *Right to opt in e out* 201
4.20   Liminar em mandado de segurança coletivo 202
4.21   Enunciados por assunto sobre mandado de segurança 203
4.22   Sistematização gráfica do procedimento 208

CAPÍTULO 5 – MANDADO DE INJUNÇÃO 209

5.1   Introdução 209
5.2   Competência 211
5.3   Legitimidade ativa e passiva 211
5.4   Procedimento 213
5.5   Das teorias existentes sobre a decisão 214
5.6   Da coisa julgada e da ação de revisão 216
5.7   Objeto do mi e relação com mi individual 217
5.8   Sistematização gráfica do procedimento 217

REFERÊNCIAS 219

Parte 1
TEORIA GERAL DA TUTELA COLETIVA

Parte 1
TEORIA GERAL DA
TUTELA COLETIVA

Capítulo 1
DIREITO PROCESSUAL COLETIVO

1.1 NOÇÕES GERAIS. PROPOSTA DA PRESENTE OBRA

Tradicionalmente, desde os primórdios da ciência processual, sempre se estudou o processo civil de maneira individual, buscando-se soluções individualizadas dos conflitos, contudo, essa visão começou a se mostrar insuficiente, surgindo a necessidade de se desenvolver a tutela coletiva. Assim surgiu o denominado direito processual coletivo, que busca a tutela jurisdicional para além do indivíduo.

Uma das maiores dificuldades para o estudo do processo coletivo no Brasil é a dispersão legislativa, sendo certo que alguns Projetos de Lei foram, brilhantemente, elaborados há algum tempo pela Universidade do Estado do Rio de Janeiro, pelo Instituto Brasileiro de Direito Processual, entre outros, contudo, os mesmos se perderam com o passar dos anos, contudo, recentemente, mais dois novos projetos foram apresentados[1].

Nessa linha, para proporcionar uma melhor e mais didática compreensão sobre o tema, dividimos o estudo em duas partes: teoria geral do processo coletivo e, posteriormente, o estudo isolado das principais ações, como a popular, ação civil pública, improbidade, mandado de segurança e de injunção. Sendo certo que, uma boa assimilação da teoria geral, proporciona ao leitor uma visão ampla sobre o assunto, porém, como são inúmeras leis, sendo que muitas se conflitam, há necessidade de um estudo isolado.

Realmente, o Brasil, não obstante a boa qualidade das legislações, urge por uma sistematização, o que poderia se dar por meio de um Código Brasileiro de Processo Coletivo.

1.2 ALGUNS ANTECEDENTES HISTÓRICOS

A tutela coletiva, com a Constituição de 1988, ganhou configuração de direito fundamental (art. 5º, XXXV, LXX, LXXIII e 129, III). O tema é uma constante na

---

1. Para maiores informações, vide: https://www.camara.leg.br/proposicoesWeb/prop_mostrarintegra;jsessionid=02F3589D5878F6B0B1EA1506536D3371.proposicoesWebExterno2?codteor=1927513&filename=Tramitacao-PL+4441/2020, sobre o projeto de lei 4.441/20, bem como sobre o projeto de lei 4.778/20: https://www.camara.leg.br/noticias/697951-proposta-recria-lei-de-acao-publica-para-defesa-dos-interesses-difusos.

história da humanidade, todavia, no Brasil, somente há poucas décadas que rendeu atenção dos estudiosos.

Um dos primeiros antecedentes da tutela coletiva tem origem romana, o que originou a nossa ação popular – defendia-se a *res sacrae, rei publicae*. Ao cidadão era atribuído o poder de agir em defesa da coisa pública, em uma noção que a República pertencia ao cidadão romano, portanto, era seu dever protegê-la.[2]

Há, ainda, profundas raízes no estudo desenvolvido por Mauro Cappelletti e Bryant Garth, na clássica obra *"Acesso à Justiça"*, na qual demonstra-se que, entre **as três propaladas ondas de acesso à justiça**, a segunda representava a melhor **representação jurídica para os interesses difusos**, especialmente na proteção ambiental e do consumidor.[3]

Posteriormente, encontramos o surgimento das ações coletivas no seio da *equity* do direito inglês, mas seu mais importante desenvolvimento foi nos EUA.[4] As *class actions* norte-americanas geraram o modelo de ação coletiva adotado pelo CDC, fruto da prática jurídica anglo-saxã nos últimos oitocentos anos, sendo o principal ponto de tal sistema a *"adequada representação"*, a ser aferida pelo magistrado.

1.3 CODIFICAÇÃO, RECODIFICAÇÃO, CPC/15 E A TUTELA COLETIVA

Ocorre que, no Brasil, com a edição do CC/16, Clóvis Beviláqua, influenciado pelas ideias do iluminismo, fomentou a *"era dos códigos"*, em que um diploma legal único regulamenta todas as relações jurídicas de direito privado civil, não admitindo a intervenção de nenhum outro diploma nessa regulação.

O art. 76 e seu parágrafo único do CC/1916 foi arquitetado para uma *"limpeza do sistema"*, ou seja, trouxe uma extrema marca individualista, centrando-se no proprietário e na autonomia da vontade, com nítida intenção de extinguir as ações populares que remanesciam no nosso sistema jurídico a partir do direito romano.[5] Vejamos:

> Art. 76. Para propor, ou contestar uma ação, é necessário ter legítimo interesse econômico, ou moral. Parágrafo único: O interesse moral só autoriza a ação quando toque diretamente ao autor, ou à sua família.

A intenção foi de purificar o sistema, característica natural em codificações fechadas, retirando qualquer resquício de direito público. O próprio Beviláqua, ao

---

2. BEVILÁQUA, Clóvis. *Código Civil dos Estados Unidos do Brasil*. 11. ed. atual. por Achilles Bevilaqua e Isaias Bevilaqua. São Paulo: Livraria Francisco Alves, 1956. v. 1, p. 257.
3. CAPPELLETTI, Mauro; GARTH, Bryan. *Acesso à justiça*. Trad. Ellen Gracie Northfleet. Porto Alegre: Fabris, 1988. p. 49-66.
4. GIDI, Antonio. *Las acciones coletivas y la tutela de los derechos difusos, colectivos e individuales em Brasil: um modelo para países de derecho civil*. p. 17.
5. MANCUSO, Rodolfo de Camargo. *Ação popular*. 3. ed. São Paulo: Ed. RT. p. 48-55.

se referir ao mencionado artigo, afirma que tal dispositivo pôs termo à persistência das ações populares, que, no direito romano, tinham por objeto a defesa dos bens públicos, eis que na organização jurídica da época, os atos que permitiam a propositura da ação popular passaram a ser crimes, tipificados no Código Penal, sendo a matéria, ora de leis de polícia, ora de posturas municipais e, algumas vezes, ofensivas a direitos individuais.

Assim, foram suprimidas quaisquer tutelas cíveis de interesses não individuais.

Por outro lado, o art. 75 do CC/1916 determinava que *"a todo direito [individual] corresponde uma ação que o assegura"*. Tal artigo, lido sob uma ótica imanentista (Savigny) ou concretista (Wach), fixava uma relação entre lesão e direito de ação, impedindo a adequação e a efetividade da tutela jurisdicional.

Com a CF/88, vale ressaltar que a norma que assegura o acesso à justiça garante tanto os direitos individuais como os coletivos, eis que inserida dentro do título dos direitos e deveres individuais e coletivos. O art. 5º, XXXV, assegura a apreciação pelo Poder Judiciário não só do direito individual e não só uma ação para cada direito, mas direitos coletivos e todas as ações cabíveis para assegurar a sua adequada e efetiva tutela.

A redação do art. 83 do CDC (Lei 8.078/1990) e o art. 82 do EI – Estatuto do Idoso (Lei 10.741/2003), entre outros diplomas legais, evidenciam e confirmam essa leitura, porque, ao contrário do que estabelecia o art. 75 do antigo Código Civil de 1916 (não repetido no CC/2002, tampouco pelo CPC/73 e pelo CPC/15), *"determinam cabíveis todas as espécies de ações (tutelas jurisdicionais processuais) capazes de propiciar a adequada e efetiva tutela dos direitos afirmados perante o Judiciário"*.[6]

Com tal ótica, tornou-se possível o ajuizamento, a partir de um mesmo fato, da mesma lesão ao direito abstratamente considerado, uma ação civil para tutela de um direito difuso, coletivo ou individual homogêneo.[7]

Com o CPC/15 algumas novidades foram trazidas, onde demonstrou uma preocupação com "recodificação", sendo uma legislação mais próxima da CF/88 e dos microssistemas[8], de onde se observa, por exemplo, o Incidente de Resolução de Demandas Repetitivas (IRDR), tido por muitos como um processo coletivo *opt in*[9]

---

6. DIDIER Jr., Fredie; ZANETI Jr., Hermes. *Curso de direito processual civil*: processo coletivo. 3. ed. Salvador: Juspodivm. v. 4, p. 30.
7. BUENO, Cassio Scarpinella. *Curso sistematizado de direito processual civil*: direito processual coletivo e direito processual público. São Paulo: Saraiva, 2010. v. 2, t. III, p. 242.
8. O art. 928 do CPC/15 é um ótimo exemplo, onde consagra um microssistema de resolução de causas repetitivas, fora o microssistema de formação dos precedentes, inaugurado pelo art. 927 e difundido ao longo de diversos artigos do CPC/15.
9. Mais à frente, no capítulo da relação entre demandas, se melhor explicar o sistema *opt in* e *opt out*, onde basicamente o jurisdicionado individual opta em se incluir ou se excluir dos efeitos do processo coletivo.

para defesa dos direitos do grupo[10], pois formado o IRDR, no qual a situação jurídica coletiva é a discussão de uma tese de direito material ou processual.

1.4 A MUTAÇÃO DA ÓTICA INDIVIDUALISTA PARA A COLETIVA

Na década de 1970, vários processualistas italianos deram início a intenso estudo sobre as ações coletivas, com a realização de congressos e publicação de inúmeros artigos e livros sobre o tema. É a consagrada segunda onda de acesso à justiça, na propalada visão de Mauro Cappelletti.[11] Tal iniciativa forneceu elementos teóricos para a criação das ações coletivas brasileiras e para uma melhor delimitação das ações coletivas já existentes, como a ação popular.

No Brasil, posteriormente ao período da ditadura, surgiu um ambiente propício para a tutela dos novos direitos, vivíamos a redemocratização e a valorização da atividade do Ministério Público nos pleitos cíveis.[12] Nesse sentido, por exemplo, em 1985 foi aprovada a Lei 7.347, que até hoje regulamenta a ação civil pública (LACP).

Nesse sentido, a doutrina brasileira foi fundamental para o desenvolvimento dos processos coletivos no Brasil, em que a ação individual era o centro e a base de todo o sistema.

Para fins de constatação, basta conferir o art. 18, *caput* do CPC/15, que disciplina a regra geral da legitimidade ordinária nas ações individuais, eis que, somente por expressa previsão do ordenamento, autoriza-se alguém a ir a juízo em nome próprio pleiteando direito alheio. O processo civil, historicamente, é individualista e privatista, onde tal regra se encontrava no art. 6º CPC/73[13], ainda mais restritiva do que o atual CPC.

Muito embora o CC/16 estivesse próximo das teorias imanentista e concretista da ação, atualmente, estas já se apresentam completamente superadas, adotando-se a teoria abstrata da ação processual.

Com o passar dos anos, esse dogma mostrou-se ineficiente para a tutela de direitos com titulares indeterminados e para a litigiosidade de massa, principalmente para aquelas ações em que apenas um legitimado as movem em benefício de um todo coletivo, determinado ou não (ações coletivas).

---

10. DIDIER Jr., Fredie. ZANETI Jr., Hermes. *Curso de Direito Processual Civil*. Salvador: Juspodivm, 2019, V. 4.
11. CAPPELLETTI, Mauro. *Acesso à justiça* cit., 1998. p. 49-66.
12. DIDIER Jr., Fredie; ZANETI Jr., Hermes. *Curso de direito processual civil: processo coletivo* cit., 3. ed., v. 4, p. 31. A influência do MP nas ações coletivas brasileiras vai muito além dos resultados práticos obtidos; o projeto de lei que resultou na Lei 7.347/1985 foi fruto de aprofundado estudo realizado, por exemplo, por Nelson Nery Jr., Édis Milaré, Hugo Nigro Mazzilli, Paulo Cézar Pinheiro Carneiro etc.
13. Art. 6º: Ninguém poderá pleitear, em nome próprio, direito alheio, salvo quando autorizado por lei.

Kazuo Watanabe[14], um dos grandes responsáveis pelo movimento da tutela coletiva, afirma haver um confronto entre se tratar o conflito de modo **atomizado** (ou seja, como se fosse um átomo, fragmentando-o, como disposto no art. 18 do CPC/15) e a ideia **molecular**[15] dos conflitos coletivos *lato sensu*, disposta no CDC e na LACP.

> *Determinados interesses estavam pulverizados entre os integrantes da coletividade que seus titulares não se sentiriam estimulados a ir a juízo individualmente, contudo, agrupados, seria relevante defendê-los. Os átomos, individualmente considerados, não são bastante para compor substâncias que interessam às pessoas; no entanto, quando agrupados, formam moléculas cada vez mais complexas que adquirem grande importância.*

1.5 AÇÃO COLETIVA E LITISCONSÓRCIO MULTITUDINÁRIO

A concepção de tratamento molecular não pode ser confundida com o exercício conjunto da ação por pessoas distintas, pois, em tal situação, ocorrerá um **litisconsórcio multitudinário**, podendo ser fragmentado pelo juiz (art. 113 §§ 1° e 2° CPC/15), o qual exerce um controle *ope iudicis* da estabilidade subjetiva da demanda. A ação coletiva surge de uma particular relação entre a matéria litigiosa e a coletividade que necessita da tutela para solver o litígio.

O parâmetro é outro, no litisconsórcio multitudinário, o importante é a estrutura subjetiva; na demanda coletiva, a matéria litigiosa, que embora diga respeito a uma série de sujeitos distintos, identificáveis ou não, possa ser ajuizada e conduzida por iniciativa de uma única pessoa. É, diretamente, a transposição proposta por Watanabe de uma estrutura **atômica para molecular**.

De igual modo, não é pelo fato de se ter uma ação coletiva para a defesa de um interesse individual homogêneo que se haverá uma soma das ações individuais. Na ação coletiva, pelo contrário, a pretensão do legitimado concentra-se no acolhimento de uma **tese jurídica geral**, referente a determinados fatos, que podem aproveitar muitas pessoas.

Observe-se que os direitos individuais homogêneos são **indivisíveis e indisponíveis**, tornando-se divisíveis somente no momento da liquidação e execução, seja quando ingressarem como assistentes litisconsorciais (art. 94 do CDC) ou no momento que exercitarem seu direito individual com habilitação para a liquidação de sentença (art. 97 do CDC).

Por outro lado, no **litisconsórcio multitudinário**, desde o início, há um direito individual e divisível.

---

14. Demandas coletivas e os problemas emergentes da práxis forense. *RePro*. São Paulo: Ed. RT, n. 67, p. 15, 1992.
15. Átomo é a menor parte da matéria. Molécula é a união dos átomos.

Interessante a distinção de tal circunstância realizada pelo CPC/15, quando se comparam os arts. 554 § 1º e o art. 565. Na primeira hipótese se tem uma possessória multitudinária, já na segunda hipótese há uma possessória sobre um direito coletivo.

1.6 AS MOTIVAÇÕES E JUSTIFICATIVAS À TUTELA COLETIVA

A tutela coletiva possui, entre outros, duas justificativas e fundamentos. Uma mais ampla, amparada pela ideia de **acesso à justiça**, e outra de política judiciária, visando à **economia processual**.

As motivações políticas mais relevantes são extraídas da redução dos custos materiais e econômicos na prestação jurisdicional, com a uniformização dos julgados e harmonização social, evitando-se decisões contraditórias e, assim, um aumento na credibilidade do Poder Judiciário como instituição republicana.

Além disso, o aumento da litigiosidade de massa precisa ser debelada, principalmente diante da crescente industrialização, urbanização e globalização da sociedade contemporânea. A visão do consumidor do serviço judiciário passou a integrar o cenário processual e a tutela individual, para a proteção de tais interesses, mostra-se insuficiente.

1.7 TUTELA COLETIVA COMO PROCESSO CIVIL DE INTERESSE PÚBLICO

A visão tradicional de processo como um mecanismo de ajustamento de disputas entre partes privadas, a respeito de direitos privados tende a mudar, criando-se um novo modelo de litígio de interesse público.

O processo coletivo serve às demandas judiciais que envolvam interesses além dos meramente individuais, mas os interesses constitucionais da sociedade e da comunidade, como o de consumidores, meio ambiente, patrimônio artístico, histórico e cultural, o interesse dos necessitados e dos interesses minoritários nas demandas individuais clássicas, a rigor, interesses e direitos marginalizados.

Busca-se a defesa do interesse público primário mediante litígios cíveis, inclusive na atuação de controle e realização de políticas públicas por meio deste litígio.

O STF[16] tem distinguido o interesse público primário ou somente interesse público como um dever de atuação do Poder Legislativo, Executivo e Judiciário, principalmente no que toca ao fornecimento de medicamento para as pessoas destituídas de recursos financeiros, por ser uma imposição constitucional.

Essa perspectiva ampla inclui os direitos coletivos *lato sensu* e os individuais indisponíveis, caracterizados como interesses de ordem social e pública pela legislação ou pela Constituição (arts. 127, 196 e 227, da CR/1988 e art. 81 da Lei 10.741/2003).

---

16. STF, RE 393175 AgR/RS, 2ª T., rel. Celso de Mello, j. 12.12.2006.

De igual modo, o STF[17] e o STJ[18] têm permitido, em situações de extrema necessidade, a implementação de políticas públicas, mediante intervenção do próprio Judiciário.

Enfim, o conceito de demandas coletivas deve, necessariamente, aderir à visão do processo como um instrumento do interesse público. De acordo com essa visão, entendida como um ativismo judicial, o Judiciário é um órgão colocado à disposição da sociedade, como instância organizada de solução de conflitos metaindividuais, e adota uma postura proativa, interferindo de maneira regular e significativa nas opções políticas dos demais poderes.

1.8 ELEMENTOS NECESSÁRIOS PARA A IDENTIFICAÇÃO DE UM PROCESSO COLETIVO

Além do interesse público, o processo coletivo diferencia-se do individual pelas seguintes características:

(i) A legitimidade para agir;
(ii) O objeto do processo, pela afirmação de um direito coletivo, no polo ativo, ou a afirmação de um direito em face de um titular de um direito coletivo (ação coletiva passiva);
(iii) A extensão subjetiva da coisa julgada.

Nessa linha, Didier[19] conceitua processo coletivo como aquele instaurado por ou em face de um legitimado autônomo, em que se postula um direito coletivo *lato sensu* ou se postula um direito em face de um titular de um direito coletivo *lato sensu*, com o fito de obter um provimento jurisdicional que atingirá uma coletividade, um grupo ou determinado número de pessoas.

1.9 MICROSSISTEMA DAS CAUSAS COLETIVAS

A existência de um microssistema é de seminal importância para a consolidação da tutela coletiva, pois cuida processualmente das regras e princípios peculiares da tutela de massa, à margem do Código de Processo Civil, em virtude do caráter individual deste.

Nesse sentido, o CDC, surgido por imposição do art. 5º, XXXII, da CF/88 e do art. 48 do ADCT, harmonizou o microssistema das causas coletivas. Além de, por

---

17. STF, RE 436996 AgR/RS.
18. STJ, REsp 681.012/RS, 1ª T., rel. Min. Luiz Fux, j. 06.10.2005.
19. DIDIER Jr., Fredie; ZANETI Jr., Hermes. *Curso de direito processual civil*: processo coletivo cit., 3. ed., v. 4, p. 46.

meio do seu terceiro título, disciplinar a *"defesa do Consumidor em Juízo"*, nos arts. 109 ao 117, alterou e ampliou a tutela da LACP.

Destarte, o CDC transformou-se em um agente unificador e transformador, empregando e adequando a sistemática processual vigente do CPC/15 e da LACP, pois o art. 117 do CDC acrescentou o art. 21 à LACP, gerando, assim, um **"vaso de comunicação"** entre as duas normas.

Com isso, cria-se um **microssistema processual para as causas coletivas** (Lei 7.347/1985 e Lei 8.078/1990) e, no que for compatível, seja na ação popular, na ação civil pública, na ação de improbidade administrativa, no mandado de segurança coletivo, aplicar-se-á o Título III do Código de Defesa do Consumidor, buscando construir, assim, algo próximo de um *"Código Brasileiro de Processos Coletivos"*.

Nesse sentido, o art. 90 do CDC e o art. 21 da LACP compõe o microssistema processual coletivo, eis que um faz referência ao outro, por meio de **normas de reenvio**.[20]

Assim, aplica-se o CDC para todas as normas que prevejam processos coletivos, porque a ação civil pública é possível para estes sistemas e, de igual modo, a LACP prevê aplicação do CDC.

Cumpre registrar que o art. 89 do CDC dispunha que as normas do Título III seriam aplicadas, no que fosse cabível, a outros direitos ou interesses difusos, coletivos e individuais homogêneos, tratados coletivamente, todavia, tal dispositivo foi vetado.

A melhor doutrina, com muita ênfase, afirma que o veto foi ineficaz, pois continuaram vigentes os dispositivos dos arts. 90, 110, 111 e 117 do CDC que permitem a leitura similar mediante a ação civil pública, afirmando que o Título III do CDC combinado com a LACP fará às vezes do Código Coletivo, como ordenamento processual geral para a tutela coletiva.[21]

Atualmente, há uma variabilidade imensa de leis prevendo processos coletivos, vejamos:

(i)   Estatuto do Idoso (art. 78-92 da Lei 10.741/2003);

(ii) Estatuto da Criança e do Adolescente (Lei 8.069/1990);

(iii) Estatuto da Cidade (Lei 10.257/2001);

(iv) Lei de Diretrizes e Bases da Educação (art. 5º da Lei 9.394/1996), permitindo uma ação coletiva para exigir da administração pública o acesso à educação básica obrigatória;

---

20. Reconhecendo o microssistema existente entre o CDC e a LACP: BUENO, Cassio Scarpinella. *Curso sistematizado de direito processual civil: direito processual coletivo e direito processual público* cit., v. 2, t. III, p. 203.
21. GIDI, Antonio. *Coisa julgada e litispendência em ações coletivas*. São Paulo: Saraiva, 1995. p. 77 e 83.

(v) Lei de Violência Doméstica (art. 37 da Lei 11.340/2006), permitindo o seu combate por meio de ação coletiva;

(vi) Lei dos Deficientes Físicos (Lei 7.853/1989) e o Estatuto da Pessoa com Deficiência (Lei n. 13.146/2015);

(vii) Tutela dos investidores em valores mobiliários (Lei 7.913/1989);

(viii) Proteção da ordem econômica e economia popular (Lei 12.529/2011);

(ix) Mandado de Segurança coletivo (arts. 21 e 22 da Lei 12.016/2009);

(x) Mandado de Injunção coletivo (art. 12 e 13 da Lei 13.300/16);

(xi) Ação de improbidade administrativa (Lei 8.429/1992);

(xii) Ação popular (Lei 4.717/1965);

(xiii) Ação coletiva para tutelar o meio ambiente (art. 14, § 1º, Lei 6.938/1981).

As leis específicas formam um **sistema integrativo aberto**, podendo ser usadas umas em relação às matérias das outras. Essa não compilação pode vir a gerar choques, todavia, a interpretação deve ser sempre da norma mais favorável à defesa do interesse público primário.

Com efeito, a concepção do microssistema jurídico coletivo deve ser ampla, a fim de que o mesmo seja composto não apenas do CDC e da LACP, mas de todos os corpos legislativos inerentes ao direito coletivo, razão pela qual o diploma que compõe o microssistema é apto a nutrir eventual carência regulativa das demais normas, pois, unidas, formam um sistema especialíssimo. As leis que formam esse conjunto de regulação ímpar, sem exceção, **interpenetram-se e subsidiam-se**.[22]

Os diplomas que tratam da tutela coletiva são **intercambiantes** entre si, ou seja, assumem-se incompletos para aumentar sua flexibilidade e durabilidade em uma realidade pluralista, complexa e muito dinâmica.[23]

Frise-se que não se fala, aqui, de subsidiariedade, no máximo, aplicação residual do CPC/15, pois, verificada a omissão no diploma coletivo especial, o intérprete, antes de angariar solução na codificação processual, ressalte-se de índole individual, deverá buscar os ditames constantes dentro do microssistema coletivo.[24]

Nesse sentido, inclusive já se pronunciou o STJ:[25]

---

22. MAZZEI, Rodrigo Reis. A ação popular e o microssistema da tutela coletiva. In: GOMES JR., Luiz Manoel. (Coord.). *Ação popular*: aspectos controvertidos e relevantes. 40 anos da Lei 4.717/1965. São Paulo: RCS, 2006.
23. Frise-se que, inclusive, atualmente essa é a tendência legislativa, como ocorrido com o Código Civil, o qual se vale de cláusulas gerais extensivas, utilizando-se de regulamentos de outros textos legais, mantendo-se, assim, um constante arejamento e atualização, evitando seu engessamento e superação de seus dispositivos.
24. MAZZEI, Rodrigo Reis. A ação popular e o microssistema da tutela coletiva. In: GOMES JR., Luiz Manoel. (Coord.). *Ação popular*: aspectos controvertidos e relevantes cit., 2006.
25. STJ, REsp 510.150/MA, 1ª T., rel. Min. Luiz Fux, j. 17.02.2004.

"A lei de improbidade administrativa, juntamente com a lei da ação civil pública, da ação popular, do mandado de segurança coletivo, do Código de Defesa do Consumidor e do Estatuto da Criança e do Adolescente e do Idoso, compõem um microssistema de tutela dos interesses transindividuais e sob esse enfoque interdisciplinar, interpenetram-se e subsidiam-se."

A título de ilustração, para a solução de um problema de processo coletivo, em uma ação civil pública, o raciocínio será, em regra, o seguinte:[26]

(i) Buscar a solução no diploma da Lei 7.347/1985;

(ii) Não sendo localizada ou sendo insatisfatória a solução, deve-se buscar a solução no Título III do CDC;

(iii) Ainda assim, não existindo solução a contento, deve-se buscá-la nos demais diplomas sobre processo coletivo;

(iv) O CPC será utilizado somente como um diploma residual, tendo efeito sempre reduzido, posto que foi criado para uma tutela individual.

Demonstrando a unidade do sistema, podemos exemplificar:

(i) a apelação nos processos coletivos é, em regra, recebida no efeito devolutivo (art. 14, Lei 7.347/1985);

(ii) conceito de direitos coletivos (art. 81, parágrafo único, do CDC);

(iii) possibilidade de execução por meio de desconto em folha de pagamento (art. 14, § 3º, da Lei 4.717/1965);

(iv) prazo prescricional de cinco anos para a execução individual em pedido de cumprimento de sentença proferida em ação civil pública, por aplicação do art. 21 da Lei 4.717/1965[27];

(v) possibilidade da pessoa jurídica *"trocar"* de polo das ações coletivas em geral (art. 6º, § 3º, LAP e 17, § 3º, Lei de Improbidade Administrativa); (vi) remessa necessária (art. 19 da LAP), onde o STJ aplica o mencionado artigo para a improbidade administrativa, por exemplo[28].

(vii) inaplicabilidade dos limites territoriais impostos pelo art. 16 da Lei 7.347/85, por força do art. 103 da Lei 8.078/90[29];

---

26. Extraído de: DIDIER Jr., Fredie; ZANETI Jr., Hermes. *Curso de direito processual civil*: processo coletivo cit., 3. ed., v. 4, p. 55.
27. STJ, 2ª Sç., REsp 1.273.643-PR, Rel. Min. Sidnei Beneti, julgado em 27.02.2013.
28. STJ, 1ª Sç., EREsp 1.220.667-MG, Rel. Min. Herman Benjamin, por unanimidade, julgado em 24.05.2017, DJe 30.06.2017.
29. STJ, CE, Resp 1.243.887/PR, rel. Min. Luis Felipe Salomão, julgado 18.10.2011.

1.10 AÇÕES DE CONTROLE DE CONSTITUCIONALIDADE COMO TUTELA COLETIVA

Alguns autores afirmam a existência de uma subdivisão do direito coletivo em razão do objeto material:[30]

(i) **Comum:** o objeto material do processo é a resolução de lides coletivas, que ocorrem no plano da concretude, portanto, há uma proteção de um direito coletivo subjetivo;

(ii) **Especial:** o objeto material litigioso é o controle de constitucionalidade das leis, portanto, a tutela exclusiva do direito objetivo;[31]

Apesar de não haver interesse subjetivo, no controle abstrato de constitucionalidade das normas, tutela-se o **interesse difuso**, de toda a coletividade, na higidez da norma federal ou estadual comparada com o texto constitucional federal,[32] portanto, um poderoso instrumento para tutelar, indiretamente, direitos subjetivos individuais de forma coletiva.[33]

1.11 AÇÕES COLETIVAS E OS JUIZADOS ESPECIAIS

No que se refere à utilização da tutela coletiva no âmbito dos juizados especiais, há um embate entre a doutrina e o legislador:

(i) Majoritariamente, não se admite a utilização do procedimento dos juizados especiais para veicular uma ação coletiva, inclusive a Lei 10.259/2001, no art. 3º, § 1º, inciso I, bem como a Lei 12.153/2009, no art. 2º, § 1º, inciso I, vedam, expressamente, o acesso à justiça de causas de menor complexidade por demandas coletivas;

(ii) Há, contudo, entendimento doutrinário, que reputamos mais acertado, que entende possível a utilização da ação coletiva no âmbito dos Juizados Especiais,[34] consagrando direitos fundamentais. Vejamos:

> Mediante representação, constitucionalmente autorizada, das entidades associativas (CF, art. 5º, XXI), resolveria, com celeridade e economia processual, milhares de ações conexas, no bojo de um só processo, em que se realizaria o fenômeno da atomização dos interesses coletivos ou

---

30. ALMEIDA, Gregório Assagra de. *Direito processual coletivo brasileiro:* um novo ramo do direito processual. São Paulo: Saraiva, 2003. p. 140.
31. Incluindo no estudo do direito processual coletivo a ação direta de inconstitucionalidade, a ação declaratória de constitucionalidade e a arguição de descumprimento de preceito fundamental: BUENO, Cassio Scarpinella. *Curso sistematizado de direito processual civil:* direito processual coletivo e direito processual público cit., v. 2, t. III, p. 204.
32. NERY JR., Nelson; NERY, Rosa Maria. *Código de Processo Civil comentado e legislação processual civil em vigor.* 6. ed. São Paulo: Ed. RT, 2002. p. 1396.
33. ZAVASCKI, Teori Albino. *Processo coletivo:* tutela de direitos coletivos e tutela coletiva de direitos. 5. ed. atual. e ampl. São Paulo: Ed. RT, 2011. p. 51.
34. RODRIGUES, Geisa de Assis. *Juizados Especiais Cíveis e ações coletivas.* Rio de Janeiro: Forense, 1997.

individuais homogêneos, na linha de sucesso da Lei 8.078, de 11 de setembro de 1990 (Código de Defesa do Consumidor). Esta seria, sem dúvida, uma solução normativa, urgente e racional, para se enfrentar, com ótimos resultados, o estrangulamento dos Juizados Especiais Federais, ante a proliferação acumuladora de feitos individuais, possibilitando-se, por meio da tutela coletiva, uma Justiça verdadeiramente acessível, em tempo real, aos milhares de jurisdicionados, que, no fenômeno explosivo de suas demandas contidas, padecem, ainda, de inúmeros obstáculos de ordem econômica, social e cultural, no processo de gerenciamento insensível de políticas capitalistas, em nosso país.[35]

1.12 TUTELA COLETIVA COMO REFÉM DO AUTORITARISMO LEGISLATIVO

Muito já se falou do progresso realizado pelo legislador, no que toca à tutela coletiva, todavia, em alguns momentos, na contramão dessa *"marcha"* em prol da tutela coletiva, foram apresentadas algumas **contramarchas legislativas**, no mais das vezes, com o escopo de favorecer o Estado contra o poderio da tutela coletiva.

O objeto da tutela coletiva sofreu um enorme ataque pela Medida Provisória 2.180-35/2001, que acrescentou um parágrafo único ao art. 1º da LACP, inviabilizando eventual ação civil pública discutindo **tributos, contribuições previdenciárias, FGTS ou outros fundos de natureza institucional**. O dispositivo vem sendo aplicado pelo STJ,[36] não obstante a ressalva doutrinária no sentido de que tal vedação não pode prevalecer no caso concreto, estando presentes os requisitos previstos no art. 129, III, da CR/1988.[37]

O legislador, de igual modo, por meio da Lei 9.494/1997, tentou limitar os efeitos do julgado prolatado em sede de ação civil pública à competência territorial do órgão prolator, dando nova redação ao art. 16 da LACP.[38]

Essa restrição territorial dos efeitos da sentença vem sendo duramente criticada pela doutrina processual brasileira (o ponto será melhor analisado no capítulo sobre a coisa julgada), ao criar o risco de decisões contraditórias sobre o mesmo objeto, comprometendo a solução molecularizada dos conflitos de interesses coletivos e o princípio da isonomia, que reclama solução igual aos que se encontram na mesma situação fático-jurídica.[39]

---

35. PRUDENTE, Antonio de Souza. A tutela coletiva e de evidência no Juizado Especial Federal Cível e o acesso pleno à justiça. *R. CEJ*, Brasília, n. 21, p. 92-97, especialmente p. 94, abr.-jun. 2003.
36. STJ, 2ª T., REsp 840.752/PR, rel. Min. Herman Benjamin, j. 28.09.2010.
37. DI PIETRO, Maria Sylvia Zanella. *Direito administrativo*. 23. ed. São Paulo: Atlas, 2010. p. 811. Afirmando que deve ser entendido como não escrito: BUENO, Cassio Scarpinella. *Curso sistematizado de direito processual civil: direito processual coletivo e direito processual público* cit., v. 2, t. III, p. 206-207. Vale a pena a consulta de: BUENO, Cassio Scarpinella. Réquiem para a ação civil pública. Disponível em: www.scarpinellabueno.com.br, tecendo longas críticas.
38. Não aplicando o referido artigo: STJ, 3ª Seção, CC 109.435/PR, rel. Min. Napoleão Nunes Maia Filho, j. 22.09.2010.
39. Vide as críticas em: GRINOVER, Ada Pellegrini et al. *Código Brasileiro de Defesa do Consumidor comentado pelos autores do anteprojeto*. 8. ed. Rio de Janeiro: Forense, 2004. p. 919-923. Afirmando se tratar de uma

Na mesma linha, como mencionado, em sede de Juizados Especiais, o legislador veda a defesa dos direitos coletivos *lato sensu*.

Recentemente, além das pobres definições atinentes à coisa julgada no mandado de segurança coletivo, o legislador demonstrou, nitidamente, o temor do Estado diante de instrumentos poderosos, como mandado de segurança coletivo. O art. 22, § 2º, da Lei 12.016/2009 afirma, com todas as tintas, que *"a liminar somente poderá ser concedida após a audiência do representante judicial da pessoa jurídica de direito público, que deverá pronunciar-se no prazo de setenta e duas horas"*.[40]

O desarranjo legislativo é notório. A referida norma aponta, literalmente, a necessidade de intimação para as pessoas jurídicas de direito público, esquecendo-se, pelo que parece, das **pessoas jurídicas de direito privado**, pertencentes à Administração Indireta, como Sociedades de Economia Mista ou Empresas Públicas[41] ou até mesmo das autoridades coatoras *"por equiparação"* (art. 1º, § 1º, da LMS).

Como se percebe, o legislador, par e passo, tenta restringir a eficácia de instrumentos como a tutela coletiva, visando estabelecer um *"microssistema processual para o Estado"*.

Resta a afirmação de Ada Pellegrini Grinover, em seu brilhante artigo no qual combate esse furor legislativo:

> *A salvação só pode estar nos tribunais, devendo os advogados e o Ministério Público a eles recorrer, alimentando-os com a interpretação adequada das novas normas, a fim de que a resposta jurisdicional reflita as linhas mestras dos processos coletivos e os princípios gerais que o regem, que não podem ser involutivos.*[42]

No mesmo sentido, vale transcrever o desabafo de Scarpinella Bueno[43] ao comentar sobre as sucessivas Medidas Provisórias que atentam contra o acesso à justiça:

> *De minha parte, acredito que esta análise demonstra, com clareza, um patente desvio de finalidade na produção destas normas. O Estado, ciente de que faz ou fará parte de uma dada ação judicial, manipula, a olhos abertos, o sistema de resolução de conflitos para dificultar, impedir, atrasar ou neutralizar a pretensão do particular ou a sua efetividade.*

---

tentativa de fragmentação da coisa julgada na ação civil pública: BUENO, Cassio Scarpinella. A ação civil pública e o Poder Público. Disponível em: www.scarpinellabueno.com.br. Acesso em: 07 ago. 2011.

40. Há, na doutrina, quem defenda a utilização do dispositivo em comento para todas as tutelas antecipadas, observando-se o prazo de setenta e duas horas, na forma do art. 2º da Lei 8.437/1992 (atualmente, há hipótese semelhante no art. 22, § 2º, da Lei 12.016/2009), todavia, o melhor critério seria o judicial, de acordo com o caso concreto. ZAVASCKI, Teori Albino. *Antecipação de tutela*. 2. ed. São Paulo: Saraiva, 1999. p. 106; DIDIER JR., Fredie. *Curso de direito processual civil*. Teoria geral do processo e processo de conhecimento. 11. ed. Salvador: JusPodivm, 2009. v. 1, p. 562.
41. Enunciado 333 do STJ e art. 1º, § 2º, da Lei 12.016/2009.
42. GRINOVER, Ada Pellegrini. A ação civil pública refém do autoritarismo. *O processo*: estudos e pareceres. São Paulo: Perfil, 2005. p. 236-247.
43. BUENO, Cassio Scarpinella. *O Poder Público em juízo*. São Paulo: Max Limonad. p. 218.

1.13 CONSENSUALIDADE NA TUTELA COLETIVA

Inspirados na previsão da celebração de TAC na ação civil pública (art. 5º, § 6º LACP c/c art. 211 ECA, além das previsões contidas no art. 53 da Lei 8.854/94 posteriormente alterada pela Lei 12.519/11, arts. 9º, V e art. 85, na Lei 9.605/98, art. 79-A, art. 74, X Lei 10.741/03) se iniciou, algum tempo depois, um movimento legislativo buscando fomentar a consensualidade no Direito gerando impactos e reflexos na tutela coletiva.

Com raízes no Direito Penal podem-se ser citadas algumas novas práticas como a aplicação de penas restritivas de direitos ou multas (art. 76 Lei 9.099/95), a suspensão do processo (art. 89 Lei 9.099/95), a colaboração premiada (Lei 12.850/13) e o acordo de leniência (Lei 12.846/13), o que demonstra, inequivocamente, uma tendência.

Posteriormente veio o CPC/15 (art. 3 §§ 1º ao 3º), a Lei da Mediação (Lei 13.140/15) e, posteriormente, a previsão de acordo de não persecução cível (art. 17, § 1º LIA, com redação dada pela Lei 13.964/19).

Assim, começou-se a pensar no Direito pelo prisma da solidariedade, com ferramentas conciliatórias relevantes, visando uma justiça consensualizada e se evitar uma ação coletiva.

Obviamente que tudo isso, sob a ótica da tutela coletiva, passa por alguns dogmas, como a dita indisponibilidade de interesses públicos e transindividuais, uma margem considerável de negociabilidade e, ainda, prolação de decisões estruturantes e negócios jurídicos processuais.

Tal tendência é encontrada, por exemplo, na Resolução 179/2017 do CNMP, em especial em seu art. 1º § 2º, que passou a se mostrar alinhado com o redação dada ao art. 17§ 1º da LIA pela Lei 13.964/19, permitindo celebração de acordo de não persecução civil na IA, o que já foi confirmado pelo STJ[44].

Não se pode descuidar da previsão de mediação envolvendo questões coletivas ou públicas, o art. 174, III do CPC/15, bem como o art. 32, III da Lei da Mediação, sendo possível, inclusive, sua realização por outros legitimados privados, ou seja, sem a participação do Ministério Público, da Defensoria ou mesmo da Advocacia Pública.

Nesse passo, importante reconhecer que com o advento do CPC/2015 (arts. 165 e 334 § 4º, II) e da Lei de Mediação (art. 3º § 2º da Lei 13.140/2015) não há mais dúvida quanto à possibilidade de composição em direitos indisponíveis, potencializado pela cláusula geral de negócio jurídico processual, como é possível se observar de alguns enunciados do FPPC[45].

---

44. STJ, 1ª T., AREsp 1.314.581/SP, Rel. Min. Benedito Gonçalves, julgado em 23.02.2021.
45. Enunciado 617 FPPC: A mediação e a conciliação são compatíveis com o processo judicial de improbidade administrativa. Enunciado 255 FPPC: É admissível a celebração de convenção processual coletiva.

De igual modo, não custa lembrar que o art. 3º § 2º da Lei 13.140/2015 permite o consenso envolvendo direitos indisponíveis transacionáveis, desde que o acordo seja levado à homologação judicial, com prévia oitiva do MP.

Importante a Recomendação 76 do CNJ, que em seu art. 2º assim dispõe, pondo uma pá de cal no assunto, vejamos:

> Art. 2º Recomendar a todos os Juízos com competência para o processamento de ações coletivas que estimulem, incentivem e promovam a resolução consensual dos conflitos no âmbito coletivo, com a realização de mediações, conciliações e outros meios de composição, no âmbito judicial ou extrajudicial, com o eventual apoio de órgãos estatais ou entidades privadas.

Assim, tal consensualidade pode ser dar por diversas formas, como o termo de ajustamento de conduta, a conciliação, a mediação, o acordo de não persecução civil, além dos negócios jurídicos processuais.

No que se refere ao TAC o espectro conciliatório manifesta-se sob ângulos adjacentes ou periféricos da obrigação, sem comprometer o dever principal, sendo possível se pactuar o modo, tempo e lugar do cumprimento da conduta para reparação do dano coletivo causa.

Observe-se, não se está conciliando sobre o direito, mas sobre a forma da sua reparação. Esse é o ponto. Não há, assim, renuncia ao direito material coletivo. Não se pode confundir indisponibilidade com intransigibilidade.

Desta forma, em um plano ideal, nem sempre possível de se atingir diante da realidade do Judiciário brasileiro, o magistrado deveria designar audiência para homologação do TAC, em prestígio a colaboração e do contraditório participativo.

No que se refere à mediação, nada obsta, por exemplo, que uma associação de classe, antes mesmo da ACP, em procedimento prévio e extrajudicial, firme uma composição, o que poderia ser levado à homologação judicial em aplicação do art. 515, III c/c 725, VIII CPC.

Sobre o ANPC há algumas questões importantes, como o art. 10-A da LIA, pois se refere a interrupção do prazo de contestação, porém isso não pode nos fazer concluir que somente seria admissível até esse momento, devendo ser admitido até o trânsito em julgado, já tendo o STJ o admitido em fase recursal[46].

1.14 DANO MORAL COLETIVO

Em um primeiro momento da história sobre a responsabilidade civil os instrumentos para o ressarcimento levavam conta o individualismo, porém, houve um avanço no tema fundada em um caráter social das normas, em que o individualismo deu lugar à possibilidade de se defenderem interesses coletivos.

---

46. STJ, 1ª T., REsp 1.314.581/SP, rel. Min. Benedito Gonçalves, julgado em 23.02.2021.

Esse panorama originou a figura do dano moral coletivo, pois se o indivíduo pode ser vítima de dano moral, não há por que não possa sê-lo a coletividade, buscando fundamento ainda na economia processual e em se proporcionar idêntica prestação jurisdicional a um ilimitado número de cidadãos.

Há, assim, uma lesão injusta e intolerável a interesses ou direitos titularizados pela coletividade (grupos, classes ou categorias de pessoas), os quais possuem natureza extrapatrimonial, refletindo valores e bens fundamentais para a sociedade.

Por essa trilha, o STJ já assentou ser plenamente possível ação civil pública para obter pronunciamento judicial voltado à imposição de obrigação de não fazer e pagamento de indenização por danos morais coletivos por empresa que persiste com a prática de fazer com que seus veículos circulem com excesso de peso em rodovias federais, pois o elevado número de autuações administrativas se mostraram insuficientes para combater o excesso de problemas ocorridos, notadamente os danos ao pavimento asfáltico e a segurança de terceiros[47].

De igual modo, o STJ assentou que a condenação por danos morais coletivos tem natureza eminentemente sancionatória e o valor arbitrado é em prol de um fundo criado pelo art. 13 da LACP, não sendo aplicável para violação de direitos individuais homogêneos, cujos valores se destinam as respectivas vítimas (art. 97 a 100 CDC)[48].

1.15 LITÍGIOS ESTRUTURANTES OU ESTRUTURAIS

Litígios estruturais são aqueles que envolvem conflitos multipolares, de elevada complexidade, cujo objetivo é promover valores públicos pela via jurisdicional, mediante transformação de uma instituição pública ou privada[49].

Destarte, será proferida uma decisão estrutural (*structural injunction*) buscando implantar uma reforma estrutural (*structural reform*) em um ente, organização ou instituição, com o objetivo de concretizar um direito fundamental, realizar uma determinada política pública ou resolver litígios complexos.

Litígio complexo, neste contexto, não é aquele que envolve discussão sobre tese jurídica complexa ou sobre muitas questões de fato, mas sim aquele que põe em rota de colisão múltiplos interesses sociais, todos eles dignos de tutela, conhecido como **litígios de difusão irradiada**[50] e, por isso, o processo por ela construído é chamado de processo estrutural.

---

47. STJ, 2ª T., AgInt no REsp 1.862.876/MG, rel. Min. Francisco Falcão, julgado em 19.10.2020.
48. STJ, 4ª T., REsp 1.610.821/RJ, rel. Min. Luis Felipe Salomão, julgado 15.12.2020.
49. VITORELLI, Edilson. *Litígios estruturais: decisão e implementação de mudanças socialmente relevantes pela via processual*.in ARENHART, Sérgio Cruz; JOBIM, Marco Félix (Coord.). Processos estruturais. Salvador: Juspodivm, 2017, p. 372.
50. LIMA, Edilson Vitorelli Diniz. Tipologia dos litígios transindividuais: um novo ponto de partida para a tutela coletiva. In: ZANETI JR., Hermes (Coord.). *Repercussões do novo CPC* – processo coletivo. Salvador: JusPodivm, 2015, p. 97-98.

O *leading case* sobre o tema foi julgado pela Suprema Corte dos Estados Unidos, no caso *Brown v. Board of Education*, 347 U.S. 483 (1954), o qual encerrou o sistema de segregação racial nas escolas públicas norte-americanas, determinando a aceitação da matrícula de estudantes negros numa escola até então dedicada à educação de pessoas brancas[51].

Nas décadas seguintes, outros julgamentos se sucederam nos Estados Unidos, ampliando a reforma estrutural para prisões, hospitais, abrigos públicos, agências de serviço social, entre muitas outras instituições públicas[52].

Uma decisão em um processo estruturante é complexa por possuindo um conteúdo aberto, um verdadeiro caráter normativo, como determinar que o tratamento de dados pessoais sensíveis seja ajustado aos limites estabelecidos na LGPD e, por conseguinte, as medidas concretas a serem tomadas, os prazos a serem observados pelo demandado e o controle de efetividade das providências realizadas necessitam ser constantemente ajustados à realidade do ente submetido à reforma estrutural, gerando as denominadas **decisões em cascata**[53], a serem proferidas sobretudo na fase de cumprimento de sentença.

É impossível ao legitimado coletivo determinar, por ocasião da postulação inicial, determinar quais serão exatamente as providências a serem adotadas para a implementação da reforma estrutural – uma vez que isso dependerá, frequentemente, de um debate com a parte contrária e com setores da sociedade –, deve-se admitir a formulação de **pedido genérico**, na forma do art. 324, § 1º do CPC, bem como admissão de *amicus curiae*, **audiências públicas** e outras formas **atípicas** de participação no processo.

O principal fundamento para prolação de decisões estruturantes é encontrado no **art. 139, IV c/c art. 536 § 1º CPC**, os quais trazem a possibilidade de adoção de meios atípicos para o cumprimento de obrigações de fazer e não fazer, observando-se limites como não criar meios proibidos por lei, não impossibilitar o cumprimento voluntário, sacrificar bem jurídico mais relevante, ser proporcional, não gerar prejuízos a terceiros, ser devidamente fundamentada, observância do contraditório, ainda que postergado.

Todo litígio estruturante tem por características (i) ter acentuada intervenção judicial na atividade dos sujeitos envolvidos no processo, sejam eles particulares ou públicos, (ii) da decisão principal seguem várias outras com objetivo de resolver problemas decorrentes da efetivação das decisões anteriores (provimentos em cas-

---

51. JOBIM, Marco Félix. *Medidas estruturantes* – Da Suprema Corte Estadunidense ao Supremo Tribunal Federal. Porto Alegre: Livraria do Advogado, 2013, p. 75 e ss.
52. FISS, Owen. Two models of adjudication. In: DIDIER JR., Fredie, JORDÃO, Eduardo Ferreira (Coord.). *Teoria do Processo* – panorama doutrinário mundial. Salvador: Juspodivm, 2007, p. 761.
53. ARENHART, Sérgio Cruz. Decisões estruturais no direito processual civil brasileiro. *Revista de Processo*, n. 225, p. 400, nov. 2013. Um bom exemplo de decisão em cascata é da decisão que decreta falência (art. 99 Lei 11.101/05).

cata)[54] e, ainda, (iii) geralmente decisões estruturantes criam um regime jurídico de transição entra a situação anterior e a que se busca implantar por força da segurança jurídica (justiça de transição, *mending justice*) e proteção da confiança.

O STF, ao julgar o famoso caso Raposa Serra do Sol[55] admitiu a demarcação de terras em favor de um grupo indígena, mas estabeleceu diversas "condições" para o exercício, pelos índios, do usufruto da terra demarcada, dentre elas, a necessidade de o usufruto ficar condicionado ao interesse da Política de Defesa Nacional, já que a terra indígena está situada em zona de fronteira do país, além disso, foram vivificados diversos marcos que precisariam ser considerados no processo administrativo para a identificação e demarcação de terras indígenas.

Por outro ângulo, é forçoso se reconhecer que vários dogmas deverão ser relidos, como separação dos poderes, análise do mérito administrativo, atenuação da congruência objetiva externa da demanda, libertando o magistrado das amarras do pedido.

Basta imaginar uma ação coletiva que diga respeito aos milhares de problemas relacionados ao rompimento da barragem da Samarco, em Minas Gerais, em 2015, o maior acidente ambiental da história brasileira, onde o andamento do processo, com a revelação de novas consequências do episódio, vai paulatinamente transformando o objeto litigioso e exigindo novas providências judiciais, onde a interpretação do pedido é seguida de perto pela necessidade da interpretação das decisões em razão do conjunto da postulação e da decisão e da boa-fé (art. 489 § 3º CPC/15) e pelo princípio da atualidade (art. 493 CPC/15).

---

54. Veja-se, por exemplo, a decisão que, visando à concretização do direito de locomoção das pessoas portadoras de necessidades especiais, estabelece um plano de adequação e acessibilidade das vias, dos logradouros, dos prédios e dos equipamentos públicos de uma determinada localidade. A decisão que, visando assegurar o direito à saúde e considerando o crescimento do número de casos de microcefalia numa determinada região e da sua possível relação com o *zika vírus*, estabelece impositivamente um plano de combate ao mosquito *aedes aegypti*, prescrevendo uma série de condutas para autoridades municipais.
55. STF, Pet 3388, Tribunal Pleno, rel. Min. Carlos Ayres Britto, j. 19.03.2009, DJe 24.09.2009.

Capítulo 2
PRINCÍPIOS DO DIREITO PROCESSUAL COLETIVO

2.1 NOÇÕES GERAIS

Os princípios consistem em fundamentos e base do ordenamento, também chamados de mandamentos nucleares, com função diretiva. Obviamente, os princípios constitucionais do processo e os do processo civil individual têm incidência na tutela coletiva, embora alguns outros devam ser acrescentados.

2.2 INDISPONIBILIDADE (MITIGADA) E DA CONTINUIDADE DA AÇÃO COLETIVA

Diferentemente do processo individual, a tutela coletiva vem contaminada da ideia da **indisponibilidade do interesse público**, todavia, tal indisponibilidade é **temperada** com a conveniência e oportunidade para o ajuizamento da ação coletiva.

Evidentemente, esta obrigatoriedade direciona-se ao Ministério Público, já que ele tem o dever funcional de propor a demanda, desde que presentes os pressupostos e verificada a lesão ou ameaça ao direito coletivo. Mesmo assim, poderá o *Parquet* fazer um juízo de **oportunidade e conveniência**, que equivale a certo grau de discricionariedade controlada do agente. Nos casos de inquérito civil já instruído, a não propositura da ação implicará seu arquivamento, sujeito a controle pelo Conselho Superior do Ministério Público (art. 9º da LACP).

Há, ainda, a obrigatoriedade de intervenção do Ministério Público como *custos legis*, sempre que não for parte. De igual modo, no caso de desistência infundada ou abandono, será obrigatória a continuidade da ação coletiva, sendo que o MP ou outro legitimado deverá assumir a titularidade ativa (art. 5º, §§ 1º e 3º, da LACP), cabendo, por óbvio, um juízo de conveniência e oportunidade, principalmente na hipótese de demanda infundada ou temerária.

Assim, exemplificativamente, podemos extrair a preocupação do microssistema no efetivo ajuizamento e na continuidade da ação coletiva.

2.3 INTERESSE JURISDICIONAL NO CONHECIMENTO DO MÉRITO E DA INSTRUMENTALIDADE DAS FORMAS

Cumpre reexaminar o juízo de admissibilidade do processo, permitindo que, mesmo diante da falta de um pressuposto processual de validade, o magistrado deverá avançar ao mérito da causa, não declarando a nulidade de determinado ato, por ter o mesmo atingido sua finalidade (instrumentalidade, art. 276 do CPC/15) ou por não ter gerado prejuízo (art. 282, § 2°, do CPC/15).

Tal premissa mostra consentânea com a ideia de formalismo valorativo em confronto com o formalismo excessivo, eis que o processo civil está voltado para a obtenção da justiça material e da pacificação social, sendo que seus institutos devem ser conformados com a Constituição Federal.[1]

O Judiciário deve flexibilizar os requisitos de admissibilidade processual para enfrentar o mérito do processo coletivo e legitimar sua função social, como no exemplo de ação civil pública que se fundamenta em improbidade administrativa ou em dano ao meio ambiente, ou, ainda que não se possa dar procedência parcial para a ação de improbidade para, reconhecendo não haver tipicidade ou dolo do agente para as severas sanções da lei, condenar apenas no ressarcimento.

Na mesma linha, o art. 11 da Lei 4.717/1965 estabelece que, na procedência do pedido, invalidado o ato impugnado, a sentença condenará ao pagamento de perdas e danos os responsáveis pela sua prática e os beneficiários dele.

A lei consagra um subprincípio, o da **reparação integral do dano**, pois, mesmo não tendo sido formulado pleito condenatório, este se extrai da natureza da ação popular e da ação de improbidade administrativa, sendo uma espécie de pedido implícito ou um efeito secundário da decisão judicial.

Observa-se, ainda, a ideia da reparação integral pelo instituto do *fluid recovery* (a recuperação fluida), eis que, de acordo com o art. 100 do CDC, mesmo não havendo liquidação e execução por um número significativo de titulares dos direitos individuais homogêneos, a reparação deverá ser integral, com os valores aferidos revertidos para um fundo de reparação (art. 13 da Lei 7.347/1985).

De igual modo, há outro princípio que demonstra o interesse do Judiciário em conhecer o mérito do processo coletivo, que se extrai da regulamentação da **coisa julgada** *secundum eventum probationis*, pois, não haverá coisa julgada na hipótese de improcedência por falta de provas (art. 103 do CDC; art. 16 da LACP e art. 18 da LAP). O legislador quis garantir que o julgamento pela procedência ou improcedência fosse de mérito, não uma mera ficção decorrente da aplicação do ônus da prova como regra de julgamento (art. 373 do CPC/15).

---

1. ALVARO DE OLIVEIRA, Carlos Alberto. O formalismo-valorativo no confronto com o formalismo excessivo. *RT*. n. 137. p. 7-31. São Paulo: Ed. RT, ago. 2006.

De igual modo, percebe-se a valoração de tal princípio na hipótese de se reconhecer ilegitimidade ativa no processo coletivo, pois **não** ocorrerá extinção do feito sem resolução de mérito, mas **sucessão processual** (art. 15 da LACP e art. 16 da LAP).

2.4 OBRIGATORIEDADE DA DEMANDA COLETIVA EXECUTIVA

Como visto, o interesse público inerente às ações coletivas conduz a uma **obrigatoriedade temperada** na sua propositura, bem como para determinação da sua continuidade nos casos de desistência infundada ou abandono.

A obrigatoriedade é temperada, bem como a sua continuidade.

Agora, julgada procedente a ação coletiva, a **atividade executiva é obrigatória**, não comportando exceções. É um dever do Estado efetivar esse direito coletivo lato *sensu*, cabendo ao Ministério Público promover a execução da sentença, sob pena das sanções previstas na legislação (art. 15 da LACP).

2.5 MÁXIMA PRIORIDADE NA TRAMITAÇÃO

Como o processo coletivo proporciona um melhor acesso à justiça e a uma ordem jurisdicional justa, economia processual, solucionando inúmeros conflitos de uma só vez, mesmo **não** havendo previsão expressa, a tutela coletiva deverá ter prioridade na tramitação sobre as demais ações individuais.

Decorrente da supremacia do interesse social sobre o individual, bem como do artigo 5º, § 1º, da Constituição Federal, que determina a aplicabilidade imediata das normas definidoras de direitos e garantias fundamentais.

2.6 MÁXIMO BENEFÍCIO DA TUTELA COLETIVA (EXTENSÃO SUBJETIVA DA COISA JULGADA *SECUNDUM EVENTUM LITIS* E TRANSPORTE *IN UTILIBUS*)

A derrota na ação coletiva não pode prejudicar o particular, portanto, sempre será possível a ação individual. A tutela coletiva é toda idealizada para favorecer o particular.

Nesse sentido, o legislador assegurou ao titular do direito individual, em caso de procedência da ação coletiva, valer-se da sentença coletiva no seu processo individual, o denominado transporte *in utilibus* (art. 103, § 3º, da Lei 8.078/1990), desde que comprovada a identidade fática de situações.

Assim, o titular do direito individual demonstrará o nexo de causalidade, ou seja, a condição de credor.

2.7 MÁXIMA EFETIVIDADE DO PROCESSO COLETIVO OU ATIVISMO JUDICIAL

No processo civil moderno, a tendência é reforçar os poderes do juiz, dando relativo curso aos fundamentos do processo inquisitivo.

O magistrado tem o dever não só de franquear a participação dos litigantes, mas também de atuar ele próprio segundo cânones do princípio do contraditório, em clima de ativismo judicial.[2]

No processo coletivo, o ativismo judicial ganha ares centrais, diante do forte interesse público primário inerente a essas causas. É o chamado, na *class actions*, do *defining function* do juiz.

O que se tem, quando comparado com os processos individuais, é uma fortificação do **princípio inquisitivo ou impulso oficial**, afastando-se, com temperamentos, o vetusto princípio da inércia da jurisdição e da disponibilidade da tutela jurisdicional, segundo os quais se repudia a instauração de processos *ex officio*.

Em um primeiro aspecto, relativiza-se o princípio da demanda ou da ação, o qual determina à parte a atribuição da iniciativa de provocar o exercício da jurisdição (*nemo iudex sine actore*).

Observe-se que, na dicção do art. 7º da LACP, se o magistrado, no exercício de suas funções, tomar conhecimento de fatos que possam ensejar a propositura de ação civil pública, remeterá as peças ao Ministério Público para as providências cabíveis, o que é repetido pelo art. 139, X CPC/15.

De igual modo, na hipótese de ser promovida uma ação coletiva e, com a prolação da sentença, não haver um número compatível de interessados compatível com a extensão do dano, o magistrado deverá definir o valor indenizatório residual, em razão da lesão a direitos individuais homogêneos (art. 100 do CDC), pelo denominado *fluid recovery*.

Hipótese muito em voga atualmente, envolvendo o princípio em comento, é o controle judicial das políticas públicas, multiplicando-se os exemplos cada vez mais. Os tribunais superiores, reiteradamente, têm confirmado decisões que impõem um atuar à Fazenda Pública, implicando um dispêndio, sem que isso infrinja a harmonia dos poderes, porquanto, no regime democrático e no estado de direito, o Estado soberano submete-se à própria justiça que instituiu.[3]

Frise-se que o Judiciário não cria diretrizes em políticas públicas, deixadas à conveniência e oportunidade do executivo e do legislador, mas, quando existe um direito assegurado na Constituição e na lei infraconstitucional, que regulamente o campo de escolha dos administrados, a sindicabilidade do Judiciário é autorizada, pois se está assegurando um direito fundamental.[4]

Nesse sentido, no processo coletivo, ao magistrado são disponibilizados poderes instrutórios mais acentuados, sem gerar violação à imparcialidade, porque não se sabe, previamente, o resultado da perícia, da oitiva etc.

---

2. DINAMARCO, Cândido. *Instituições de direito processual civil*. São Paulo: Malheiros. v. 1, p. 233.
3. Coleta de lixo: REsp 575.998/MG, rel. Min. Luiz Fux, 1ª T., j. 07.10.2004. Fornecimento de creches: STF, Informativo 410, RE 436.996. Reforma de presídios, hospitais etc.: STF, Informativo 419, RE 190.938.
4. REsp 577.836/SC, rel. Min. Luiz Fux, 1ª T., j. 21.10.2004.

De igual modo, as regras sobre estabilização da demanda, como o art. 329, II, do CPC/15, devem ser afastadas, permitindo-se aditamentos do pedido contido na inicial, observado o contraditório, bem como a sugestão pelo magistrado de formulação de um pedido.

2.8 ATIPICIDADE DO PROCESSO COLETIVO OU NÃO TAXATIVIDADE

Da norma prevista no art. 5º, XXXV, da CR/1988, a qual proíbe que o legislador afaste do Judiciário ameaça ou lesão a direito, extrai-se, concomitantemente, que não se pode negar acesso à justiça a todo e qualquer direito. Nessa linha, um direito coletivo está amparado pela mencionada cláusula.

O art. 1º, IV, da LACP, em redação bem ampla, assegura ação de responsabilidade por danos morais[5] e patrimoniais causados a **qualquer** outro interesse difuso ou coletivo, bem como o art. 129, III, da CR/88, afirma ser função institucional do Ministério Público proteger o patrimônio público e social, do meio ambiente e **outros interesses difusos e coletivos**. Por esse caminho interpretativo, o art. 83 do CDC, bem como o art. 212 da Lei 8.069/1990 (Estatuto da Criança e do Adolescente) e o art. 82 da Lei 10.741/2003 (Estatuto do Idoso), asseguram, para a defesa dos direitos e interesses protegidos pelas respectivas legislações, **todas as espécies de ações** capazes de propiciar sua adequada e efetiva tutela.[6]

Nesse sentido, caminha a jurisprudência, admitindo, por exemplo, ação civil pública buscando a cumulação dos pedidos de obrigação de fazer, não fazer, entregar coisa e de pagar quantia, bem como outros pedidos, como executivos *lato sensu* ou mandamentais, desde que necessários para a adequada tutela dos direitos coletivos.[7]

Por essa trilha, nada obsta a uma ação de produção antecipada de provas coletiva, nos termos do art. 381 CPC/15, manejada por um dos legitimados ao ajuizamento das ações coletivas, inclusive para facilitar a autocomposição ou permitir a decisão sobre o ajuizamento ou não da demanda (Enunciado 633 FPPC).

Com esse entendimento, a nomenclatura utilizada na ação não importa para fins de sua admissibilidade em juízo, ou seja, a forma é irrelevante, o importante é o conteúdo.

2.9 PRINCÍPIO DA PARTICIPAÇÃO PELO PROCESSO COLETIVO

A participação do jurisdicionado no processo coletivo se faz pelo processo, enquanto, no processo individual, a participação se resolve pelo contraditório, que é a garantia de participação no processo.[8]

---

5. STJ, 2ª T., REsp 960.926/MG, rel. Min. Castro Meira, j. 18.03.2008.
6. BUENO, Cassio Scarpinella. *Curso sistematizado de direito processual civil*: direito processual coletivo e direito processual público. São Paulo: Saraiva, 2010. v. 2, t. III, p. 242.
7. STJ, REsp 510.150/MA, 1ª T., rel. Min. Luiz Fux, j. 17.02.3004.
8. Expressões cunhadas por: GRINOVER, Ada Pellegrini. Direito processual coletivo. In: LUCON, Paulo Henrique dos Santos (Coord.). *Tutela coletiva*. 20 anos da Lei da Ação Civil Pública e do fundo de defesa de direitos difusos. 15 anos do Código de Defesa do Consumidor. São Paulo: Atlas, 2006. p. 304.

A ação coletiva é sempre maneira de cidadãos jurisdicionados participarem da administração, o que se opõe ao processo individual, vez que a participação do cidadão jurisdicionado no individual se dá no processo, pelo contraditório.

O princípio participativo é inerente a qualquer processo, inclusive para legitimar a atividade jurisdicional. Mesmo no processo individual, exige-se uma participação ativa do magistrado no diálogo, o simples fato do magistrado expressar seus pensamentos e sentimentos sobre a causa não o torna parcial, tampouco está prejulgando.

O princípio da participação, principalmente na tutela coletiva, é observável em vários momentos, como no incentivo de participação da sociedade civil no exercício da jurisdição, com a consagração da legitimidade das associações civis para a propositura das ações coletivas; com o estímulo à intervenção do *amicus curiae*, pois qualifica o contraditório e aprimora a decisão e, ainda, com o aprimoramento das audiências públicas.

2.10 AMPLA DIVULGAÇÃO DA DEMANDA COLETIVA

A característica democrática da tutela coletiva se mostra presente por intermédio desse princípio.

A ampla divulgação, inspirada no *fair notice* do direito norte americano, significa que, proposta a ação coletiva, deve-se dar a ela a maior publicidade possível, a fim de que interessados possam intervir no processo (art. 94 do CDC), o que é ratificado pelo Enunciado 620 FPPC[9].

De igual modo, é um dever funcional dos órgãos competentes o da informação, na forma dos arts. 6º e 7º da LACP, bem como pelo art. 139, X do CPC/15, ao curador da sociedade, ou seja, ao MP, sobre fatos que constituam objeto de uma possível ação civil pública.

2.11 ADEQUADA REPRESENTAÇÃO OU CONTROLE JUDICIAL DA REPRESENTAÇÃO

Seria o controle judicial da adequada legitimação, direcionando-se, diretamente, à segurança jurídica, ao devido processo legal coletivo e, ainda, à efetividade do processo.

Deve a classe, grupo ou categoria estar devidamente representado na demanda coletiva, ou seja, por um legitimado que efetivamente exerça o direito coletivo em sua plenitude, conduzindo o processo com boa técnica e probidade.

---

9. O ajuizamento e o julgamento de ações coletivas serão objeto da mais ampla e específica divulgação e publicidade.

Atualmente, cada vez mais se supera a ideia de uma legitimidade tão somente ativa e fixada *ope legis*, aumentando as responsabilidades e poderes do magistrado, controlando a legitimidade que seria *ope iudicis*.

Para Ada Pellegrini Grinover, a representatividade adequada justifica-se, pois "*o legitimado é o sujeito do contraditório, do qual não participam diretamente os membros do grupo, categoria ou classe de pessoas*".[10]

2.12 PRINCÍPIO DA COMPETÊNCIA ADEQUADA (*FORUM NON CONVENIENS* E *FORUM SHOPPING*)

O legislador, no que concerne à competência, ponto extremamente sensível na tutela coletiva, optou pela técnica dos **foros concorrentes**, estabelecendo diversos juízos competentes, nas hipóteses de existência de dano nacional ou regional.

Assim, o réu pode ser demandado em qualquer capital de Estado-membro ou em Brasília (art. 93 do CDC). Nesses casos, o demandante pode ficar em situação que lhe permita proceder ao *forum shopping*, que é a escolha do juízo de competência concorrente para apreciar determinada lide consoante seus interesses, quer para dificultar a defesa do réu, quer porque saiba que determinado juízo tem posicionamentos favoráveis a seus interesses.

Nesse sentido, surge o **princípio da competência adequada**, segundo o qual o juiz da causa controlaria o *forum shopping*, mediante parâmetros como os fatos e direito debatido, como a extensão e proximidade com o ilícito, bem como na eventual dificuldade de defesa do réu, evitando-se o uso de vantagens processuais.

Tal princípio decorreria da regra de que o juízo tem competência para analisar sua própria competência (***Kompetenz kompetenz***), de forma que nenhum juízo é totalmente incompetente, pois, ao verificar sua incompetência absoluta, tem competência para conhecê-la, aceito pela maioria da doutrina.

Esse controle seria o denominado *forum non conveniens*.[11]

---

10. GRINOVER, Ada Pellegrini. Direito processual coletivo. In: GRINOVER, Ada Pellegrini; MENDES, Aluisio Gonçalves de Castro; WATANABE, Kazuo. (Coord.). *Direito processual coletivo e o anteprojeto de Código de Brasileiro de Processos Coletivos*. São Paulo: Ed. RT, 2007. p. 14.
11. O STJ admitiu foros concorrentes, bem como seria hipótese de *forum shopping*, todavia, como não existe previsão expressa tanto do *forum shopping*, como do *forum non conveniens*, foi rechaçado esse último ao julgar a MC 15.398/RJ, 3ª T., rel. Min. Nancy Andrighi, j. 02.04.2009.

CAPÍTULO 3
DIREITOS COLETIVOS

3.1 DOS DIREITOS COLETIVOS *LATO SENSU*

Rompendo a visão individualista do processo, buscando uma maior efetividade às posições jurídicas, denominam-se **direitos coletivos** *lato sensu* os entendidos como gênero, dos quais são espécies: **os direitos difusos, coletivos** *stricto sensu* e **os individuais homogêneos**, como se observa do art. 81, parágrafo único do CDC e do art. 21, parágrafo único da LMS.

Em sede doutrinária Barbosa Moreira[1] difundiu notória classificação, segundo a qual teríamos **direitos/interesses essencialmente coletivos** (difusos e coletivos *stricto sensu*) e **direitos/interesses acidentalmente coletivos** (individuais homogêneos), com a qual concordamos plenamente, bem como há outra classificação, difundida por Teori Albino Zavascki[2], onde teríamos uma **tutela de direitos coletivos** (difusos e coletivos *stricto sensu*) e uma **tutela coletiva de direitos** (individuais homogêneos).

Não se pode afirmar que o direito coletivo se enquadra na classificação de um direito público, tampouco como privado. **Não é público**, porque não tem como titular o Estado, nem se confunde com o bem comum, bem como **não é privado**, porque não pertence a uma pessoa, isoladamente, mas a um grupo, classe ou categoria de pessoas.

3.2 DIREITOS DIFUSOS

Inicialmente, muitas dificuldades foram encontradas para se definir os conceitos dos direitos tutelados pelas ações coletivas.

Direitos difusos e coletivos *stricto sensu* são muito próximos, pois, no aspecto **subjetivo**, podem ser vistos como direitos transindividuais e no aspecto **objetivo**, como indivisíveis, porém, com o CDC, tal problema restou esclarecido (art. 81, parágrafo único).

---
1. BARBOSA MOREIRA, José Carlos. Tutela jurisdicional dos interesses coletivos ou difusos. *Temas de direito processual civil* – 3ª série. São Paulo: Saraiva, 1984. p. 195-197.
2. ZAVASCKI, Teori Albino. *Processo Coletivo*: tutela de direitos coletivos e tutela coletiva de direitos. 5. ed. rev. atual. e ampl. São Paulo: Ed. RT, 2011.

Nesse sentido, são direitos difusos os **transindividuais** (metaindividuais ou supraindividuais), de **natureza indivisível**, pois só podem ser considerados como um todo, cujos titulares são **pessoas indeterminadas** ligadas por uma **circunstância de fato**, não existindo vínculo comum de natureza jurídica, não sendo possível a sua individualização.

Em síntese, são direitos difusos os direitos metaindividuais, que, não tendo atingido o grau de agregação e organização necessário à sua afetação institucional junto a certas entidades ou órgãos representativos dos interesses já socialmente definidos, restam em estado fluido, dispersos pela sociedade civil como um todo.

Os exemplos mais visuais são a publicidade enganosa ou abusiva, veiculada pela imprensa falada, escrita, eletrônica ou televisionada, a afetar número incalculável de pessoas, sem que entre elas exista relação jurídica base; uma *fake news* disseminada pelos meios eletrônicos de comunicação atuais como as redes sociais; a lesão ao meio ambiente; a preservação do patrimônio público e a preservação da moralidade administrativa.

Observe-se que é **indivisível** porque, ou a propaganda é mantida, e toda a coletividade estará exposta aos seus prejudiciais efeitos, ou é retirada do ar, e toda a coletividade ficará livre do perigo. Enfim, ou o risco afeta a todos, ou não afeta ninguém.

Outra questão relevante é que os titulares do direito difuso são indeterminados e indetermináveis; já no direito coletivo *stricto sensu*, os titulares são indeterminados, mas **determináveis**, eis estarão afetados a um grupo, classe ou categoria, como se abordará adiante.

De igual modo, não há no direito difuso uma relação jurídica comum que una os titulares e o responsável pelo dano (por exemplo, propaganda enganosa e *fake news*) e, sim, apenas o fato de estarem potencialmente expostos à publicidade, visto que não há um vínculo jurídico entre eles e o fornecedor responsável pela propaganda em análise. Até é possível ser cogitar em um vínculo jurídico entre os titulares, porém **somente após a lesão**.

3.3 DIREITOS COLETIVOS *STRICTO SENSU*

Os direitos coletivos em sentido estrito são direitos **transindividuais**, de natureza **indivisível**, sendo, até aqui, iguais aos direitos difusos, porém, são de titularidade de um **grupo, classe ou categoria**, portanto de pessoas indeterminadas, mas determináveis enquanto grupo, classe ou categoria, ligadas entre si, ou com a parte contrária, por uma **relação jurídica base**.

Perceba-se que a diferença entre o direito difuso e o coletivo *stricto sensu* reside na titularidade, pois os últimos pertencem a um grupo, classe ou categoria de pessoas indeterminadas, porém determináveis, e ligadas entre si por uma relação jurídica base.

Nesse sentido, por pertencer a pessoas indeterminadas a coisa julgada será *erga omnes* (art. 103, I, do CDC), ou seja, atingirá a todos indistintamente.

Essa relação jurídica base pode se dar entre os membros do grupo, como no caso dos advogados inscritos na OAB ou qualquer outra categoria profissional, ou acionista de uma mesma sociedade empresária ligados pela *affectio societatis*, como na hipótese de pessoas ligadas a um ente estatal responsável por uma tributação indevida[3] ou consumidores de um mesmo automóvel, que está sendo objeto de *recall*.

Ressalte-se que a relação jurídica base necessita ser **anterior à lesão**, pois, no caso da publicidade enganosa, por exemplo, o vínculo com a parte contrária também ocorre, porém em virtude da lesão e não de vínculo anterior, o que configura direito difuso.

Assim, no direito difuso, o vínculo jurídico ocorre **após a lesão**, pois antes da lesão as partes somente estavam ligadas por uma circunstância de fato. Já no direito coletivo *stricto sensu*, o vínculo é **prévio**.

Portanto, as peculiaridades dos direitos coletivos *stricto sensu*, quando confrontado com os direitos difusos, são:

(i) A determinabilidade (ausente nos direitos difusos);

(ii) E a decorrente coesão como grupo, classe ou categoria anterior à lesão.

Nesse sentido, por pertencer a um grupo, classe ou categoria, a coisa julgada será *ultra partes* (art. 103, II, do CDC), ou seja, para *"além das partes"*, mas se limitando ao grupo, classe ou categoria.

Os autores dos processos individuais não serão prejudicados, desde que optem pela suspensão enquanto se processa a ação coletiva ou poderão, ainda, excluir-se do seu âmbito pelo *"right to opt out"* (direito de sair), com a continuidade de suas ações individuais (art. 104 do CDC), como será melhor abordado nos capítulos próprios. A lei do mandado de segurança e do mandado de injunção trouxeram dispositivos semelhantes (art. 22 § 1º Lei 12.016/09 e art. 13, parágrafo único Lei 13.300/16), porém, exigindo a desistência.[4]

3.4 DIREITOS INDIVIDUAIS HOMOGÊNEOS

A legislação criou categoria de direitos coletivos chamada de individuais homogêneos, ou seja, direitos acidentalmente coletivos, portanto artificialmente coletivos, eis que não são genuinamente coletivos. A expressão "acidentalmente coletivo" foi cunhada por Barbosa Moreira, ao referir-se a feixe de interesses individuais homogêneos e paralelos, defendidos em juízo, na sua totalidade, por apenas

---

3. DIDIER JR., Fredie; ZANETI JR., Hermes. *Curso de direito processual civil*: processo coletivo. 3. ed. Salvador: Juspodivm. v. 4, p. 76.
4. Remetemos o leitor ao capítulo sobre mandado de segurança coletivo.

um ou vários dos cointeressados, em razão da impraticabilidade da participação de todos no processo.[5]

Essa proteção coletiva tem origem nas *class actions for damages*, ações de reparação de danos à coletividade do direito norte-americano.[6]

A rigor, o que se tem é uma **ficção jurídica** para atender a um imperativo do direito, possibilitando a **tutela coletiva de direitos individuais com natural dimensão coletiva** em razão de sua homogeneidade, decorrente da massificação ou padronização das relações jurídicas e das lesões daí decorrentes.[7]

Temos uma proteção **molecular** de direitos individuais, com propósito de formação de uma **tese jurídica geral**, pois sem tal previsão, tal possibilidade de tutela estaria vedada.

Por outro lado, esse tratamento molecular pode gerar dúvidas quanto a "número mínimo" de pessoas lesadas, pois a única exigência legal é ter origem comum.

O STJ já enfrentou um caso onde o autor da ação civil pública provou somente dois consumidores lesados, apresentando um único contrato onde haveria cláusula supostamente abusiva, onde se consagrou que não haveria direito individual homogêneo[8].

A homogeneidade decorre da circunstância de serem os direitos individuais provenientes de uma origem comum (art. 81, parágrafo único, inciso III, do CDC), pois as peculiaridades inerentes a cada caso concreto são irrelevantes juridicamente, até porque as lides individuais, no que diz respeito às questões de direito, são muito semelhantes e, em tese, a decisão deveria ser a mesma em todos e em cada um dos casos.[9]

Os direitos nascem em consequência da própria lesão ou ameaça de lesão, em que a relação jurídica entre as partes é **posterior** ao fato lesivo.

Frise-se que origem comum **não** é, necessariamente, uma unidade factual e temporal, ou seja, não é necessário que o fato lesivo se dê em um só lugar ou momento, mas que decorra da homogeneidade entre os direitos dos diversos titulares de pretensões individuais. Assim, uma publicidade enganosa veiculada por vários órgãos de imprensa e em repetidos dias, e a venda de um produto nocivo à saúde para vários consumidores em um largo espaço de tempo e em várias regiões têm, como causa de seus danos, fatos com homogeneidade tal que os tornam a origem comum de todos eles.

---

5. BARBOSA MOREIRA, José Carlos. Tendências contemporâneas do Direito Processual Civil. *Temas de direito processual* - 3ª série cit., p. 10, nota 24.
6. OLIVEIRA, Carlos Alberto Alvaro de. A ação coletiva de responsabilidade civil e seu alcance. In: BITTAR, Carlos Alberto. (Coord.). *Responsabilidade civil por danos a consumidores*. São Paulo: Saraiva, 1992. p. 94.
7. STF, RE 163.231/SP, expressamente afirmou que direitos individuais homogêneos são direitos coletivos.
8. STJ, 4ª T., REsp 823.063-PR, Rel. Min. Raul Araújo, julgado em 14.02.2012.
9. GIDI, Antonio. *Coisa julgada e litispendência em ações coletivas*. São Paulo: Saraiva, 1995. p. 30-31.

O comum a esses direitos é a procedência na conduta comissiva ou omissiva da parte contrária, além disso, o fato de ser possível determinar individualmente os lesados não altera a possibilidade e pertinência da ação coletiva.

Os direitos individuais homogêneos podem ser objeto de um processo individual (tratamento atomizado), instaurado pelas vítimas em litisconsórcio facultativo por afinidade (art. 113, inciso III, do CPC/15). Podem, ainda, ser objeto de ações individuais propostas pelas vítimas isoladamente, todavia, ocorrendo multiplicação de tais demandas, poderá render ensejo a uma improcedência liminar do pedido (art. 332 CPC) ou do incidente de resolução de demandas repetitivas (art. 976 do CPC/15).

Como exemplos de causas com base em direitos individuais homogêneos, podemos enumerar: as previdenciárias, buscando eventual reajuste; as tributárias, pleiteando não pagamento de tributo; consumeristas, como a não incidência de determinada cláusula abusiva em um contrato de adesão. De igual modo, no caso de consumidores buscando indenização por acidente com carros defeituosos, de cada situação, decorre um fato distinto, ocorrido em circunstância diversa, embora possam os acidentes ter origem comum. O Enunciado 643 do STF[10] retrata outro exemplo.

Observe-se que a veiculação de propaganda enganosa ou a produção de efeitos poluentes violam a proteção a direitos difusos, contudo é possível que somente algumas pessoas sofram danos em virtude do efeito nocivo da propaganda ou da poluição. Surge, assim, um novo grupo, não mais composto por pessoas indeterminadas e ligadas por interesse de fato (titulares de interesse difusos), mas por pessoas determinadas e ligadas por interesses provenientes de uma origem comum, ou seja, por titulares de interesses individuais homogêneos.

Em razão das características dos direitos individuais homogêneos enumeradas, o art. 103, III, do CDC afirma que a sentença de procedência do pedido terá eficácia *erga omnes*, assim, todos os titulares dos direitos individuais serão abstrata e genericamente beneficiados.

Observe-se que os direitos individuais homogêneos são indivisíveis e indisponíveis durante toda a fase de conhecimento, onde se busca uma **condenação genérica**, tornando-se **divisíveis** somente no momento da liquidação e execução, seja quando os atingidos ingressarem como assistentes litisconsorciais (art. 94 do CDC) ou no momento em que exercitarem seu direito individual com habilitação para a liquidação de sentença (art. 97 do CDC).

O tratamento coletivo dos direitos individuais homogêneos é nítido, pois, na hipótese de transcorrido mais de um ano sem a habilitação de interessados em nú-

---

10. "O Ministério Público tem legitimidade para promover ação civil pública cujo fundamento seja a ilegalidade de reajuste de mensalidades escolares."

mero compatível com a gravidade do dano, poderão os legitimados à ação coletiva propor a liquidação de sentença e execução da indenização devida, revertendo-se o produto para um fundo governamental criado pela Lei 7.347/1985 (art. 13), regulamentado pelo Decreto 1.306/1994.

Assim, para o legislador, interessa compensar integralmente o prejuízo, dando primazia ao interesse público. É o chamado *fluid recovery* (recuperação fluída) que será abordado no capítulo de liquidação da sentença coletiva.

Por fim, cumpre registrar que há prestigiosa doutrina que defende, minoritariamente, que os direitos individuais homogêneos seriam "*genuínos direitos subjetivos individuais*", pertencentes a pessoas determinadas, que sobre eles mantêm o domínio jurídico.[11]

3.5 QUADRO SINÓTICO PARA IDENTIFICAÇÃO DO DIREITO COLETIVO

DIFUSOS	COLETIVOS *STRICTO SENSU*	INDIVIDUAL HOMOGÊNEO
Aspecto subjetivo: transindividual;	Aspecto subjetivo: transindividual;	Origem comum (a homogeneidade é que dá uma dimensão coletiva);
Aspecto objetivo: indivisível;	Aspecto objetivo: indivisível;	Aspecto objetivo: divisível; É uma ficção jurídica;
Pessoas indeterminadas e indetermináveis, ou seja, impossível de serem identificadas;	Pessoas indeterminadas, porém determináveis enquanto grupo, classe ou categoria;	Pessoas indeterminadas, porém determináveis enquanto grupo, classe ou categoria;
Ligadas por circunstância de fato, portanto não há vínculo jurídico entre os titulares;	Ligadas por relação jurídica base entre os membros do grupo ou com a parte contrária;	Ligadas por circunstância de fato, portanto não há vínculo jurídico entre os titulares;
Depois da lesão surge um vínculo jurídico entre os titulares;	Já havia um vínculo jurídico antes da lesão;	Depois da lesão, surge um vínculo jurídico entre os titulares; As peculiaridades do caso concreto são irrelevantes. Há íntima relação com os arts. 113, III, e 332 do CPC/15;
Exemplos: publicidade enganosa ou abusiva; meio ambiente, moralidade administrativa etc.	Exemplos: advogados inscritos na OAB; associação de profissionais; associação de acionistas; contribuintes de determinado tributo etc.	Exemplos: causas previdenciárias, para reajuste de benefícios; causas para o não pagamento de um tributo; consumeristas, para não aplicação de determinada cláusula. Súmula 643 do STF.

3.6 DIREITOS OU INTERESSES COLETIVOS?

Cumpre registrarmos que é comum em nosso ordenamento a referência conjunta a direitos e interesses, como no art. 129, III, da CR/1988, o art. 81 do CDC e o art. 1°, inciso IV, da LACP.

---

11. ZAVASCKI, Teori Albino. *Processo coletivo: tutela de direitos coletivos e tutela coletiva de direitos*. São Paulo: Ed. RT, 2006. p. 42-43.

Há diferença entre direito e interesses, porém, cremos que a diferença reside mais no aspecto semântico da palavra, do que em sua conotação jurídica. A doutrina já se debruçou muito sobre esse ponto, onde podemos destacar três entendimentos, contudo, já antecipamos que para o direito brasileiro não visualizamos relevância suficiente para se defender tal diferença.

Há autores que sustentam que tais expressões são sinônimas[12], há quem sustente que seria mais apropriada a expressão interesses[13] e, por fim, os que defendem a utilização do termo direito[14].

A bem da técnica, existe sutil diferença, não obstante a expressão "interesses" ter sido transposta da **doutrina italiana**, muito influente em nosso ordenamento, a qual utiliza a expressão *interessi legitimi*, pois naquele país se mantem diferentes estruturas jurisdicionais, onde os direitos subjetivos são tutelados perante a justiça ordinária ou contenciosa civil, enquanto os interesses legítimos são tutelados perante a justiça administrativa, ou seja, há uma dualidade de jurisdição, diferentemente da justiça brasileira, que é uma e indivisível.

Ao se afirmar que se trata de direitos, ao invés de interesses, como expresso no texto constitucional, reconhece-se haver **coercibilidade**, eis que são direitos subjetivos. Já o interesse seria **desprovido de coercibilidade**, pois seus titulares não têm o poder de vontade para a prevalência do seu interesse.

De igual modo, o direito subjetivo se vincula diretamente ao **indivíduo**, protegendo seu interesse individual, já os interesses legítimos se dirigem ao interesse **geral** e favorecem o indivíduo apenas como componente ou membro do Estado.

Assim, tal distinção somente faz sentido na Itália, **não** se justificando no ordenamento brasileiro, onde a jurisdição é una[15], todavia, parte da doutrina insiste na necessidade de utilização da expressão interesses, eis que configuraria uma maior amplitude de tutela também para situações não reconhecidas como direitos subjetivos[16], contudo, concordo plenamente com Daniel Amorim, ao afirmar que, não obstante a preocupação ser legítima, não conseguimos imaginar um "interesse" coletivo que não possa ser tratado e tutelado como um direito subjetivo[17].

---

12. WATANABE, Kazuo. *Código de Defesa do Consumidor comentado pelos autores do anteprojeto.* 10 ed. Rio de Janeiro: Forense, 2011. v. II, p. 70.
13. MAZILLI, Hugo Nigro. *A defesa dos interesses difusos em juízo.* 21. ed. São Paulo: Saraiva, 2008, p. 62.
14. CARVALHO FILHO, José dos Santos. *Ação Civil Pública.* 7 ed. Rio de Janeiro: Lumen Juris, 2011, p. 28.
15. No sentido do ora defendido: DIDIER JR., Fredie; ZANETI JR., Hermes. *Curso de direito processual civil*: processo coletivo cit., 3. ed. v. 4, p. 87-93; OLIVEIRA, Carlos Alberto Alvaro de. A ação coletiva de responsabilidade civil e seu alcance. In: BITTAR, Carlos Alberto. (Coord.) *Responsabilidade civil por danos a consumidores* cit., p. 87-116; PASSOS, José Joaquim Calmon de. *Mandado de segurança coletivo, mandado de injunção e habeas data.* p. 11; GIDI, Antonio. *Coisa julgada e litispendência em ações coletivas* cit., p. 17-18.
16. MENDES, Aluísio Gonçalves de Castro. *Ações coletivas: no direito comparado e nacional.* São Paulo: Ed. RT, 2001. p. 250 e ss.
17. NEVES, Daniel Amorim Assumpção. *Manual de processo coletivo.* Rio de Janeiro: Forense; São Paulo: Método, 2012, volume único. p. 115.

Tal afirmação se mostra válida se pensarmos no direito ao meio ambiente e nos direitos do consumidor, porém a melhor solução não seria admitir a categoria de interesses legítimos, mas, sim, ampliar o conceito de direitos subjetivos.

Por fim, como dito, há diferença, devendo prevalecer a expressão direitos coletivos, todavia, de ordem prática e teórica, não vemos implicações.[18]

3.7 TITULARIDADE DOS DIREITOS COLETIVOS

Os direitos transindividuais, essencialmente ou acidentalmente, não possuem titulares individuais determinados, eis que pertencem a uma comunidade ou coletividade, nesse sentido, temos o art. 1°, parágrafo único, da Lei 12.529/2011 (CADE) e o art. 232 da CR/1988.

A titularidade do direito material coletivo pertence a uma **coletividade**, formada de pessoas indeterminadas e indetermináveis, no caso dos direitos difusos, ou uma **comunidade**, no caso dos direitos coletivos *stricto sensu*, eis que afetados a um grupo, classe ou categoria e, por fim, ao **conjunto de vítimas indivisivelmente consideradas**, no caso dos direitos individuais homogêneos. Há, a rigor, em todos os casos um único titular coletivo.

3.8 CRITÉRIOS PARA IDENTIFICAÇÃO DO DIREITO DISCUTIDO NA AÇÃO COLETIVA

É muito natural que uma mesma lesão, diante da proximidade dos direitos de natureza coletiva, gere, simultaneamente, uma tutela visando à proteção a um direito difuso, coletivo ou individual homogêneo. Pensemos no exemplo do acidente envolvendo o navio *Bateau Mouche IV*.[19]

(i) **Direito difuso:** O MPF poderia propor ação para obrigar todos os barcos a terem coletes salva-vidas;

(ii) **Direito coletivos *strito sensu*:** associação de barqueiros de um município poderia buscar impor a prefeitura a fiscalização dos barcos;

(iii) **Direito individual homogêneo:** defensoria buscando indenização para as respectivas famílias.

---

18. WATANABE, Kazuo. Relação entre demanda coletiva e demandas individuais. *RePro*. n. 139. p. 29-35. São Paulo: Ed. RT, 2006. BUENO, Cassio Scarpinella. *Curso sistematizado de direito processual civil*: direito processual coletivo e direito processual público cit., v. 2, t. III, p. 199.

19. Exemplo haurido de: NERY JR., Nelson. Arts. 109 a 119. In: GRINOVER, Ada Pellegrini et al. *Código Brasileiro de Defesa do Consumidor*: comentado pelos autores do anteprojeto. Rio de Janeiro: Forense Universitária, 1998. p. 778.

De igual modo, na propaganda enganosa, como estabelecido na Súmula 2 do Conselho Superior do Ministério Público de São Paulo:[20]

> Em caso de propaganda enganosa, o dano não é somente daqueles que, induzidos a erro, adquiriram o produto, mas também difuso, porque abrange todos os que tiveram acesso à publicidade. A propaganda enganosa prejudica não só aqueles que efetivamente adquiriram o produto (interesses individuais homogêneos) como pessoas indeterminadas e indetermináveis que tiveram acesso à publicidade (interesses difusos), tenham ou não adquirido o produto, mas que têm direito à informação correta sobre ele.

Assim, a melhor doutrina aponta dois critérios para a distinção:

(i) Para identificar o direito subjetivo coletivo afirmado, não se considera a matéria, ou o tema, ou o assunto abstratamente considerado, mas o direito subjetivo específico que se afirma violado, sendo de extrema relevância a fundamentação do direito material.[21]

(ii) O outro critério adotado é a análise do tipo da pretensão material e de tutela jurisdicional que se pretende. Em suma, o tipo de pretensão é que classifica um direito ou interesse como difuso, coletivo ou individual.[22]

Nesse sentido, a análise do direito subjetivo afirmado e a tutela requerida são primordiais para a identificação de qual direito se trata, mostrando-se importantíssimo a correta individualização do **pedido** e da **causa de pedir**, incluindo os fatos e o direito coletivo aplicável na ação.

Nada obsta que, em uma mesma demanda coletiva, haja tutela de um direito difuso, coletivo e individual homogêneo.

Vejamos: ação civil pública buscando a declaração de nulidade das cláusulas nos contratos celebrados (individual homogêneo); a condenação do fornecedor a, nos contratos futuros, abster-se de incluí-las (difuso); e a sua condenação em restituir àqueles que já pagaram a multa no valor excessivo (coletivo *stricto sensu*).

Assim, podemos estabelecer uma sequência que pode colaborar nessa identificação[23]:

(i) Primeira indagação: a tutela postulada é divisível, ou seja, passível de cisão em processos individuais, sem repercutir necessariamente na esfera jurídica de outros titulares? Se a resposta for positiva, estará configurada

---

20. Disponível em: http://www.mp.sp.gov.br/portal/page/portal/conselho_superior/sumulas. Acesso em: 25 abr. 2016.
21. Essa é a metodologia proposta por: GIDI, Antonio. *Coisa julgada e litispendência em ações coletivas* cit., p. 20-21.
22. NERY JR., Nelson. Arts. 109 a 119. In: GRINOVER, Ada Pellgrini et al. *Código Brasileiro de Defesa do Consumidor*: comentado pelos autores do anteprojeto cit., p. 778.
23. Vide, por exemplo: ROQUE, André. Tutela coletiva dos dados pessoais na lei geral de proteção de dados pessoais (LGPD). *Revista Eletrônica de Direito Processual* – REDP. ano 13. v. 20. n. 2. p. 10. Rio de Janeiro, maio a agosto de 2019.

a presença de direitos individuais homogêneos. Caso negativo, deve-se passar para a próxima pergunta;

(ii) Sendo a tutela indivisível, existe alguma relação jurídica base responsável pela conformação do grupo? Caso haja, estará configurado um direito coletivo em sentido estrito.

(iii) Na hipótese inversa, sendo o grupo formado por meras circunstâncias fáticas, o que existirá será um direito difuso.

3.9 AÇÕES PSEUDOINDIVIDUAIS

Algumas demandas, como, por exemplo, uma ação individual para coibir ou cessar a poluição produzida por uma indústria, a ação do sócio para anular a deliberação de uma assembleia, ou a ação individual discutindo a cobrança de assinatura telefônica, na visão de Kazuo Watanabe[24] seriam demandas **pseudoindividuais**.

> *"Uma das dificuldades consiste em saber se as pretensões deduzidas em juízo são efetivamente individuais, ou seja, se a relação jurídica de direito substancial a que essas pretensões estão referidas admite a formulação de vários pedidos individualizados da mesma espécie, ou acaso, pela sua natureza e peculiaridade, é ela de natureza incindível, de modo que, em princípio, são inadmissíveis postulações individuais"*

Exemplificando o caso pertinente às tarifas de assinatura telefônica, que, em sua ótica, consiste em demanda pseudoindividual. O mencionado autor entende que a ação individual proposta pelo consumidor do serviço telefônico seria, a rigor, coletiva, concluindo não ser possível o seu ajuizamento.

Compreende-se imediatamente a ideia defendida no brilhante artigo, todavia, não podemos concordar com a vedação à tutela dos direitos individuais. Realmente, nessa hipótese, a tutela coletiva, notoriamente, é mais adequada, todavia não pode limitar a garantia universalmente aceita de acesso à justiça.

Um segundo entendimento para a hipótese seria, *ex officio*, o magistrado determinar a suspensão da ação individual, com base no art. 313, V, do CPC/15. O STJ inicialmente, por meio de precedente marcante, delimitou que, de acordo com a nossa legislação, é possível coexistirem ação coletiva e ação individual, assim, o ajuizamento da ação coletiva não impede o prosseguimento da ação individual, que somente será suspensa a requerimento do indivíduo (art. 104 do CDC) e, se não houver tal pedido, o resultado da coletiva, mesmo que procedente, não sobrepõe seus efeitos à individual (arts. 103, III, §§ 2º e 3º, c/c 104, do CDC), donde se deduz

---

24. Relação entre demanda coletiva e demandas individuais cit., p. 28.

que, se essa convivência é reputada como harmônica pela própria lei, não há que se falar em decisões antagônicas.[25]

Tal posicionamento foi revisto no julgamento do REsp. 1.110.549-RS, rel. Min. Sidnei Beneti, j. 28.10.2009, em que se consagrou que *"ajuizada ação coletiva atinente à macro lide geradora de processos multitudinários, suspendem-se as ações individuais, no aguardo do julgamento da ação coletiva"*. Frise-se que tal julgamento foi em recurso especial repetitivo, portanto, tem natureza de precedente judicial vinculante (art. 927, III, art. 1.039 e 1.040, CPC/15).

Cabe registrar que o art. 333 do CPC/15, que foi vetado, trazia a possibilidade de conversão da ação individual em coletiva, nos seguintes termos:

"Art. 333. Atendidos os pressupostos da relevância social e da dificuldade de formação do litisconsórcio, o juiz, a requerimento do Ministério Público ou da Defensoria Pública, ouvido o autor, poderá converter em coletiva a ação individual que veicule pedido que:

I – tenha alcance coletivo, em razão da tutela de bem jurídico difuso ou coletivo, assim entendidos aqueles definidos pelo art. 81, parágrafo único, incisos I e II, da Lei 8.078, de 11 de setembro de 1990 (Código de Defesa do Consumidor), e cuja ofensa afete, a um só tempo, as esferas jurídicas do indivíduo e da coletividade;

II – tenha por objetivo a solução de conflito de interesse relativo a uma mesma relação jurídica plurilateral, cuja solução, por sua natureza ou por disposição de lei, deva ser necessariamente uniforme, assegurando-se tratamento isonômico para todos os membros do grupo.

§ 1º Além do Ministério Público e da Defensoria Pública, podem requerer a conversão os legitimados referidos no art. 5º da Lei 7.347, de 24 de julho de 1985, e no art. 82 da Lei 8.078, de 11 de setembro de 1990 (Código de Defesa do Consumidor).

§ 2º A conversão não pode implicar a formação de processo coletivo para a tutela de direitos individuais homogêneos.

§ 3º Não se admite a conversão, ainda, se:

I – já iniciada, no processo individual, a audiência de instrução e julgamento; ou

II – houver processo coletivo pendente com o mesmo objeto; ou

III – o juízo não tiver competência para o processo coletivo que seria formado.

§ 4º Determinada a conversão, o juiz intimará o autor do requerimento para que, no prazo fixado, adite ou emende a petição inicial, para adaptá-la à tutela coletiva.

§ 5º Havendo aditamento ou emenda da petição inicial, o juiz determinará a intimação do réu para, querendo, manifestar-se no prazo de 15 (quinze) dias.

§ 6º O autor originário da ação individual atuará na condição de litisconsorte unitário do legitimado para condução do processo coletivo.

§ 7º O autor originário não é responsável por nenhuma despesa processual decorrente da conversão do processo individual em coletivo.

§ 8º Após a conversão, observar-se-ão as regras do processo coletivo.

---

25. STJ, CC 47.731-DF, rel. originário Min. Francisco Falcão, rel. p/ Ac Min. Teori Albino Zavascki, j. 14.09.2005, publicado no Informativo 260.

§ 9° A conversão poderá ocorrer mesmo que o autor tenha cumulado pedido de natureza estritamente individual, hipótese em que o processamento desse pedido dar-se-á em autos apartados.

§ 10 O Ministério Público deverá ser ouvido sobre o requerimento previsto no caput, salvo quando ele próprio o houver formulado."

Apesar de não guardarmos simpatia a tal instituto, houve demonstração por parte do legislador com ações pseudoindividuais, porém a indigitada conversão ofenderia o acesso à justiça do autor individual, eis que tal celeridade somente serviria ao Estado, não às partes, pois o autor se veria envolto em um litígio coletiva, tumultuando o andamento do seu feito, não obstante ter plena consciência que todas devem pensar em prol da coletividade.

Por outro lado, o CPC/15 adotou uma solução mais conciliatória, onde o art. 139, X determina que incumbe ao juiz, quando se deparar com diversas demandas individuais repetitivas, oficiar o Ministério Público, a Defensoria Pública e, na medida do possível, outros legitimados a que se referem o art. 5º da Lei nº 7.347/85, e o art. 82 da Lei nº 8.078/90, para, se for o caso, promover a propositura da ação coletiva respectiva, fortalecendo o princípio da ampla divulgação (art. 7º LACP).

3.10 AÇÕES PSEUDOCOLETIVAS

Na mesma linha da existência de ações pseudoindividuais, há ainda ações pseudocoletivas.[26]

Como visto, para a caracterização de uma ação coletiva, necessitamos de uma análise da pretensão do legitimado, devendo preponderar o acolhimento de uma tese jurídica geral, referente a determinados fatos que podem aproveitar a muitas pessoas. O que é bem diferente de apresentarem-se inúmeras pretensões singularizadas, especificadamente verificadas em relação a cada um dos respectivos titulares do direito.

Assim, haverá uma ação pseudocoletiva quando se transparecer que há uma ação coletiva, pois decorreria de uma ação genuinamente coletiva e ter como legitimados os sujeitos previstos no art. 5º LACP e no art. 82 CDC, contudo, tutelam direitos individualizados, com identificação prévia dos seus titulares, não devendo ser regida pelos ditames do microssistema da tutela coletiva. Ocorre, por exemplo, na hipótese do art. 97 e 98 do CDC, onde um legitimado coletivo ingressa com uma execução de sentença fundada em direito individual homogêneo para satisfazer de forma individualizada e identificada cada um dos indivíduos beneficiados pela sentença coletiva.

---

26. ARAUJO FILHO, Luiz Paulo da Silva. *Ações coletivas*: a tutela jurisdicional dos direitos individuais homogêneos. Rio de Janeiro: Forense, 2000. p. 114.

A implementação de um tratamento molecular para um litígio atomizado, ou seja, para um direito meramente individual, formará ações pseudocoletivas, todavia, haverá litispendência entre todas as ações (pseudo)coletivas e as ações individuais, bem como a sujeição dos particulares à coisa julgada da falsa ação coletiva, à falta de normas próprias, já que as do CDC destinam-se às ações genuinamente coletivas.

Capítulo 4
PROTEÇÃO ESPECÍFICA DE ALGUNS DIREITOS COLETIVOS

4.1 CONSIDERAÇÕES INICIAIS

Como mencionado no primeiro capítulo, o Brasil pois um vasto e complexo sistema de leis que tutelam os direitos coletivos, tendo como base o **microssistema processual para causas coletivas** (Lei 7.347/1985 e Lei 8.078/1990) e, no que for compatível, seja na ação popular, na ação civil pública, na ação de improbidade administrativa, no mandado de segurança coletivo, aplicar-se-á o Título III do Código de Defesa do Consumidor, buscando-se a construção de algo próximo de um *"Código Brasileiro de Processos Coletivos"*.

Há, contudo, além dessas principais leis várias outras que tem por escopo principal tutelar outros assuntos, mas incidentalmente tutelam direitos coletivos, o que será estudado nesse capítulo.

4.2 MEIO AMBIENTE

Antes da LACP havia o Decreto 83.540/79, que previa a propositura pelo MP de ação de responsabilidade civil por dano decorrentes da poluição por óleo e, em seguida, foi publicada a Lei 6.938/81, que instituiu a Política Nacional de Meio Ambiente, atribuindo ao MP a ação para constranger o poluidor a indenizar ou reparar os danos causados ao meio ambiente e a terceiros, independentemente de culpa.

Por essa trilha, a CF/88 caminhou mantendo a titularidade do MP (art. 129, III), alargando a ação popular para proteger meio ambiente e patrimônio histórico e cultural (art. 5º, LXXIII), bem como o art. 225 assegurou que todos têm direito a um meio ambiente devidamente equilibrado.

Há, assim, o meio ambiente natural (bens naturais, como solo, atmosfera, água e qualquer forma de vida), artificial (espaço urbano construído) e cultural (urbanismo, zoneamento, paisagismo, monumentos históricos, arqueológicos etc.).

4.3 PATRIMÔNIO CULTURAL, PÚBLICO E SOCIAL

O patrimônio público veio tradicionalmente definido para fins de ação popular, como sendo um conjunto de bens e direitos de valor econômico, artístico, estético, histórico e turístico (art. 1º, § 1º LAP), contudo, a Constituição alargou esse conceito, incluindo moralidade administrativa, meio ambiente e o patrimônio cultural.

O patrimônio cultural refere-se ao conjunto de bens e interesses que exprimem a integração do ser humano com o meio ambiente natural e artificial, como aqueles de valor artístico, estético, histórico, turístico, paisagístico e ecológico.

Patrimônio social está ligado ao que seja interesse social, como interesses de grupos, classes ou categorias de pessoas que suportam algum tipo de hipossuficiência e da sociedade como um todo.

4.4 TOMBAMENTO

Sendo uma restrição administrativa ao direito de propriedade realizada pela Estado em prol do interesse da cultura e da proteção do patrimônio histórico, artístico nacional, proibindo a demolição ou modificação de prédios tidos como monumentos históricos e exigindo que seus reparos obedeçam à sua caracterização.

Nessa linha, o art. 216 §1º da CF/88 afirma que o Poder Público, com a colaboração da comunidade, promoverá e protegerá o patrimônio cultural brasileiro, por meio de inventários, registros, vigilância, tombamento e desapropriação, e de outras formas de acautelamento e preservação.

4.5 CONSUMIDOR

A Constituição consagrou especial proteção ao consumidor (arts. 5º, 170 e 48 do ADCT), já art. 4º do CDC estabeleceu a política nacional de relações e consumo, tendo por objetivo o atendimento das necessidades dos consumidores, o respeito à dignidade, saúde e segurança, proteção dos interesses econômicos, melhoria da qualidade de vida, transparência e harmonia das relações de consumo.

O art. 129, III da CF/88 empregou a expressão "interesses difusos e coletivos" no sentido lato, que era o que emprestava a doutrina da época, devendo abranger os individuais homogêneos, havendo manifesto interesse social evidenciado pelas características do dano, ainda que potencial e seja acentuada a relevância social do bem jurídico tutelado.

4.6 DADOS PESSOAIS – LGPD

A Lei 13.709/18, conhecida como Lei Geral de Proteção de Dados Pessoais (LGPD), trazendo como finalidades a proteção dos direitos fundamentais de liberdade, privacidade e o livre desenvolvimento da personalidade da pessoa natural (art. 1º).

A justificativa é muito simples. Atualmente, com o mundo cada vez mais digital, os dados pessoais possuem importância estratégica, sendo utilizados para direcionamento de propagandas, anúncios específicos para o perfil daquele que "navega" na *internet* a partir das páginas que este visita, da identificação da preferência ideológica, sexual, dos gastos realizados pelo cartão de crédito, da investigação de doenças, das redes sociais, entre vários outros exemplos possíveis.

Muito provavelmente o leitor já foi surpreendido com um anúncio daquilo que estava exatamente procurando e isso não é coincidência, são os famosos algoritmos que criam classificações, prognósticos ou mesmo julgamentos.

O problema é o recolhimento de tais dados sem autorização, devassando a vida privada, que podem ter sido recolhidos de forma incompleta, dasatualizada ou equivocada e, diante de todos esses riscos, que superaram a violação à privacidade, há a necessidade de controle na coleta, produção, recepção, classificação, utilização, acesso, reprodução, transmissão, armazenamento e eliminação dos dados pessoais, o que se busca no Brasil por meio da LGPD, relacionando-se com várias áreas do Direito.

Fazendo um recorte direcionado ao pretendido no presente trabalho, o art. 22 da LGPD afirma que *"A defesa dos interesses e dos direitos dos titulares de dados poderá ser exercida em juízo, individual ou coletivamente, na forma do disposto na legislação pertinente, acerca dos instrumentos de tutela individual e coletiva."*, que conjugado com o art. 42 se observa que a violação à LGPD pode acarretar danos patrimoniais ou morais, inclusive coletivos, complementado pelo seu § 3º firmando que as ações de reparação por danos coletivos decorrentes da violação à proteção de dados pessoais podem ser exercidas coletivamente em juízo.

Por essa trilha, a tutela coletiva da proteção de dados pessoais pode ser categorizada nos três possíveis direitos coletivos, pois a atribuição, aprioristicamente, a uma categoria pode ser inapropriada.

Veja-se, por exemplo, pode envolver **direitos difusos** (como correção de algum tratamento inadequado de dados pessoais realizado por autoridades públicas, relativamente a todos os que vivem em certa localidade – tutela indivisível e sem que exista uma relação jurídica base prévia que delimite o grupo), **coletivos em sentido estrito** (na hipótese em que se pede a adequação do tratamento de dados pessoais realizado por uma empresa, relativamente a seus consumidores – tutela também indivisível, mas referente a uma relação jurídica de consumo base) e **individuais homogêneos** (pleito de danos morais e materiais veiculado contra certa empresa decorrente do vazamento de dados de um grupo de pessoas – tutela que poderia ser postulada em ações individuais, existindo uma origem comum para os danos alegados)[1].

---

1. ROQUE, André. Tutela coletiva dos dados pessoais na lei geral de proteção de dados pessoais (LGPD). *Revista Eletrônica de Direito Processual* – REDP. ano 13. v. 20. n. 2. Rio de Janeiro, maio a agosto de 2019, p. 10.

Como já dito no capítulo sobre os direitos coletivos, a sua categorização dependerá, invariavelmente, da análise da causa de pedir e do pedido de tutela jurisdicional concretamente formulado.

Sobre os **legitimados** para a sua tutela, nos reportaremos ao art. 5º LACP e ao art. 82 CDC, principais dispositivos sobre o tema, inclusive os órgãos desprovidos de personalidade jurídica com a Autoridade Nacional de Proteção de Dados (ANPD), órgão integrante da Presidência da República (art. 55-A LGPD), o particular dificilmente poderá manejar uma ação popular (art. 1º LAP), pois protegerá dados pessoais, fora do escopo da ação popular que vida proteção ao patrimônio público.

No que se refere às **decisões estruturantes**, como trabalhado no primeiro capítulo, uma ação coletiva em matéria de tutela de dados pessoais podem, em tese, envolver uma grande diversidade de pedidos, como para que dados pessoais armazenados indevidamente sejam apagados, ou então que cesse a sua transmissão a outras empresas, ou ainda que os dados pessoais sejam submetidos a processo de anonimização e não possam mais ter seus titulares identificados (art. 5º, XI, da LGPD) ou, ainda, postulado o simples pagamento de uma indenização por danos morais e materiais.

A situação, contudo, se complica quando forem, por exemplo, determinadas modificações estruturais da forma de tratamento de dados pessoais, principalmente nos casos em que estiver no polo passivo a Administração Pública, provocando um diálogo com a burocracia estatal ou privada e reforma estrutural de um ente, organização ou instituição para concretizar um direito fundamental, realizando uma política pública ou resolvendo questões complexas, envolvendo múltiplos interesses sociais dignos de tutela.

4.7 INTERESSES TRANSINDIVIDUAIS

Os direitos de natureza transindividual têm especial fundamento na Constituição Federal, guardando relação direta com os direitos fundamentais da pessoa humana, portanto, podem ser tutelados coletivamente.

É o caso, por exemplo, dos direitos relativos a valores de biossegurança (art. 225), ciência e tecnologia (arts. 23, 187, 216, 218 e 219), comunicação social (arts. 220 a 224), criança e adolescente (arts. 226 a 230), economia (art. 170), educação (arts. 6º, 22, 24, 205, 208, 211, 212, 213, 225, 227), família (arts. 203 e 226), função social da propriedade (arts. 5º, 170 e 186), idoso (arts. 203, 229 230), moralidade administrativa (art. 37, *caput*), cultura (art. 216-A), reforma agrária (arts. 184 a 191), saneamento básico (arts. 196 a 200 e 225), saúde (arts. 196 a 200), urbanismo (arts. 182 e 183) etc.

Capítulo 5
COMPETÊNCIA

5.1 CONSIDERAÇÕES GERAIS

Competência são regras legais de especialização da jurisdição. É uma divisão de trabalho, para uma melhor prestação jurisdicional. Distribuem-se as causas pelos vários órgãos jurisdicionais, conforme suas atribuições, que têm seus limites definidos em lei. Assim, mesmo a jurisdição sendo una e indivisível (art. 5º, XXXV CR/88 e art. 16 CPC/15), cria-se um âmbito de atuação para o exercício dessa função.

Como a competência é fixada por normas legais, caracteriza-se pela abstração. Nesse sentido, necessário se determinar em concreto o juízo da causa, na forma do art. 43 do CPC/15 (*perpetuatio jurisdictionis*), o que se dará no momento do registrou ou distribuição, somente se excepcionando em caso excepcionais.

No mesmo sentido, em regra o critério territorial ou de foro é relativo (art. 63 CPC), eis que direcionado a favorecer o interesse privado, portanto, sendo possível sua modificação.

5.2 COMPETÊNCIA FUNCIONAL E TERRITORIAL ABSOLUTA

Firmadas tais premissas, visualiza-se uma competência territorial quando uma causa é confiada ao juízo de determinado território pelo fato de ser a ele mais fácil ou mais eficaz exercer sua função, por conseguinte, um critério relativo (art. 63 CPC). Por outro lado, nada impede que o legislador, mesmo usando como prevalência o foro, crie um critério absoluto, vide, por exemplo, o art. 47 nos seus parágrafos do CPC.

Nessa linha, diversos dispositivos das legislações sobre tutela coletiva partem da premissa territorial para delimitar a competência, contudo, estabelecem critérios absolutos, como os arts. 2º da LACP, art. 209 da Lei 8.069/90 e art. 80 da Lei 10.741/03.

A justificativa para a criação dessa categoria híbrida já foi questionada doutrinariamente, pois, todo critério de competência territorial baseia-se em uma melhor possibilidade para o exercício das suas funções, contudo, atualmente, a melhor doutrina já cogita em uma competência territorial, cuja inobservância gera incompetência absoluta, excepcionando-se o arts. 62 e 63 do CPC/15.[1]

---

1. BARBOSA MOREIRA, José Carlos. Interesses difusos e coletivos. *Revista Trimestral de Direito Público*. São Paulo: Malheiros, n. 3, p. 193, 1993; MENDES, Aluísio Gonçalves. *Competência civil da Justiça Federal*.

5.3 COMPETÊNCIA PARA A AÇÃO COLETIVA

O art. 2º da LACP informa que será competente para a ação civil pública o **foro do local do dano**, cujo juízo terá **competência funcional** para processar e julgar a causa. Observe-se a redação que afirma ser competente o "foro" (art. 63 CPC), sendo "competência funcional" (art. 62 CPC), portanto, um **critério híbrido ou sui generis**[2] entre o territorial e o funcional.

No mesmo sentido, encontramos as regras para a maioria das ações coletivas (art. 209 da Lei 8.069/1990; art. 93 da Lei 8.078/1990; art. 80 da Lei 10.741/2003). Assim, a competência para ação civil pública é **absoluta**, em virtude do notório interesse público envolvido na demanda.[3]

5.4 DELEGAÇÃO DE COMPETÊNCIA FEDERAL AO JUÍZO ESTADUAL (ART. 109, §§ 3º E 4º, DA CF/88)

A questão cinge a aplicabilidade do art. 109, §§ 3º e 4º, da CR/88 que permite a delegação de competência federal ao juízo estadual, nas comarcas em que não houver sede da Justiça Federal, cabendo para a competência da ação civil pública.

Atualmente, adota-se o entendimento do STF[4] que afirma **não** ser possível tal delegação, pois o mencionado artigo constitucional seria dirigido ao legislador ordinário, autorizando-o a atribuir jurisdição ao juízo estadual.

Como no microssistema da tutela coletiva não há tal previsão, não seria possível tal delegação. Além disso, o art. 93 do CDC expressamente ressalva a competência da Justiça Federal, interpretando-se, então, que realmente não houve a delegação.[5]

Diante de tal julgamento, o STJ[6] cancelou o Enunciado 183 que, expressamente, admitia a delegação.

São Paulo: Saraiva, 1998. p. 19; DIDIER JR., Fredie; ZANETTI JR., Hermes. *Curso de direito processual civil: processo coletivo*. 3. ed. Salvador: JusPodivm, 2008. v. 4, p. 153.
2. Nomenclatura adotada pelo STJ, 4ª T., REsp 1.120.169-RJ, Rel. Min. Luis Felipe Salomão, julgado em 20.08.2013.
3. BUENO, Cassio Scarpinella. *Curso sistematizado de direito processual civil*: direito processual coletivo e direito processual público. São Paulo: Saraiva, 2010. v. 2, t. III, p. 210.
4. STF, RExt 228.955-9, Pleno, rel. Min. Ilmar Galvão, publicado em 10.02.2000.
5. BUENO, Cassio Scarpinella. *Curso sistematizado de direito processual civil*: direito processual coletivo e direito processual público cit., v. 2, t. III, p. 211.
6. Enunciado 183 do STJ: "Compete ao Juiz Estadual, nas Comarcas que não sejam sede de vara da Justiça Federal, processar e julgar ação civil pública, ainda que a União figure no processo". Tal súmula foi cancelada no julgamento dos embargos de declaração no CC 27.676-BA, rel. Min. José Delgado, publicado em 27.11.2000.

5.5 COMPETÊNCIA PREVISTA NO CDC

Como visto, o art. 93 CDC também regulamenta a competência das ações coletivas, inclusive ressalvando a competência da justiça federal.

De igual modo, não obstante o art. 93 do CDC estar no capítulo sobre a tutela dos direitos individuais homogêneos, refere-se a **qualquer** processo coletivo,[7] **tampouco** se limita às relações de consumo.[8]

O mencionado artigo traz duas competências, vejamos.

5.6 DANO DE ÂMBITO LOCAL

Estabelece o art. 93, I, do CDC que será competente o **foro do lugar onde ocorreu ou deva ocorrer o dano**, quando de âmbito local.

A interpretação literal do mencionado inciso I, em cotejo com o inciso II, poderá levar o intérprete à conclusão de que, transbordando os efeitos do dano dos limites de determinada comarca e alcançando outra, o que não seria um âmbito local, a competência passaria a ser do foro da Capital do Estado ou Distrito Federal, contudo, essa **não** é a melhor interpretação, pois, para os danos cujos efeitos transbordem os limites de determinada comarca, sem ultrapassar os limites do Estado, haverá competência **concorrente** entre ambas as comarcas, solucionando-se por **prevenção**, na forma do art. 2º, parágrafo único, da Lei 7.347/1985 e do art. 5º, § 3º da Lei 4.717/64.

5.7 DANO NACIONAL OU REGIONAL

O art. 93, II do CDC determina aplicação do **foro da Capital do Estado ou no do Distrito Federal**, aplicando-se as regras do Código de Processo Civil aos casos de competência **concorrente**.

A Lei da Ação Civil Pública, por outro lado, determina a competência para o foro do local do dano (art. 2º da Lei 7.347/1985), **não** cuidando das situações em que o dano é nacional ou regional.

Pode ocorrer que o dano se espraie para mais de uma comarca, ultrapassando os limites do Estado, podendo alcançar o âmbito regional ou até nacional, sendo comum, nesses casos, haver mais de uma demanda proposta por diversos legitimados.

Se o dano ocorrer somente no âmbito de Municípios vizinhos, estando estes localizados nos limites de um mesmo Estado, aplicando-se a regra do artigo 2º da LACP, haverá competência **concorrente** entre os juízes das comarcas envolvidas.

---

7. GRINOVER, Ada Pellegrini et al. *Código de Defesa do Consumidor comentado pelos autores do anteprojeto.* 5. ed. São Paulo: Forense Universitária, 1998. p. 775-776.
8. Informativo 468: STJ, 3ª T., REsp 1.101.057/MT, rel. Min. Nancy Andrighi, j. 07.04.2011. Precedente citado: REsp 448.470-RS, *DJe* 15.12.2009.

Nesse caso, qualquer delas terá competência para processar e julgar a ação civil pública, aplicando-se a regra de **prevenção** prevista no art. 2º, parágrafo único, da LACP c/c art. 5º, § 3º, da Lei 4.717/1965.

Já no caso de o dano extrapolar os limites de um Estado, abrangendo dois ou vários deles, tal situação não se resolve com facilidade, tendo em vista que essa problemática não foi solucionada objetivamente pela lei e ainda está longe de estar pacificada pela doutrina ou pela jurisprudência.

A dúvida maior paira em torno da delimitação do **que seria dano de âmbito nacional** que ensejaria na competência **concorrente** entre as capitais dos Estados e do Distrito Federal para conhecimento dessas ações e qual seria a justificativa para que se considere o foro da Capital Federal como competente para esses casos.

Ada Pellegrini Grinover[9] sustenta que o foro da Capital Federal facilita o acesso à Justiça e o próprio exercício de um direito de defesa por parte do réu, não tendo sentido que seja este obrigado a litigar na Capital de um Estado, longínquo talvez de sua sede, pela mera opção do autor coletivo.

Majoritariamente, afirma a doutrina que deve ser utilizado o art. 93, II, do CDC, como parâmetro para fixação do foro competente, na dicção dos art. 90 do CDC c/c 21 da LACP. Assim, a competência seria da Capital de um dos Estados ou do Distrito Federal, para os danos de âmbito nacional ou regional, podendo ainda serem aplicadas as regras do Código de Processo Civil aos casos de competência concorrente. Não obstante se mostrar coerente fixar o Distrito Federal como epicentro das ações de âmbito nacional, evitando a dispersão das ações por vários Estados da Federação, não parece ter sido esta a intenção do legislador, devendo ser entendido como **competente a Capital de um dos Estados ou do Distrito Federal**, fixando-se pela prevenção.[10]

A conclusão, realmente, é a mais coerente, ainda quando o dano assuma caráter nacional, mas de âmbito restrito, como na hipótese de dano a rios de dois Estados vizinhos, prestigiando a competência do foro da Capital de qualquer deles, tendo em vista que teria sido esta a intenção do legislador que, ao estabelecer a regra do dano local para a fixação da competência, visou à facilitação da colheita de provas (testemunhal, pericial, acima de tudo), colocando o magistrado em contato íntimo com o local do dano.

De igual modo, considerando as dimensões continentais do Brasil, pode ocorrer um dano que atinja, por exemplo, três Estado, contudo, todos distantes do Distrito Federal, o que não seria mais benéfico para nenhum dos litigantes.

---

9. GRINOVER, Ada Pellegrini. *Código de Defesa do Consumidor comentado pelos autores do anteprojeto* cit., 5. ed., p. 683.
10. LENZA, Pedro. *Teoria geral da ação civil pública*. 3. ed. rev., atual. e ampl. São Paulo: Ed. RT, 2008. p. 190; NERY JR., Nelson; NERY, Rosa Maria Andrade. *Código de Processo Civil*. 5. ed. São Paulo: Ed. RT, 2001. p. 1526. STJ, 1ª Sç., AgRg no CC 118.023/DF, rel. Min. Benedito Gonçalves, julgado 28.03.12.

Esse, inclusive, tem sido o posicionamento adotado pelo **STJ**, que tem considerado os **foros da Capital dos Estados e do Distrito Federal concorrentes**, não havendo prevalência deste sobre aquele, ainda quando o dano tenha âmbito nacional.[11]

Por fim, sempre que se enquadrar em hipótese do art. 109 da CF/1988 a competência será da **Justiça Federal**, como destacado pelo art. 93 do CDC.

Quanto à competência do juízo, esta será definida pelas normas de organização judiciária, como na hipótese de haver vara especializada na defesa do consumidor, do contrário, será de uma vara cível.

5.8 RESTRIÇÃO TERRITORIAL DA DECISÃO NA TUTELA COLETIVA

O art. 16 da Lei 7.347/1985 e o art. 2º-A da Lei 9.494/1997 buscaram restringir a eficácia subjetiva da coisa julgada na ação coletiva, estabelecendo uma limitação territorial da sua eficácia restrita ao âmbito da jurisdição do órgão prolator da decisão.

O art. 16 da LACP aplica-se às demandas coletivas que envolvam **direitos difusos e coletivos**, já o art. 2º-A da Lei 9.494/1997 refere-se a **direitos individuais homogêneos**.

Sobre tais dispositivos, dois entendimentos, diametralmente opostos, formaram-se.

Em sede doutrinária,[12] de forma **majoritária**, tais dispositivos são inconstitucionais e inócuos, pois ofenderiam a razoabilidade ao impor uma exigência absurda, permitindo o ajuizamento simultâneo de tantas ações civis públicas idênticas, quantas sejam as unidades territoriais em que se divida a respectiva Justiça. Trata-se, a rigor, do uso do processo legislativo para se criar um *"microssistema processual do Estado"*, contrariando o ensinamento clássico de tratamento molecular do litígio, bem como a celeridade processual. Ofende a isonomia e o acesso à justiça, pois permite julgamentos contraditórios entre os jurisdicionados, bem como dificulta a proteção dos direitos coletivos. Há, ainda, nítida confusão entre competência e imperatividade decorrente das decisões judiciais, eis que a jurisdição é una (art. 16 do CPC/15). Na verdade, o legislador tentou desnaturar o sistema de extensão subjetiva dos efeitos das decisões coletivas.

---

11. Nesse sentido, decisões do STJ: CC 17.532/DF, rel. Min. Ari Pargendler, *DJ* 05.02.2001; CC 17.533/DF, rel. Min. Carlos Alberto Menezes Direito, *DJ* 30.10.2000; CC 31.950, rel. Min. Aldair Passarinho Junior, *DJ* 29.06.2001; CC 21.338/DF, rel. Min. Ruy Rosado, j. 08.05.2002; AgRg na MC 13660/PR, rel. Min. Castro, j. 04.03.2008, *DJ* 17.03.2008, p.1.
12. DIDIER JR., Fredie; ZANETI JR., Hermes. *Curso de direito processual civil:* processo coletivo cit., 3. ed. v. 4, p. 159-166; NERY JR., Nelson; NERY, Rosa Maria Andrade. *Código de Processo Civil comentado e legislação extravagante*. 2. ed. São Paulo: Ed. RT, 2003. p. 1558; MENDES, Aluisio Gonçalves de Castro. *Ações coletivas no direito comparado e nacional*. São Paulo: Ed. RT, 2002. p. 265.

Como já afirmado por diversas vezes, há um microssistema das causas coletivas, portanto, tal alteração restou frustrada, pois entre ação civil pública e CDC há íntima relação (art. 21 da LACP e 90 do CDC).

Assim, vigora na ação civil pública o art. 103 do CDC. Nesse sentido parece caminhar o STJ[13], vejamos:

> No julgamento do recurso especial repetitivo (representativo de controvérsia) 1.243.887/PR, Rel. Min. Luís Felipe Salomão, a Corte Especial do Superior Tribunal de Justiça, ao analisar a regra prevista no art. 16 da Lei 7.347/85, primeira parte, consignou ser indevido limitar, aprioristicamente, a eficácia de decisões proferidas em ações civis públicas coletivas ao território da competência do órgão judicante.

5.9 AÇÃO DE IMPROBIDADE ADMINISTRATIVA. AGENTES POLÍTICOS. PRERROGATIVA DE FUNÇÃO

Os agentes públicos, para ações penais e administrativas, possuem prerrogativas em virtude das funções que exercem. Em virtude da proximidade inicial existente entre a ação de improbidade administrativa com o direito penal, com as infrações político-administrativas previstas na Lei dos Crimes de Responsabilidade (que também podem resultar em perda do cargo e dos direitos políticos, na forma do art. 92, I, do CP), e, também, com as consequências de eventual condenação por crime de responsabilidade (Lei 1.079/1950), muito se discutiu se haveria prerrogativa de foro para as ações de improbidade administrativa.

A resposta deve ser **negativa**, pois não existe nenhuma regra que altere o sistema processual civil para a competência desse tipo de ação, vedada a interpretação por analogia com as situações em que, para fins de persecução penal, é prevista na CR/1988 a prerrogativa de foro.[14] Esse é o entendimento do STJ[15] e do STF[16]. De igual modo, não há espaço para competências estaduais criarem tal competência[17].

O posicionamento do STF se faz mais claro quando, ao julgar as ADI 2.797 e ADI 2.860, declarou inconstitucional a Lei 10.628/2002, que modificou o art. 84 do CPP, a fim de se pretender estabelecer foro por prerrogativa de função para a ação de improbidade administrativa que envolva agentes públicos. Ocorre que tal legislação

---

13. STJ, REsp 1.644.647, rel. Min. Marco Aurélio Bellizze, julgado 02.05.2017.
14. BUENO, Cassio Scarpinella. *Curso sistematizado de direito processual civil*: direito processual coletivo e direito processual público cit., v. 2, t. III, p. 165.
15. STJ, Corte Especial, Rcl 2.723/SP, rel. Min. Laurita Vaz, j. 15.10.2008; STJ, Corte Especial, AgRg na Rcl 1.164/SP, rel. Min. Fernando Gonçalves, j. 15.03.2006; STJ, RCL 580/GO, rel. Min. José Arnaldo da Fonseca, publicado em 18.02.2002; RCL 591/SP, rel. Min. Nilson Naves, publicado em 15.05.2000.
16. STF, Pet 4.498/AM, rel. Min. Ricardo Lewandowski, j. 25.03.2009. AI-AgR 653.882/SP, rel. Min. Celso de Mello. AI-AgR 538.389/SP, rel. Min. Eros Grau. STF, Pleno, Pet-QO 3.923/SP, rel. Min. Joaquim Barbosa, j. 13.06.2007.
17. ADI 4870/ES, rel. Min. Dias Toffoli, julgamento virtual finalizado em 14.12.2020.

ampliou a competência do STF e do STJ por intermédio de norma infraconstitucional, o que é inviável.

Cumpre, porém, registrar que, muito embora não prevaleça a prerrogativa de foro para as ações de improbidade administrativa, o STF e o STJ[18] considerou que, tratando-se de **magistrados**, notadamente das cortes superiores do País, aquela sistemática deveria imperar, sob pena de permitir a desestruturação do regime escalonado da jurisdição brasileira.

Há, contudo, relevante doutrina que advoga tese no sentido contrário, devendo ser aplicadas as prerrogativas de foro à ação de improbidade administrativa.[19]

5.10 OUTRAS HIPÓTESES DE COMPETÊNCIA DA JUSTIÇA FEDERAL PARA A AÇÃO COLETIVA

Na forma do art. 109, V-A, e XI, da CF, compete ao juiz federal julgar causas em que houver grave violação a direitos humanos e que envolverem direitos indígenas, respectivamente.

Nesse sentido, pode ocorrer violação a **direitos humanos** tanto na seara civil, penal ou administrativa. Destarte, pode se cogitar em ação coletiva com tal causa de pedir perante a Justiça Federal, como, por exemplo, para a efetivação dos direitos dos presos, relacionados à dignidade humana e garantidos em tratados internacionais.

De igual modo, é possível ação coletiva envolvendo direitos **indígenas**, coletivamente considerados, bem como reconhecida a continência, devem ser reunidas na Justiça Federal as ações civis públicas propostas nesta e na Justiça estadual, como determina o Enunciado 489 da Súmula do STJ.

---

18. STF, QO na Pet 3.211/DF, DJe 26.06.2008. No mesmo sentido: Informativo 477, STJ, Corte Especial, Rcl 4.927/DF, rel. Min. Felix Fischer, j. 15.06.2011; STJ, AgRg na Rcl 2.115/AM, DJe 16.12.2009.
19. MENDES, Gilmar Ferreira; WALD, Arnoldo. Competência para julgar ação de improbidade administrativa. RePro. n. 107. p. 256. São Paulo: Ed. RT2002; ZAVASCKI, Teori Albino. Processo coletivo: tutela de direitos coletivos e tutela coletiva de direitos. 5. ed. rev., atual. e ampl. São Paulo: Ed. RT, 2011. p. 108.

Capítulo 6
RELAÇÃO ENTRE DEMANDAS

6.1 NOÇÕES GERAIS

No âmbito do processo individual existem diversas espécies de vínculos entre demandas.

É possível que o vínculo seja somente de semelhança (arts. 55 e 56 do CPC/15), o que gera **conexão ou continência**, ou que o vínculo seja total, gerando identidade de demandas, a **litispendência ou a coisa julgada**.

Assim, havendo identidade total, ou seja, coincidência total de partes, causa de pedir e pedido (art. 337 §§ 1º ao 4º do CPC/15), o que pode gerar litispendência ou coisa julgada, ocorrerá extinção de uma das demandas sem resolução de mérito (art. 485, V, do CPC/15). Havendo, somente, semelhança, o máximo que poderá ocorrer é a reunião entre as demandas (art. 58 CPC/15).

6.2 RELAÇÃO ENTRE DEMANDAS COLETIVAS E INDIVIDUAIS

No confronto entre a demanda individual e coletiva, não haverá uma identidade total, pois os elementos partes ou pedido da demanda individual jamais coincidirão com tais elementos da ação coletiva. De igual modo, em uma está sendo defendido um direito coletivo e, em outra, um direito individual.

Tal ponto é ratificado pelo art. 104 do CDC, art. 22 § 1º LMS e pelo art. 13, parágrafo único da Lei 13.300/16, afirmando expressamente que **não** há litispendência entre processo individual e coletivo.

Não obstante a previsão legislativa, a doutrina debate sobre o tema.

Majoritariamente, **não há, realmente, litispendência**, pois o que se pleiteia não é exatamente a mesma coisa.[1]

Há, contudo, quem sustente que **haveria óbice** para um mandado de segurança individual, quando houver um mandado de segurança coletivo por substituição processual, bem como não seria admissível o ingresso do impetrante individual

---

1. ALVIM, Teresa Arruda. Apontamentos sobre ações coletivas. *RevPro.* v. 19. n. 75. p. 273-283, especialmente p. 283. São Paulo: Ed. RT, jul.-set. 1994; DIDIER JR., Fredie; ZANETI JR., Hermes. *Curso de direito processual civil*: processo coletivo. 3. ed. Salvador: JusPodivm, 2008. v. 4, p. 184-185.

como assistente ou litisconsorte, pois já estaria sendo promovido pelo substituto processual no mandado de segurança coletivo.[2]

Em outro sentido, há quem sustente haver **continência** entre a demanda coletiva ajuizada posteriormente à demanda individual, em função da amplitude do objeto litigioso, porém, o ajuizamento posterior da ação individual ocasionaria litispendência.[3]

Realmente, é possível existir conexão ou continência entre uma ação coletiva e uma ação individual, principalmente em se tratando de ação coletiva que versa sobre direitos individuais homogêneos e ação individual, porém, **não** deverá ocorrer reunião da ação individual com a coletiva e, sim, **suspensão** da ação individual, para aguardar o julgamento da ação coletiva.[4] Ao se possibilitar a reunião de todas as ações individuais, que podem ser milhares, com a ação coletiva, fatalmente haveria um tumulto processual.[5]

Entende, inclusive, o STJ[6] que nada obsta que o magistrado determine tal **suspensão de ofício**, com fundamento no art. 313, V, "a", do CPC/15, o que já era defendido fortemente pela doutrina, em nome da concretização da efetividade da tutela jurisdicional, da duração razoável do processo e da segurança jurídica. Saliente-se que referida suspensão é de interesse público, não podendo ficar condicionada à vontade do particular, aplicando-se o art. 21 da Lei 9.868/1999 e o art. 1.035 § 5º, do CPC/15.

6.2.1 *Right to opt in. Right to opt out*

O legislador no art. 104 do CDC não determinou a exclusão expressa da litispendência entre ação coletiva e a ação individual que discutam os mesmos direitos individuais homogêneos, como fez quanto aos incisos I e II do parágrafo único do art. 81 do CDC, porém, logo após mencionar os dispositivos do art. 103, o art. 104 refere-se aos incisos II e III. O terceiro inciso do art. 103 trata justamente dos direitos individuais homogêneos, nesse sentido, houve falha na redação da lei.[7]

Assim, quanto aos direitos individuais homogêneos, **não** poderá ocorrer litispendência no caso de ajuizamento de ação individual, pois se estaria negando acesso

---

2. BATALHA, Wilson de Souza Campos. *Direito processual das coletividades e dos grupos*. 2. ed. São Paulo: LTr, 1992. p. 116.
3. PASSOS, José Joaquim Calmon de. *Mandado de segurança, mandado de injunção e habeas data*. Rio de Janeiro: Forense, 1989. 72; ZAVASCKI, Teori Albino. *Defesa de direitos coletivos e defesa coletiva de direitos*. p. 25.
4. ZAVASCKI, Teori Albino. *Defesa de direitos coletivos e defesa coletiva de direitos* cit., p. 177.
5. DIDIER JR., Fredie; ZANETI JR., Hermes. *Curso de direito processual civil*: processo coletivo cit., 2008, v. 4, p. 189.
6. No REsp 1.110.549-RS, rel. Min. Sidnei Beneti, j. 28.10.2009, decidiu-se que "ajuizada ação coletiva atinente a macrolide geradora de processos multitudinários, suspendem-se as ações individuais, no aguardo do julgamento da ação coletiva".
7. DIDIER JR., Fredie; ZANETI JR., Hermes. *Curso de direito processual civil*: processo coletivo cit., 2008, v. 4, p. 184.

à justiça a esses titulares individuais e, ao mesmo tempo, não teriam esses titulares legitimidade para ajuizarem demanda coletiva.

Como visto, poderá coexistir ação coletiva e individual, rendendo ensejo à incidência do instituto do *right to opt in* e *right to opt out* inerente às *class actions*, ou seja, direito de optar por ser incluído ou excluído da abrangência da tutela coletiva.

Nosso ordenamento regulamenta de **duas formas tal direito**: uma nas ações coletivas do CDC (art. 104 do CDC) e outra no mandado de segurança e no mandado de injunção (art. 22, § 1º, da Lei 12.016/2009 e art. 13, parágrafo único da Lei 13.300/16).

Assim, sendo ajuizada uma ação individual na pendência da ação coletiva, ocorre a exclusão do indivíduo (demandante individual) dos efeitos da sentença coletiva, desde que, tendo sido inequivocamente comunicado do ajuizamento da demanda coletiva, não opte pela **suspensão** da sua ação individual. Optando pela suspensão, estará **incluído** nos efeitos da sentença coletiva. Optando por **continuar** com sua demanda individual, estará se **excluindo** dos efeitos da ação coletiva, como se extrai da redação do art. 104 do CDC.

Observe-se que há o prazo de trinta dias para se incluir na demanda coletiva, requerendo a suspensão da ação individual, contudo, não há prazo para a suspensão, que deve perdurar pelo tempo necessário ao trânsito em julgado da sentença coletiva.[8]

Nesse giro, tal pedido pode ser formulado **até o trânsito em julgado da sentença coletiva**, bem como nada obsta que o demandante individual se **arrependa** e busque revogar o pedido de suspensão.

No que se refere à relação entre o mandado de segurança individual e o coletivo, bem como em relação ao mandado de injunção individual e coletivo, o direito de ser incluído ou excluído é exercido nos mesmos moldes, contudo, pelo **pedido de desistência**, como se extrai do art. 22, § 1º, da Lei 12.016/2009[9] e art. 13, parágrafo único da Lei 13.300/16.

Maiores considerações sobre tal artigo serão realizadas no capítulo sobre mandado de segurança coletivo e mandado de injunção coletivo, respectivamente.

6.3 RELAÇÃO ENTRE DEMANDAS COLETIVAS

Visualizada a relação entre ação individual e coletiva, necessária a análise da relação entre ações coletivas.

Frise-se que tal relação pode ocorrer entre **ações coletivas com o mesmo procedimento**, como duas ou mais ações civis públicas, ou pode ocorrer entre ações

---
8. GIDI, Antonio. *Coisa julgada e litispendência em ações coletivas*. São Paulo: Saraiva, 1995. p. 447.
9. Acolhendo a tese da desistência: STJ, 3ª Seção, AgRg na ExeMS 6359/DF, rel. Min. Laurita Vaz, j. 08.09.2010.

coletivas com **procedimentos diversos** como, por exemplo, a relação entre uma ação civil pública e uma ação popular.

Analisaremos de maneira separada. Cumpre, de início, ressaltar que, havendo uma total coincidência entre os elementos das ações coletivas, **não** se pode admitir o prosseguimento da ação coletiva ulterior.

6.4 RELAÇÃO ENTRE DEMANDAS COLETIVAS COM O MESMO PROCEDIMENTO

Algumas premissas devem ser ressaltadas na análise da relação entre as ações coletivas.

Uma primeira, é a decorrente da **legitimidade concorrente e disjuntiva**, pois a identidade de partes é irrelevante para a configuração da litispendência coletiva. Do contrário, dificilmente haveria litispendência, salvo se um mesmo legitimado ajuizasse duas vezes a mesma demanda, o que não é razoável ou crível.

Não importa quem está conduzindo a demanda, o relevante é a causa de pedir e o pedido (art. 2º, parágrafo único, Lei 7.347/1985), **não** podendo ser transportada a teoria da tríplice identidade (*tria eadem*) do processo individual (art. 337 § 1º CPC) para a tutela coletiva.[10]

Uma segunda premissa deve ser firmada.

Como visto, a identificação das partes é irrelevante, mas a correta identificação do direito coletivo versado na ação coletiva é essencial. Pode haver **semelhante controvérsia coletiva**, mas a causa de pedir da demanda versar sobre um direito difuso, coletivo *stricto sensu* ou individual homogêneo, portanto, causas de pedir distintas e, nessa hipótese, não haverá litispendência, podendo haver conexão ou continência.

Na hipótese de uma publicidade enganosa, o ponto se mostra claro.

Vários consumidores adquiriram determinado produto: pode haver uma ação civil, promovida pelo MP, visando retirar do ar de tal publicidade (direito difuso), bem como uma associação pode demandar, buscando a indenização dos consumidores individualmente lesados (individual homogêneo).

Não há, no exemplo, litispendência, pois não há perfeita correspondência entre os pedidos e a causa de pedir.

Firmadas tais premissas, poderá ser identificado o fenômeno. A litispendência é um fato, cumpre analisarmos os efeitos. Havendo litispendência, ou seja, identidade perfeita entre pedido e causa de pedir, o que ocorrerá?

---

10. Em igual conclusão: WAMBIER, Teresa Arruda Alvim. Litispendência entre ações coletivas: processo coletivo. In: MAZZEI, Rodrigo; NOLASCO, Rita. (Coord.). São Paulo: Quartier latin, 2005. p. 280-295.

No processo individual haveria extinção sem resolução de mérito (art. 485, V, do CPC/15). No processo coletivo haverá **reunião** dos processos para julgamento conjunto, pois não adiantaria extinguir um deles, dado que a parte autora colegitimada poderia intervir no processo supérstite, na qualidade de assistente litisconsorcial.[11]

No máximo, *de lege ferenda*, não sendo mais possível a reunião, em virtude de as demandas estarem em estágios distintos, haverá **suspensão** com base no art. 313, V, "a", do CPC/15.[12]

Nesse sentido, o Enunciado 489 da Súmula do STJ que havendo continência, devem ser **reunidas** na Justiça Federal as ações civis públicas propostas nesta e na Justiça estadual.

Cumpre, por fim, registrar que, havendo uma demanda coletiva sobre direito difuso e outra sobre direito individual homogêneo, envolvendo a mesma controvérsia coletiva (como no exemplo dado da publicidade enganosa), com a procedência da ação coletiva sobre o direito difuso, haverá **perda do interesse de agir** na ação que envolve direito individual homogêneo, em virtude do transporte *in utilibus* da coisa julgada do plano coletivo para o individual.

6.5 RELAÇÃO ENTRE DEMANDAS COLETIVAS COM PROCEDIMENTOS DISTINTOS

Como a tutela jurisdicional coletiva é disciplinada por diversos procedimentos, nada impede que haja **litispendência** entre causas coletivas que tramitem sob **procedimentos diversos**.

Nesse sentido, tramitando uma ação coletiva do CDC, uma ação civil pública, uma ação popular, um mandado de segurança coletivo ou qualquer outra ação coletiva e, havendo, entre todas elas, **identidade de causa de pedir e pedido**, haverá **litispendência**, não obstante estarem com bases procedimentais diferentes.[13]

Cumpre registrar que é possível que o conteúdo de uma ação civil pública coincida com o conteúdo de uma ação popular, havendo, então, litispendência.

Não poderá, contudo, haver extinção da ação popular, pois haveria um cerceamento do direito constitucional do cidadão de promover sua demanda popular, o que seria inconstitucional, reforçando-se a tese de somente haver **reunião** dos processos.

Havendo extinção da ação popular, o que se veicula por argumentação, poderia o cidadão se habilitar como **assistente** na demanda coletiva, porém, havendo de-

---

11. DIDIER JR., Fredie; ZANETI JR., Hermes. *Curso de direito processual civil: processo coletivo* cit., 2008, v. 4, p. 180.
12. GIDI, Antonio. *Coisa julgada e litispendência em ações coletivas* cit., 1995, p. 144.
13. WATANABE, Kazuo. Demandas coletivas e problemas emergentes da práxis forense. *RePro*. v. 17. n. 67. p. 18. São Paulo: Ed. RT, jul.-set. 1992. GIDI, Antonio. *Coisa julgada e litispendência em ações coletivas* cit., 1995.

sistência na ação coletiva, não poderá o cidadão nela prosseguir, uma situação que seria aviltante ao direito do cidadão de promover a ação popular.

6.6 CRITÉRIO PARA REUNIÃO DE DEMANDAS COLETIVAS: "JUÍZO UNIVERSAL"

No âmbito do processo individual, a reunião de processos é regulamentada por critérios de prevenção (art. 58 do CPC).

No âmbito coletivo, vários problemas devem ser enfrentados.

A competência territorial na ação civil pública é **absoluta**[14] e, como cediço, somente a competência relativa permite modificação. Nesse sentido, várias ações coletivas podem ser ajuizadas simultaneamente, devido à diversidade de legitimados, bem como à possibilidade de o dano se estender, por exemplo, a vários Estados, havendo várias ações coletivas em cada um deles.

Assim, a conexão **pode modificar** a competência territorial, em regra relativa, mas que, em alguns casos, como esse, pode ser absoluta.[15]

Parece ser esse o entendimento consagrado no art. 2º da LACP (idêntica previsão se encontra no art. 6º, § 3º, da LAP e art. 17, § 3º, da LIA), ao afirmar que a competência pode ser modificada pela **prevenção**, considerada essa pela propositura.

Observe-se que a competência é alterada por haver conexão entre ações coletivas. Prevenção é uma técnica usada pelo legislador para fixar a competência, entre juízos originariamente competentes,[16] para excluir a atuação do juízo posterior. O que identifica a prevenção é o critério **cronológico**.

A redação do art. 2º da LACP pode ser criticada por outro aspecto. Há uma incompatibilidade lógica ao se analisar o art. 2º e o art. 16 da LACP, desde que se considere válido esse último dispositivo. O art. 16 limita a eficácia subjetiva da coisa julgada no âmbito da competência territorial do órgão prolator (ou tenta limitar, como será analisado no capítulo sobre coisa julgada).

Nesse sentido, ou se aplica o art. 2º somente para causas conexas propostas na mesma comarca ou na mesma região ou, do contrário, não haverá outra hipótese, pois, de acordo com a redação do art. 16, a eficácia da coisa julgada não transbordará os limites territoriais do juízo sentenciante.

---

14. RODRIGUES, Marcelo Abelha. *Ação civil pública e meio ambiente.* São Paulo: Forense Universitária, 2003. p. 132.
15. DIDIER JR., Fredie; ZANETI JR., Hermes. *Curso de direito processual civil:* processo coletivo cit., 2008, v. 4, p. 191.
16. STJ, 3ª Seção, AgRg na ExeMS 6359/DF, rel. Min. Laurita Vaz, j. 08.09.2010.

Enfim, o **STJ** tem adotado o critério de prevenção estabelecido pelo art. 2º da LACP, como na hipótese de várias ações coletivas, propostas em diferentes Estados, contra a mesma concessionária de telefonia fixa ou contra a ANATEL.[17]

Há um *leading case* no **STJ**,[18] envolvendo a privatização da Vale do Rio Doce, no qual se entendeu que, pela presença dessas normas, estaríamos diante de um juízo universal nas ações populares, à semelhança do que ocorre com o juízo universal falimentar.

A expressão é muito eloquente, com forte impacto retórico, contudo, com pouco suporte jurídico, pois é incorreta a comparação com o juízo falimentar, que envolve todos os bens do devedor (universalidade objetiva) e todos os credores (universalidade subjetiva).[19]

---

17. STJ, 1ª Seção, CC 57558/DF, rel. Min. Luiz Fux, j. 12.09.2007. STJ, 1ª Seção, CC 45.297/DF, rel. Min. João Otávio de Noronha, j. 14.09.2005. Precedente do STJ: Conflito de Competência 39.590-RJ, 1ª Seção, rel. Min. Castro Meira, *DJ* 15.09.2003.
18. STJ, CC 19.686/DF, rel. Min. Demócrito Reinaldo; RSTJ 106/15. CC 22.123/MG, rel. Min. Demócrito Reinaldo, *DJU* 14.06.1999.
19. DIDIER JR., Fredie; ZANETI JR., Hermes. *Curso de direito processual civil:* processo coletivo cit., 2008, v. 4, p. 191-192.

Capítulo 7
DAS PARTES

7.1 NOÇÕES GERAIS

Uma das "condições" para o exercício do direito de ação é a legitimidade *ad causam*, ou seja, a pertinência subjetiva para a condução do processo (art. 17, 337, XI e 485, VI CPC).

No processo individual, a regra é que somente poderá estar em juízo o titular do direito material, denominada de **legitimidade ordinária** e, somente de maneira excepcional, será possível que alguém esteja em juízo em nome próprio, defendendo direito alheio, sendo necessário, para tanto, autorização do ordenamento jurídico, (art. 18 CPC), denominada de **legitimidade extraordinária ou substituição processual**.

Há discussão sobre a conveniência em se conferir, *de lege ferenda*, **legitimação coletiva ao indivíduo**, contudo, não se pode descartar sua atuação de forma excepcional, nos casos em que não houver nenhum legitimado coletivo disponível, como por exemplo, em uma localidade no interior, com os cargos de promotor e defensor vagos, sem nenhuma associação constituída e na qual se verifica o tratamento inadequado de dados pessoais pela Administração Pública local violando a LGPD, onde deve ser admitida, sob pena de violação à garantia constitucional do acesso à justiça (art. 5º, XXXV, da Constituição)[1].

Sobre tal ponto, o STJ[2] discutiu a legitimidade do indivíduo para a tutela coletiva, a qual acabou sendo admitida sob o manto do direito de vizinhança, onde vizinhos ajuizaram ação cautelar, seguida de ação principal com preceito cominatório, para que o Município se abstivesse de utilizar antiga pedreira como depósito de lixo, tendo o juízo de primeiro grau julgado parcialmente procedente o pedido, sem interdição do depósito sob fundamento que "*o interesse de poucos não podia prevalecer sobre o interesse de muitos*". O Tribunal de Justiça, ao dar provimento parcial à apelação dos autores, manteve o funcionamento do depósito até que fosse concluída a usina de reciclagem do lixo. Levantou, também, a ilegitimidade ativa dos autores, sustentando

---

1. MENDES, Aluisio Gonçalves de Castro. *Ações coletivas e meios de resolução coletiva de conflitos no direito comparado e nacional*. 3. ed. São Paulo: Ed. RT, 2012, p. 255.
2. STJ, REsp 163.483, Segunda Turma, Rel. p/ Acórdão Min. Adhemar Maciel, julg. 1º.09.1998.

que o tema deveria ser resolvido através de ação civil pública. No caso concreto, os autores se insurgem contra o mau uso de propriedade vizinha (CC, art. 554).

Superada tal questão, há inúmeros problemas no transporte de tais premissas para o processo coletivo, as quais serão abordadas adiante.

7.2 NATUREZA JURÍDICA DA LEGITIMAÇÃO COLETIVA

A escorreita definição do legitimado na tutela coletiva é essencial para a adequada defesa do direito coletivo em juízo. Nesse sentido, há alguns posicionamentos dignos de nota e reflexão.

Majoritariamente, haveria uma **legitimidade extraordinária por substituição processual**, extraindo-se de todo o sistema jurídico.[3]

Há, contudo, quem sustente que a legitimidade seria **ordinária das formações sociais** de impulsionar a máquina judiciária, objetivando os interesses institucionais, portanto, em nome próprio, na defesa de direito próprio.[4]

Há, ainda, quem sustente que não se trata de **substituição processual**, pois a atuação do MP se dá nessa hipótese em nome próprio, defendendo interesse público *lato sensu*, do qual é titular como órgão do Estado, da própria sociedade como um todo.[5] Haveria, assim, uma **substituição**, contudo no plano puramente processual. Quem defende em juízo, em nome próprio, direito alheio, não substitui o titular na relação de direito material, mas sim, e apenas, na relação processual.[6]

Por fim, há o entendimento de que a dicotomia clássica **legitimação ordinária-extraordinária** só tem cabimento para a explicação de fenômenos envolvendo direitos individuais. Quando a lei legitima alguma entidade a defender direito não individual (coletivo ou difuso), o legitimado não estará defendendo direito alheio em nome próprio, porque não se pode identificar o titular do direito. Não poderia ser admitida ação judicial proposta pelos *"prejudicados pela poluição"*, pelos *"consumidores de energia elétrica"*, enquanto classe ou grupo de pessoas. A legitimidade para a defesa dos direitos difusos e coletivos em juízo não é extraordinária (substituição processual), mas, sim, **legitimação autônoma** para a condução do processo: a lei

---

3. Pela concepção majoritária: DIDIER JR., Fredie; ZANETI JR., Hermes. *Curso de direito processual civil:* processo coletivo. 3. ed. Salvador: JusPodivm, 2008. v. 4, p. 210; BUENO, Cassio Scarpinella. *Curso sistematizado de direito processual civil:* direito processual coletivo e direito processual público. São Paulo: Saraiva, 2010. v. 2, t. III, p. 198.
4. WATANABE, Kazuo. Tutela jurisdicional dos interesses difusos: a legitimação para agir. In: GRINOVER, Ada Pellegrini. (Coord.). *A tutela dos interesses difusos.* São Paulo: Max Limonad, 1984. p. 90 e ss.; GRINOVER, Ada Pellegrini. Mandado de segurança coletivo: legitimação e objeto. *RePro.* v. 15. n. 57. p. 150. São Paulo: Ed. RT, jan.-mar, 1990.
5. CARNEIRO, Paulo Cezar Pinheiro. *O Ministério Público no processo civil e penal:* promotor natural, atribuição e conflito. Rio de Janeiro: Forense, 1989. p. 26-27.
6. ZAVASCKI, Teori Albino. *Processo coletivo:* tutela de direitos coletivos e tutela coletiva de direitos. 5. ed. rev., atual. e ampl. São Paulo: Ed. RT, 2011. p. 64.

elegeu alguém para a defesa de direitos porque seus titulares não podem individualmente fazê-lo[7], haveria, assim, um *tertium genus*.

Há, assim, uma legitimidade extraordinária por substituição processual de maneira autônoma, exclusiva, concorrente e disjuntiva.

É **autônoma**, porque o legitimado extraordinário pode conduzir o processo independentemente da participação do titular do direito material.

É **exclusiva**, porque somente o legitimado extraordinário pode ser a parte principal do processo, cabendo ao protagonista da situação litigiosa, no máximo, ser um assistente litisconsorcial (litisconsorte ulterior), tratando-se de demanda coletiva que envolva interesses individuais homogêneos (art. 94 do CDC).

É **concorrente** entre os legitimados extraordinários, pois, mais de um legitimado está autorizado a conduzir o processo.

E, por fim, é **disjuntiva**, pois cada um dos legitimados pode ajuizar independentemente da vontade dos demais colegitimados.[8]

Cumpre, por fim, registrar que o legitimado coletivo atua em nome próprio, na defesa de um agrupamento humano titular de direitos abstratamente considerados. Esse agrupamento humano não tem personalidade jurídica, portanto, não pode em juízo proteger seus direitos.

Saliente-se, ainda, que há um agrupamento em nosso ordenamento que, mesmo desprovido de personalidade jurídica, tem capacidade de ser parte, na forma do art. 232 da CR/88 e do art. 37 da Lei 6.001/1973, que é o **grupo tribal ou comunidade indígena** que pode demandar em juízo, devendo haver intervenção do Ministério Público Federal ou do órgão de proteção ao índio.

7.3 LEGITIMAÇÃO ATIVA

Nos países que têm por base a *class action*, foi adotado o sistema da legitimidade fundada na "**adequada representação, a qual é controlada pelo juiz**", em uma visão de que todos estariam legitimados ao litígio.

No Brasil, o caminho seguido foi completamente diferente. A lei expressamente indica os legitimados, como qualquer cidadão, pessoas jurídicas de direito privado, sindicatos, associações, partidos políticos ou órgãos do Poder Público, ou o Ministério Público. A doutrina, inclusive, aplaude tal opção.[9]

---

7. NERY JR., Nelson; NERY, Rosa Maria Andrade. *Código de Processo Civil anotado e legislação processual civil extravagante em vigor*. 5. ed. São Paulo: Ed. RT, 1999. p 1866; GIDI, Antonio. *Coisa julgada e litispendência e, ações coletivas*. São Paulo: Saraiva, 1995. p. 41.
8. BUENO, Cassio Scarpinella. *Curso sistematizado de direito processual civil*: direito processual coletivo e direito processual público cit., v. 2, t. III, p. 213.
9. OLIVEIRA, Carlos Alberto Alvaro. A ação coletiva de responsabilidade civil e seu alcance. In: BITTAR, Carlos Alberto. (Coord.). *Responsabilidade civil por danos a consumidores*. São Paulo: Saraiva, 1992. p. 95.

7.4 CONTROLE JUDICIAL DA LEGITIMIDADE

Como visto, a questão da representação adequada é essencial para a tutela coletiva, porém, ainda se discute se haveria margem a um controle judicial.

Há quem sustente que é suficiente o exame da lei, pois haveria um rol taxativo de legitimados, com **presunção absoluta de legitimidade e adequada representação**, externando um critério seria *ope legis*[10], contudo, majoritariamente, predomina a tese do **controle judicial da adequada representação**, permitindo ao magistrado examinar e controlar a legitimação coletiva, devendo ser confrontada a legitimidade com as peculiaridades da demanda coletiva.[11]

7.4.1 Legitimidade ativa do Ministério Público

No que se refere à legitimidade do Ministério Público, o ponto está longe de ser unânime. A controvérsia não se refere a direitos coletivos e difusos, mas somente sobre a legitimidade do MP para ajuizar ações relativas a **direitos individuais homogêneos**, principalmente quando envolverem direitos patrimoniais disponíveis.

Atualmente, tende a ser majoritária na jurisprudência[12] e na doutrina[13] a admissão de tal legitimidade, portanto, a substituição processual **independe** da existência ou não de um específico interesse processual ou material do substituído.[14]

Nesse sentido, por exemplo, o **Enunciado 643 do STF** ratifica a legitimidade do MP para promover ação civil pública cujo fundamento seja a ilegalidade de reajuste de mensalidades escolares, bem como o **Enunciado 329 STJ** afirma a legitimidade o MP para propor ação civil pública em defesa do patrimônio público.

No que se refere a obtenção de indenização decorrente do seguro DPVAT, já houve controvérsia sobre o tema, contudo, prevaleceu a tese no sentido de que, mesmo sendo um direito individual homogêneo, há nítido interesse social na tutela de tais direitos subjetivos. Nesse sentido, o **STJ**[15] cancelou seu Enunciado 470, em virtude do julgamento do **STF**[16].

---

10. NERY JR., Nelson; NERY, Rosa Maria de Andrade. *Código de Processo Civil comentado e legislação extravagante.* 8. ed. São Paulo: Ed. RT, 2004. p. 1427, n. 10.
11. DIDIER JR., Fredie; ZANETI JR., Hermes. *Curso de direito processual civil:* processo coletivo cit., 3. ed., v. 4, p. 231-232; GIDI, Antonio. A representação adequada nas ações coletivas brasileiras: uma proposta. *RePro.* n. 108. p. 61-70. São Paulo: Ed. RT, 2003; GRINOVER, Ada Pellegrini. Ações coletivas ibero-americanas: novas questões sobre a legitimação e a coisa julgada. *Revista Forense.* n. 361. p. 6. Rio de Janeiro: Forense, 2002.
12. STJ, 3ª T., REsp 267.499/SC, rel. Min. Ari Pargendler, j. 09.10.2011.
13. MAZZILLI, Hugo Nigro. Intervenção do Ministério Público no processo civil: críticas e perspectivas. In: SALLES, Carlos Alberto. *Processo civil e interesse público:* o processo como instrumento de defesa social. São Paulo: Ed. RT, 2003. p. 433.
14. DIDIER JR., Fredie. ZANETI JR., Hermes. *Curso de direito processual civil:* processo coletivo cit., 3. ed., v. 4, p. 230.
15. STJ, 2ª Sç, REsp 858.056/GO, Rel. Min. Marco Buzzi, julgado em 27.05.2015.
16. STF, Pleno, RE 631.111/GO, Rel. Min. Teori Zavascki, julgado em 06 e 07.08.2014.

Há, ainda, renomada doutrina que advoga a tese de se exigir um atuar do:

"*Ministério Público nos estritos limites do art. 129, III, da CR/1988, pois somente haveria uma legitimação para a defesa de interesses difusos e coletivo, que não se confundem com direitos ou interesses de entidades públicas (cujo patrocínio, pelo Ministério Público, é expressamente vedado pelo inciso IX do art. 129 da CR/1988), ou com direitos individuais (cujo patrocínio, por esse órgão, só é admitido quando forem indisponíveis ao seu titular – art. 127, caput). Em outras palavras: o Ministério Público tem legitimação ampla e irrestrita para promover ação civil pública, mas desde que o bem tutelado tenha natureza típica de direito ou interesses difuso ou coletivo*".[17]

Observe-se que, indubitavelmente, o MP é o principal ator do cenário coletivo, contudo, a própria Constituição e o legislador infraconstitucional fraquejaram e não previram uma legitimação do MP para todas as tutelas coletivas.

A Carta de 1988, ao evidenciar a importância da cidadania no controle dos atos da administração, com a eleição dos valores imateriais do art. 37 da CF como tuteláveis judicialmente, coadjuvados por uma série de instrumentos processuais de defesa dos interesses transindividuais, criou um microssistema de tutela de interesses difusos referentes à probidade da Administração Pública, nele encartando-se a ação popular, a ação civil pública e o mandado de segurança coletivo, como instrumentos concorrentes na defesa desses direitos eclipsados por cláusulas pétreas.

Seguindo por essa trilha, há controvérsia doutrinária se o MP teria legitimidade ativa para **outras ações coletivas**, como ação popular e mandado de segurança coletivo.

É possível se identificar, de início, uma concepção mais **restritiva**, que negaria tal legitimidade, pela falta de previsão no art. 5º, LXX, letras "a" e "b" da CR/88, de igual modo, em ACP é possível a formulação de qualquer pedido (art. 83 CDC), destarte, seria inócuo reconhecer legitimidade ativa do *Parquet* no mandado de segurança coletivo ou na ação popular, eis que qualquer pretensão poderá ser consignada pela ACP.

Encontramos tal posição restritiva Gomes Junior *et al*[18] e Hermes Zaneti Junior[19], bem como o STF[20], igualmente, adotou-a ao concluir ter a CF/1988 (art. 5º, LXX, "a" e "b") apresentado rol taxativo, contudo, em tal julgamento a discussão realizada foi outra, ou seja, o tema ora trabalho foi discutido paralelamente.

Não concordamos, contudo, com tal posição, adotando uma visão **ampliativa**. Cremos que a norma do art. 5º, LXX, "a" e "b" da CR/88 é exemplificativa e, como o mandado de segurança coletivo tem natureza de uma ação coletiva e o MP recebeu

---

17. ZAVASCKI, Teori Albino. *Processo coletivo*: tutela de direitos coletivos e tutela coletiva de direitos cit., 5. ed. p. 62.
18. GOMES JUNIOR, Luiz Manoel et al. *Comentários à nova lei do mandado de segurança*: Lei 12.016, de 7 de agosto de 2009. São Paulo: Ed. RT, 2009, p. 178-179.
19. ZANETI JUNIOR, Hermes. *Mandado de segurança coletivo*. Aspectos processuais controversos. Porto Alegre: Sergio Antonio Fabris Editor, 2001, p. 95-96.
20. STF, MS 21.059. Relator Ministro Sepúlveda Pertence. Pleno. Fonte: DJ 19.10.1990.

uma distinção constitucional para tutelar interesses metaindividuais, deve ser considerado como legitimado, adotando-se um princípio da unidade da constituição e do efeito integrador, não podendo o artigo constitucional sobre o mandado de segurança coletivo ser lido isoladamente.

Há, por fim, que se registrar que parece existir uma tendência hermenêutica e legislativa em se ampliar o rol dos legitimados e se inserir, mais ainda, o MP nesse rol.

Um primeiro indício de tal lógica hermenêutica se encontra o art. 18 CPC/15, o qual ganhou novos ares interpretativos ao permitir uma legitimidade decorrente do ordenamento jurídico como um todo, não somente da lei, como outrora previsto no art. 6º do CPC/73, de igual modo, o art. 12 da Lei 13.300/16 segue tal linha, ao permitir ao MP impetrar um mandado de injunção coletivo.

Em uma leitura conjunta dos arts. 127 e 129, III, da CR/1988 e, infraconstitucionalmente, pelo art. 6º, VI, da LC 75/1993, para o MPU, e art. 32, I, da Lei 8.625/1993, para o MPE, seria cabível tal legitimidade.

Esse, inclusive, é o posicionamento **majoritário** em doutrina[21]. O STJ, igualmente, aventou a possibilidade de o MP manejar quaisquer ações coletivas admitidas pelo microssistema processual de tutela coletiva, incluindo o mandado de segurança coletivo[22].

Em consequência, legitima-se o Ministério Público a toda e qualquer demanda que vise à defesa do patrimônio público sob o ângulo material (perdas e danos) ou imaterial (lesão à moralidade). A nova ordem constitucional erigiu um autêntico "concurso de ações" entre os instrumentos de tutela dos interesses transindividuais e, *a fortiori*, legitimou o Ministério Público para o manejo das mesmas.

A lógica jurídica sugere que, legitimar-se o Ministério Público como o mais perfeito órgão intermediário entre o Estado e a sociedade para todas as demandas transindividuais e interditar-lhe a iniciativa da ação popular, revela contradição em termos. A interpretação histórica justifica a posição do MP como legitimado subsidiário do autor na ação popular quando desistente o cidadão (art. 9º LAP), porquanto à época de sua edição, valorizava-se o *Parquet* como guardião da lei, entrevendo-se conflitante a posição de parte e de *custos legis*.

Hodiernamente, após a constatação da importância e dos inconvenientes da legitimação isolada do cidadão, não há mais lugar para a proibição da *legitimatio ad*

---

21. NIGRO MAZZILLI, Hugo. *A defesa dos interesses difusos em juízo*. Meio ambiente, consumidor, patrimônio cultural, patrimônio público e outros interesses. 20. ed. rev. ampl. atual. São Paulo: Saraiva, 2007, p. 218. FERRAZ, Sérgio. *Mandado de segurança*. 3. ed. São Paulo: Malheiros, 2006, p. 71-72. REMÉDIO, José Antonio. *Mandado de segurança individual e coletivo*. São Paulo: Saraiva, 2002, p. 523-524. ASSAGRA ALMEIDA, Gregório. ALMEIDA, Gregório Assagra. *Manual das ações constitucionais*. Belo Horizonte: Del Rey, 2007, p. 465-469 e 605-606. FIGUEIREDO, Lucia Valle. *Mandado de segurança*. 4. ed. São Paulo: Malheiros, 2002, p. 43. MILLER, Cristiano. A legitimação ativa no mandado de segurança coletivo. *Revista da Faculdade de Direito de Campos*. n. 2 e 3. p. 444-449. Campos2001-2002.
22. STJ, 1ª T., REsp 427.140 e 736524, Rel. Min. Luiz Fux. Fonte: DJ 25.08.2003 e 3.4.2006, respectivamente.

causam do MP para a ação popular, ação civil pública ou o mandado de segurança coletivo.

Os interesses mencionados na LACP acaso se encontrem sob iminência de lesão por ato abusivo da autoridade podem ser tutelados pelo *mandamus* coletivo, ainda que pelo **Ministério Público**.

No mesmo sentido, se a lesividade ou a ilegalidade do ato administrativo atingem o interesse difuso, passível é a propositura da ação civil pública fazendo às vezes de uma ação popular multilegitimária.[23]

Nesse sentido, cremos francamente que deve ser interpretada a legitimidade do Ministério Público de maneira mais ampla, ainda que o direito que poderia ser tutelado pela ação popular seja tutelado pela ACP, para a qual o MP possui legitimidade.

Vale, por fim, destacar, que o STF[24] e do STJ[25] de maneira contemporânea reconhecem nos interesses individuais homogêneos, até mesmo quando disponíveis, a legitimidade do Ministério Público para propor ação coletiva é reconhecida, se evidenciado relevante interesse social do bem jurídico tutelado, atrelado à finalidade da instituição.

Há julgados no STJ[26] afirmando que o MP **não** possui legitimidade ativa para tutelar um pequeno grupo de pessoas, como associados de um clube numa óptica predominantemente individual, pois não se confunde com a tutela coletiva de direitos, que é impessoal e tem como objetivo beneficiar a sociedade em sentido amplo.

7.4.2 Legitimidade ativa da Defensoria Pública

Com a Lei 11.448/2007, o art. 5º da LACP ganhou nova redação, consagrando expressamente legitimidade para a Defensoria Pública promover ação civil pública.

Já havia casos em que se admitia que a defensoria atuasse como representante da parte legítima, como na hipótese de uma associação de moradores que procurasse a Defensoria Pública para o ajuizamento de uma ação com a finalidade de coibir um dano ambiental (o art. 5º da Lei 7.347/1985 autoriza a impetração pela associação).

Nessa situação, o Defensor Público atuaria apenas como **representante judicial**, quer dizer, a parte autora seria a associação, legalmente constituída há mais de um ano, que, por ser hipossuficiente economicamente, daria ensejo à representação pela Defensoria.

---

23. STJ, 1ª T., REsp 401.964/RO, rel. Min. Luiz Fux, j. 22.10.2002.
24. STF, RE 631.111-GO, Tribunal Pleno, DJe 30.10.2014; REsp 1.209.633-RS, Quarta Turma, DJe 04.05.2015.
25. STJ, 2ª T., REsp 1.480.250-RS, Rel. Min. Herman Benjamin, julgado em 18.08.2015, DJe 08.09.2015.
26. STJ, 4ª T., REsp 1.109.335/SE, rel. Min. Luis Felipe Salomão, julgado 21.06.2011.

Existia, ainda, outra possibilidade de ajuizamento de ações coletivas, dependendo da previsão expressa de um órgão da defensoria pública para atuar na tutela dos direitos difusos, coletivos e individuais homogêneos.

Decorre esta possibilidade do art. 82, III, da Lei 8.078/1990 (CDC), que prevê a legitimação de órgãos de defesa do consumidor mesmo que despersonalizados, para a defesa dos direitos e interesses de que trata o Código, podendo o autor ser um órgão da Defensoria Pública.

O NUDECON (Núcleo de Defesa do Consumidor),[27] por exemplo, foi precursor em promover ações civis públicas com base no art. 82, III, do CDC. Importante ressaltar que tal possibilidade se insere no contexto dos microssistemas da tutela coletiva, podendo ser estendida para todas as demais possibilidades de ajuizamento de ações civis públicas (art. 21 da LACP c/c 90 do CDC), portanto, para além do direito do consumidor.[28]

No mesmo sentido, cumpre registrar os arts. 1º, 4º, incisos VII, VIII, IX, X e XI, 15-A e 106-A da LC 80/94, redação dada pela LC 132/09, o qual atribui uma legitimidade bem ampla, que poderia ser estendida para **todas as ações coletivas**, ponto que não veríamos nenhum problema.

A grande questão nesse ponto é a amplitude de tal legitimação. Advoga a doutrina que a legitimação da defensoria deve ser associada ao interesse de agir, portanto, restrita àquelas hipóteses em que os bens a serem tutelados digam respeito a interesse de pessoas reconhecidamente **carentes de recursos financeiros**.[29]

Nesse sentido, para que a Defensoria seja considerada legitimada adequada para conduzir o processo coletivo, é preciso que seja demonstrado o **nexo** entre a demanda coletiva e o **interesse** de uma coletividade composta por pessoas hipossuficientes.

Realmente, não se pode admitir que a Defensoria Pública, por exemplo, defenda os interesses de um grupo de consumidores de automóveis blindados que, como cediço, são de elevado valor econômico.

Cumpre, porém, registrar, que não é crível que a coletividade seja formada exclusivamente por pessoas necessitadas no aspecto econômico, o que seria interpretação assaz limitadora, pois, do contrário, estaria excluída a legitimação da Defensoria para a tutela de direitos difusos, que pertencem a uma coletividade de pessoas indeterminadas.

Cremos que a legitimidade da defensoria é para os juridicamente necessitados, ou seja, **hipossuficientes no aspecto econômico, jurídico ou até mesmo técnico**.

---

27. STJ, REsp 555.111/RJ, rel. Min. Castro Filho, j. 05.09.2006.
28. DIDIER JR., Fredie; ZANETI JR., Hermes. *Curso de direito processual civil*: processo coletivo cit., 3. ed. v. 4, p. 237.
29. ZAVASCKI, Teori Albino. *Processo coletivo*: tutela de direitos coletivos e tutela coletiva de direitos cit., 5. ed., p. 63.

O STJ[30], por exemplo, reconheceu legitimidade da defensoria para ação civil pública onde se buscava a tutela de idosos em direitos individuais homogêneos relativos a reajuste abusivo de planos de saúde com fundamento na faixa etária, fundamentando que não obstante a atuação primordial da Defensoria Pública, sem dúvida, é a assistência jurídica e a defesa dos necessitados econômicos, entretanto, também exerce suas atividades em auxílio a necessitados jurídicos, não necessariamente carentes de recursos econômicos, como é o caso, por exemplo, quando exerce a função do curador especial (art. 72 CPC/15) e do defensor dativo no processo penal.

Vejamos o trecho de outro julgado[31]:

"No caso, o direito fundamental tutelado está entre os mais importantes, qual seja, o direito à saúde. Ademais, o grupo de consumidores potencialmente lesado é formado por idosos, cuja condição de vulnerabilidade já é reconhecida na própria Constituição Federal, que dispõe no seu art. 230, sob o Capítulo VII do Título VIII ("Da Família, da Criança, do Adolescente, do Jovem e do Idoso"): "A família, a sociedade e o Estado têm o dever de amparar as pessoas idosas, assegurando sua participação na comunidade, defendendo sua dignidade e bem-estar e garantindo-lhes o direito à vida.". "A expressão 'necessitados' (art. 134, caput, da Constituição), que qualifica, orienta e enobrece a atuação da Defensoria Pública, deve ser entendida, no campo da Ação Civil Pública, em sentido amplo, de modo a incluir, ao lado dos estritamente carentes de recursos financeiros - os miseráveis e pobres, os hipervulneráveis (isto é, os socialmente estigmatizados ou excluídos, as crianças, os idosos, as gerações futuras), enfim todos aqueles que, como indivíduo ou classe, por conta de sua real debilidade perante abusos ou arbítrio dos detentores de poder econômico ou político, 'necessitem' da mão benevolente e solidarista do Estado para sua proteção, mesmo que contra o próprio Estado. Vê-se, então, que a partir da ideia tradicional da instituição forma-se, no Welfare State, um novo e mais abrangente círculo de sujeitos salvaguardados processualmente, isto é, adota-se uma compreensão de minus habentes impregnada de significado social, organizacional e de dignificação da pessoa humana".

Nesse sentido, ainda que a demanda não veicule uma pretensão inerente somente a juridicamente necessitados, a decisão beneficiará a todos, indistintamente, necessitados ou não. Qualquer indivíduo poderá valer-se da sentença coletiva para promover a sua liquidação e execução individual.

Não se pode confundir o critério para a aferição da **capacidade de conduzir o processo coletivo, com a eficácia subjetiva da coisa julgada coletiva**. A tutela coletiva é sempre indivisível: tutela-se o direito da coletividade, beneficiando-se, por consequência, todos os seus membros.

Assim, diferencia-se a legitimação extraordinária para a tutela de direitos coletivos (pertencente sempre a uma coletividade) com a legitimação extraordinária para a tutela de direitos individuais.

Evidentemente que só remanesce legitimação para a Defensoria promover a execução individual da sentença genérica (direitos individuais homogêneos, art. 98

---

30. STJ, CE, EREsp 1192577/RS, Rel. Min. Laurita Vaz, julgado em 21.10.2015, DJe 13.11.2015.
31. STJ, 2ª T., REsp 1.264.116/RS, Rel. Min. Herman Benjamin, julgado em 18.10.2011, DJe 13.04.2012.

do CDC), se as vítimas já identificadas forem pessoas necessitadas. Contudo, **não** se pode impedir que qualquer vítima, **necessitada ou não**, promova individualmente a liquidação e execução da sentença coletiva (art. 97 do CDC).

Havia uma ADI (3.943/DF) ajuizada pela Associação Nacional dos Membros do Ministério Público, buscando a declaração de suposta inconstitucionalidade do dispositivo em comento ou, quando menos, sua interpretação para restringir a legitimidade da Defensoria aos direitos e interesses coletivos e individuais homogêneos.

Fredie Didier Jr. se manifestou, veementemente, contra tal ADI:[32]

> *É triste e lamentável, para dizer o mínimo, ler, na petição inicial da ADI 3943, que a legitimação dada à Defensoria Pública "afeta diretamente" as atribuições do Ministério Público. O Supremo Tribunal Federal deveria ser provocado para resolver outros tipos de questão. O curioso é que não consta que a mesma CONAMP tenha alegado a não recepção pela Constituição dos velhos dispositivos da Lei de Ação Civil Pública, que conferem a órgãos despersonalizados e a associações privadas; não estariam eles "afetando diretamente" as atribuições do Ministério Público?*

Todavia, o STF entendeu pela improcedência da ação, observe a ementa do julgado:

> *Ação direta de inconstitucionalidade. Legitimidade ativa da Defensoria Pública para ajuizar ação civil pública (art. 5°, inc. II, da Lei n. 7.347/1985, alterado pelo art. 2° da Lei n. 11.448/2007). Tutela de interesses transindividuais (coletivos strito sensu e difusos) e individuais homogêneos. Defensoria Pública: instituição essencial à função jurisdicional. Acesso à justiça. Necessitado: definição segundo princípios hermenêuticos garantidores da força normativa da constituição e da máxima efetividade das normas constitucionais: art. 5°, incs. XXXV, LXXIV, LXXVIII, da Constituição da República. Inexistência de norma de exclusividade do Ministério Público para ajuizamento de ação civil pública. Ausência de prejuízo institucional do Ministério Público pelo reconhecimento da legitimidade da Defensoria Pública. Ação julgada improcedente. (ADI n. 3943, Rel. Min. Cármen Lúcia, Tribunal Pleno, j. em 07.05.2015, DJE-154, 05.08.2015 public 06.08.2015).*

Realmente, não se pode vedar, aprioristicamente, a legitimidade da defensoria para as ações coletivas, basta exigir-se uma pertinência temática, para uma atuação em prol dos interesses institucionais.[33]

7.4.3 Entes despersonalizados

O art. 82, III, do CDC amplia o rol de legitimados do art. 5° da LACP, estabelecendo que os **entes públicos despersonalizados** podem ajuizar ação civil pública quando tiverem interesses próprios a proteger.

---

32. DIDIER JR., Fredie. ZANETI JR., Hermes. *Editorial 35*: Legitimidade da Defensoria Pública para a propositura de ações coletivas, de 30 de abril de 2008. Disponível em: www.fredied idier.com.br. Acesso em: 1° maio 2008.
33. BUENO, Cassio Scarpinella. *Curso sistematizado de direito processual civil*: direito processual coletivo e direito processual público cit., p. 219.

Ficou muito conhecido o caso do NUDECON (Núcleo de Defesa do Consumidor da Defensoria Pública do RJ), bem como dos PROCON's e Comissão de Defesa do Consumidor da Assembleia Legislativa do Estado do Rio de Janeiro.

Atualmente, alguns já possuem personalidade jurídica, como o PROCON do RJ que é uma autarquia estadual[34], bem como a própria defensoria já possui legitimidade expressa para ajuizar uma ação civil pública.

7.4.4 Pessoas administrativas

Na forma do art. 5º, III e IV, da Lei 7.347/1985, a **União, Estados, Distrito Federal e Municípios**, bem como **autarquias, empresas públicas, fundações ou sociedades de economia mista** podem ajuizar ações civis públicas.

Diante do silêncio do legislador no que se refere às **agências reguladoras**, bem como aos demais componentes da administração indireta, controverte doutrina e jurisprudência no ponto.

Não há como negar legitimidade também às agências reguladoras, justamente por serem autarquias com regime especial, bem como aos demais membros da administração indireta nos diversos níveis federados e não, apenas, no plano federal.[35]

Esse, contudo, **não** é o posicionamento do STJ, que proíbe, por exemplo, que uma autarquia estadual proponha uma ação civil pública.[36]

Os componentes da **Administração Pública Direta** estão dispensados de demonstrar a pertinência temática para serem considerados representantes adequados, contudo, os integrantes da Administração Indireta, se regidos pelo Direito Público, não precisam da demonstração, porém, **se regidos pelo regime do direito privado, precisarão de pertinência temática.**

7.4.5 Associações

As associações ostentam legitimidade para a propositura de ação civil pública, mas, para uma representação adequada, necessitam da **pré-constituição ânua e pertinência temática.**

Assim, pode uma associação postular danos morais e materiais aos associados pelo vazamento de produtos tóxicos e contaminação da água consumida por eles, ficando relegada a quantificação da indenização a ser apurada em liquidação de sentença. Isso, contudo, não impede a subsunção da espécie à definição legal de direitos individuais homogêneos, caracterizados por um fato comum.[37]

---

34. Lei Estadual 5.738, de 07 de junho de 2010.
35. BUENO, Cassio Scarpinella. *Curso sistematizado de direito processual civil*: direito processual coletivo e direito processual público cit., v. 2, t. III, p. 220.
36. STJ, 1ª T., REsp 1.011.789/PR, rel. Min. José Delgado, j. 05.06.2008.
37. STJ, 4ª T., REsp 982.923/PR, rel. Min. Fernando Gonçalves, j. 10.06.2008.

Contudo, na forma do art. 5º, § 4º, da LACP, a pré-constituição pode ser relevada pelo magistrado, quando haja manifesto interesse social evidenciado pela dimensão ou característica do dano, ou pela relevância do bem jurídico a ser protegido; sendo assim, o magistrado, no caso concreto, analisará a representação adequada.

A legitimidade da associação deve ser estendida também à etapa de execução ou de cumprimento de sentença, inclusive nos casos em que for proferida sentença genérica (art. 95 do CDC), sem prejuízo de, nesse caso, cada um dos legitimados individuais, independentemente de serem filiados à associação promovente, promoverem a liquidação e execução da sentença.[38]

7.4.6 Conselhos de classe e a OAB

Os Conselhos de Classe ou Fiscalizadores de profissões regulamentas, inicialmente, surgiram com natureza jurídica de autarquia, contudo, com a Lei 9.649/98, responsável por reorganizar a administração federal, houve uma modificação na natureza desses conselhos, que passaram a ser considerados pessoas jurídicas de direito privado, sem vínculo hierárquico com os órgãos da Administração Pública.

Ocorre, contudo, que devido a atividade desempenhada por tais entidades que possuem prerrogativas de direito público, como o poder de polícia, o STF declarou na ADI 1.717, por tal fato, o exercício do poder de polícia por uma entidade privada, haveria comprometimento da segurança jurídica e, a partir de então, voltariam a ter natureza jurídica de Autarquia, ostentando todas as prerrogativas inerentes à Administração Pública Descentralizada, sujeição à contabilidade pública, controle pelo Tribunal de Contas, as anuidades pagas pelos membros tem natureza de contribuição tributária cobradas por execução fiscal, possuem os privilégios processuais da Fazenda Pública, imunidade tributária e impenhorabilidade de bens e se sujeitam à regra constitucional que impõe a realização de concurso público.

Nesse sentido, **deve** ser admitido a legitimidade ativa para os conselhos de fiscalização profissional.

No que se refere à OAB, a discussão é ainda maior, mesmo sendo uma espécie de conselho de classe, responsável por regulamentar e fiscalizar o exercício da advocacia, o STF, na ADI 3.026/DF, decidiu que a OAB é uma exceção, configurando como **entidade ímpar, *sui generis*, sendo um serviço público independente**, sem enquadramento nas categorias existentes em nosso ordenamento, muito menos integrante da Administração Indireta ou Descentralizada.

Vejamos um trecho do voto nessa ADI:

---
38. STJ, 2ª Seção, Tema 948, REsp 1.438.263/SP, Rel. Min. Luis Felipe Salomão, Segunda Seção, por maioria quanto à redação da tese, julgado em 24.03.2021.

"Não procede a alegação de que a OAB se sujeita aos ditames impostos à Administração Pública Direta e Indireta. A OAB não é uma entidade da Administração Indireta da União. A Ordem é um serviço público independente, categoria ímpar no elenco das personalidades jurídicas existentes no direito brasileiro. A OAB não está incluída na categoria na qual se inserem essas que se tem referido como "autarquias especiais" para pretender-se afirmar equivocada independência das hoje chamadas "agências". Por não consubstanciar uma entidade da Administração Indireta, a OAB não está sujeita a controle da Administração, nem a qualquer das suas partes está vinculada."

Destarte, a OAB não se compara às demais autarquias profissionais, possuindo suas próprias regras, quais sejam, não se submetem à regra de realização de concurso público, sendo seu pessoal regido pela CLT, as contribuições pagas pelos inscritos não tem natureza tributária, se submetendo ao processo de execução comum, não pela execução fiscal, não se sujeitando ao controle contábil, financeiro, orçamentário e patrimonial desempenhado pelo Tribunal de Contas.

Por essa trilha, a sua legitimidade na ação civil pública se torna controvertida. Há previsão legal no art. 54, XIV da Lei 8.906/94 de sua legitimidade[39], afirmando o STJ[40] que **não** há necessidade de pertinência temática.

Vejamos um trecho do julgado:

"Quanto à alegação de ilegitimidade da Ordem dos Advogados do Brasil em promover a presente Ação Civil Pública, por falta de pertinência temática, importante esclarecer que o STJ possui a orientação no sentido de que a legitimidade ativa – fixada no art. 54, XIV, da Lei 8.906/94 – para propositura de Ações Civis Públicas por parte da Ordem dos Advogados do Brasil, seja pelo Conselho Federal, seja pelos conselhos seccionais, deve ser lida de forma abrangente, em razão das finalidades outorgadas pelo legislador à entidade – que possui caráter peculiar no mundo jurídico – por meio do art. 44, I, da mesma norma; não é possível limitar a atuação da OAB em razão de pertinência temática, uma vez que a ela corresponde a defesa, inclusive judicial, da Constituição Federal, do Estado de Direito e da justiça social, o que, inexoravelmente, inclui todos os direitos coletivos e difusos."

7.4.7 Litisconsórcio ativo

O art. 5º § 2º da LACP faculta ao Poder Público e a outras associações, legitimadas nos termos do art. 5º, habilitarem-se como litisconsortes de qualquer das partes.

Além disso, o § 5º do art. 5º admite o litisconsórcio facultativo entre os Ministérios Públicos da União, do Distrito Federal e dos Estados. Nota-se que há expressa previsão de **litisconsórcio ativo, inicial** (não sendo possível o ingresso depois da propositura da demanda coletiva, pois, nessa hipótese, seria um assistente), **facultativo e unitário** (porque fazem parte do mesmo polo, representam o mesmo interesse) para os entes indicados.

---

39. "XIV – ajuizar ação direta de inconstitucionalidade de normas legais e atos normativos, ação civil pública, mandado de segurança coletivo, mandado de injunção e demais ações cuja legitimação lhe seja outorgada por lei".
40. STJ, 2ª T., REsp 1351760/PE, Rel. Ministro Humberto Martins, julgado em 26.11.2013, DJe 09.12.2013.

Nesse sentido, o STJ[41] admite, inclusive, litisconsórcio entre o MPE e o MPF em ação civil pública, **desde que se demonstre alguma razão específica que justifique a presença de ambos na lide**. De igual modo, o STF[42] permite que o MPE atue diretamente no STJ, nos processos em que figurar como parte, o que viabiliza tal litisconsórcio.

Há que se registrar, ainda, que é possível a publicação de **edital** para que eventuais interessados ingressem no processo coletivo como litisconsortes (art. 94, CDC), contudo apenas para ações que versem sobre **direitos individuais homogêneos**.

7.8 CONSEQUÊNCIA DA FALTA DE LEGITIMIDADE

A consequência da falta de legitimação coletiva não pode ser analisada somente pela ótica do processo individual, gerando, inexoravelmente, extinção do processo sem resolução de mérito, nos termos do art. 485, VI CPC.

A questão foi visualizada pela legislação brasileira, a qual permite um aproveitamento do processo coletivo nesses casos, com a **sucessão da parte** (art. 108 CPC/15), como se observa na hipótese de desistência ou abandono do processo pelo autor da ação popular ou da ação civil pública, em que se determina a sua sucessão processual, com a assunção pelo Ministério Público ou por outro legitimado da posição de condutor do processo (art. 9º da Lei 4.717/1965 e art. 5º, § 3º, da Lei 7.347/1985), depois da devida publicação de editais.

7.9 LEGITIMIDADE PASSIVA

Não há previsão legal expressa sobre o tema na Lei da Ação Civil Pública, tampouco no CDC ou em outra lei especial sobre tutela coletiva.

No entanto, a Lei da Ação Popular no art. 6º dispõe sobre o sujeito passivo da, afirmando que a mesma deve ser proposta contra as pessoas públicas ou privadas, bem como as entidades referidas no art. 1º da Lei da Ação Popular, contra as autoridades, funcionários ou administradores que houverem autorizado, aprovado, ratificado ou praticado o ato impugnado, ou que, por omissão, tiverem dado oportunidade à lesão e contra os beneficiários diretos de tal lesão.

Assim, poderão ser sujeitos passivos todos os que praticaram o ato e seus beneficiários diretos, formando-se um **litisconsórcio inicial, necessário**[43] **e simples**, pois a condenação será na proporção da culpabilidade.

---

41. STJ. 3ª Turma. REsp 1.254.428-MG, Rel. Min. João Otávio de Noronha, julgado em 02.06.2016.
42. STF, QO no RE 593.727-MG, Plenário, julgada em 21.06.2012.
43. No sentido da necessariedade: STJ, 2ª T., REsp 724.188, rel. Min. Eliana Calmon, julgado 23.6.2009. Precedentes citados: REsp 258.122-PR, DJ 05.06.2007, e REsp 266.219-RJ, DJ 03.04.2006. REsp 879.999-MA, Rel. Min. Luiz Fux, julgado em 02.09.2008.

Poderá ser réu qualquer pessoa, física ou jurídica, pública ou privada, responsável pelo dano a interesse difuso ou geral.

7.10 LEGITIMAÇÃO COLETIVA PASSIVA. AÇÕES COLETIVAS PASSIVAS

Haverá ação coletiva passiva quando ocorrer a sujeição de **entidades coletivas no polo passivo, em nome de substituídos processuais.**

Assim, por exemplo, no caso de um agrupamento humano, titular do direito coletivamente considerado, ser demandado na disputa de um direito coletivo. Há uma demanda contra os interesses de uma dada comunidade, coletividade ou grupo de pessoas. São as denominadas *"defendant class actions"* como espécie do gênero ações coletivas, de origem no direito anglo-saxão, sendo as mesmas desenvolvidas no direito americano.[44]

Frise-se que os direitos afirmados pelo autor da demanda coletiva podem ser individuais ou coletivos (*lato sensu*) e, nesse último caso, haverá uma **demanda duplamente coletiva**, pois o conflito envolve duas comunidades distintas, como na hipótese de uma associação de estudantes litigar contra uma associação de escolas, justamente por todos os estudantes de uma cidade ou de um Estado terem, entre si, pretensões contrapostas.

De igual modo, pode ocorrer, ainda, de uma empresa X promover uma ação declaratória para reconhecer a regularidade ambiental de um projeto.

Não há previsão no Brasil de que um ou mais membros de uma classe possam ser demandados. Nesse contexto, alternam-se duas correntes doutrinárias.

Há quem afirme que o poder de agir dos titulares de direitos metaindividuais estaria restrito ao polo ativo da ação coletiva e, por falta de previsão legal, careceria de legitimação passiva o representante da categoria.[45] Além do mais, haveria um obstáculo na identificação da adequada representação, já que não há expressa identificação legislativa nesse sentido.

Noutro giro, mesmo sem previsão expressa, haveria legitimação passiva do grupo representado para as ações coletivas. A professora Ada Pellegrini Grinover,[46] grande defensora da admissibilidade, afirma que o § 2º do art. 5º da LACP possibilita

---

44. LIMA DOS SANTOS, Ronaldo. *Defendant class actions* – o grupo como legitimado passivo no direito norte-americano e no Brasil. *Boletim Científico da Escola Superior do Ministério Público da União*. Brasília, jan.-mar. 2004. p. 139-154.
45. Idem, ibidem; LEONEL, Ricardo de Barros. *Manual do processo coletivo*. 2002; MAZZILI, Hugo Nigro. *A defesa dos interesses difusos em juízo*. 15. ed. São Paulo: Saraiva, 2002. p. 273-276; ARRUDA ALVI, José Manoel. *Código de Defesa do Consumidor comentado*. 2. ed. São Paulo: Ed. RT, 1995. p. 345-347; RODRIGUES, Marcelo Abelha. *Ação civil pública e meio ambiente*. São Paulo: Forense Universitária, 2003. p. 61; GIDI, Antonio. *Coisa julgada e litispendência nas ações coletivas* cit., 1995. p. 51-52.
46. GRINOVER, Ada Pellegrini. Ações coletivas ibero-americanas: novas questões sobre a legitimação e a coisa julgada cit., p. 3-12; LENZA, Pedro. *Teoria geral da ação civil pública*. São Paulo: Ed. RT, 2003. p. 200.

a habilitação dos colegitimados como litisconsorte de "**qualquer das partes**", ou **seja, como autor ou réu**, de modo que a demanda também possa ser proposta contra o representante da classe. De igual modo, o art. 107 do CDC contempla a chamada **convenção coletiva de consumo**, acordo escrito estabelecido entre representantes de consumidores e fornecedores para regular relação de consumo, bem como composição de conflito de consumo, entre outros pontos.

Arremata a mencionada professora:

> *"Ora, se a convenção coletiva firmada entre a classe de consumidores e de fornecedores não for observada, de seu descumprimento se originará uma lide coletiva, que só poderá ser solucionada em juízo pela colocação dos representantes das categorias face a face, no polo ativo e no polo passivo da demanda, respectivamente."*

Para tais autores, o controle da adequada representação seria feito no caso concreto pelo magistrado. A partir do momento em que não se proíbe o ajuizamento de ação rescisória, tutela provisória cautelar incidental ou mandado de segurança contra ato judicial pelo réu de ação coletiva, admite-se, implicitamente, que algum sujeito responderá pela coletividade, ou seja, admite-se a ação coletiva passiva.[47]

Enfim, não temos dúvidas de que **não** há proibição de ação coletiva passiva no Brasil; simplesmente afirmar que, pela falta de previsão, não é admissível, é prestigiar, exageradamente, a interpretação literal. Contudo, o tema merece regulamentação, pois já é uma realidade, como se extrai do item II do Enunciado 406 TST:

> *"**Súmula 406 – TST** – Res. 137/2005 – DJ 22, 23 e 24.08.2005 – **Conversão** das Orientações Jurisprudenciais 82 e 110 da SDI-II*
>
> ***Ação Rescisória – Litisconsórcio Necessário Passivo e Facultativo Ativo – Substituição pelo Sindicato***
>
> *I – O litisconsórcio, na ação rescisória, é necessário em relação ao polo passivo da demanda, porque supõe uma comunidade de direitos ou de obrigações que não admite solução díspar para os litisconsortes, em face da indivisibilidade do objeto. Já em relação ao polo ativo, o litisconsórcio é facultativo, uma vez que a aglutinação de autores se faz por conveniência, e não pela necessidade decorrente da natureza do litígio, pois não se pode condicionar o exercício do direito individual de um dos litigantes no processo originário à anuência dos demais para retomar a lide. (ex-OJ 82 – inserida em 13.03.2002)*
>
> *II – O Sindicato, substituto processual e autor da reclamação trabalhista, em cujos autos fora proferida a decisão rescindenda, possui legitimidade para figurar como réu na ação rescisória, sendo descabida a exigência de citação de todos os empregados substituídos, porquanto inexistente litisconsórcio passivo necessário. (ex-OJ 110 – DJ 29.04.2003)"*

---

47. DIDIER JR., Fredie; ZANETI JR., Hermes. *Curso de direito processual civil*: processo coletivo cit., 3. ed., v. 4, p. 220.

7.11 INTERVENÇÃO DE TERCEIROS

7.11.1 Polo ativo

No polo ativo, admite-se a **assistência litisconsorcial** por parte dos demais **colegitimados**, como se extrai dos arts. 5º § 2º da LACP e 3º § 5º da Lei 7.853/89. Indeferir tal ingresso seria postura contraditória, pois os mesmos podem, autonomamente, ajuizarem suas respectivas demandas.

Ainda no polo ativo, **não** pode o **particular** intervir como assistente nas causas coletivas. Essa intervenção, que somente poderia ser aceita como assistente simples, além de problemas de ordem prática, **não** se justifica pela absoluta ausência de interesse, pois o resultado do processo jamais poderia prejudicar-lhe: a coisa julgada coletiva só é transportada para a esfera particular *in utilibus*.[48]

Noutro giro, questão interessante é o ingresso do cidadão-eleitor em ação coletiva que tenha objeto coincidente com o de possível ação popular.

A tutela dos direitos coletivos é atípica, como se extrai do art. 83 do CDC. Assim, é plenamente **admissível** que uma ação civil pública tenha o mesmo objeto que uma ação popular. O cidadão pode intervir como assistente de outro cidadão em uma ação popular (art. 6º § 5º da LAP), porém, intervir em outra demanda coletiva, até seria admissível, porém seria uma intervenção extremamente limitada.

Imaginemos um cidadão ingressando em uma ação civil pública que tenha o mesmo objeto que uma ação popular, caso o legitimado da ACP desista, cessará a intervenção do cidadão, pois esse não possui legitimidade para conduzi-la, bem como não poderia, sequer, recorrer tendo a outra parte desistido da causa.

Por fim, cremos que no ingresso do cidadão eleitor, seja em outra ação popular, como em outra ação coletiva, deve ser aplicado o art. 113 do CPC/15, permitindo que o magistrado **breque** tal ingresso, sob o risco do comprometimento da rápida solução do litígio.

7.11.2 Causas que versem sobre direitos individuais homogêneos

O CDC, no art. 94, prevê expressamente a possibilidade de o particular intervir nas causas que versem sobre direitos individuais homogêneos. Tal ingresso será como **assistente litisconsorcial**, um autêntico litisconsorte ulterior, submetendo-se ao julgamento da causa.

Nada obsta, entretanto, que o magistrado indefira o ingresso, sob pena de ocorrer um **litisconsórcio multitudinário**, ou seja, um litisconsórcio ativo posterior gigantesco, com nefastas consequências ao bom andamento da ação coletiva.

---

48. DIDIER JR., Fredie; ZANETI JR., Hermes. *Curso de direito processual civil*: processo coletivo cit., 3. ed., v. 4, p. 257.

7.11.3 Ingresso do MP como assistente na ação popular

Como cediço, a legitimidade ativa da ação popular é do cidadão-eleitor, não havendo previsão de legitimidade ativa inicial para o MP, somente **legitimidade superveniente**, na hipótese de desistência ou abandono da ação popular (art. 9º da LAP).

Há autores que advogam a legitimidade ativa do MP para a propositura da ação popular, com fundamento na **atuação multifacetada** da referida entidade na tutela coletiva, bem como em uma interpretação ampla do art. 25, IV, "b", da Lei 8.625/1993, que institui a Lei Orgânica do MP estadual, ampliando o acesso à justiça, pois seria inviável uma restrição.[49]

Admitindo-se para o MP, deve-se admitir, de igual modo, para a **Defensoria Pública** tal legitimidade, nos termos do art. 4º, VIII da LC 80/94 (*"exercer a defesa dos direitos e interesses individuais, difusos, coletivos e individuais homogêneos e dos direitos do consumidor, na forma do inciso LXXIV do art. 5º da Constituição Federal;"*), redação dada pela LC 132/09.

Nesse sentido, não vemos problema em admitir o MP ou Defensoria como assistentes litisconsorciais, muito embora tenhamos algumas reservas em admitir uma legitimidade ativa inicial para o MP propor a ação popular.

7.11.4 Polo passivo

No que se refere ao polo passivo, não há, em princípio, restrições. Assim, não vemos problemas em o réu realizar denunciação da lide ou chamamento ao processo.

De igual modo, nada obsta que um terceiro apresente sua pretensão recursal, demonstrando seu prejuízo, como exige o art. 996, parágrafo único, do CPC/15.

7.11.5 *Amicus curiae*

A intervenção do *amicus curiae* sempre foi controvertida, contudo, o CPC o previu no art. 138, no capítulo das intervenções de terceiros.

Na tutela coletiva há previsão do seu ingresso no art. 31 da Lei 6.385/1976 (proteção de mercados de capitais) e art. 118 da Lei 12.529/2011 (CADE).

Nesse sentido, não há como se impedir o ingresso de *amicus curiae* na tutela coletiva, desde que a causa tenha relevância (que, tratando-se de ação coletiva, está quase *in re ipsa*[50]), a fim de auxiliar o magistrado na construção da decisão judicial.

---

49. BUENO, Cassio Scarpinella. *Curso sistematizado de direito processual civil*: direito processual coletivo e direito processual público cit., v. 2, t. III, p. 132-133.
50. DIDIER JR., Fredie; ZANETI JR., Hermes. *Curso de direito processual civil*: processo coletivo cit., 3. ed., v. 4, p. 262.

7.12 DEFENSORIA PÚBLICA COMO *CUSTOS VULNERABILIS*

A EC 40/2014 incumbiu à Defensoria Pública a expressão e instrumento do regime democrático, promoção dos direitos humanos, orientação jurídica e defesa dos necessitados, determinando que essas missões sejam realizadas, em todos os graus, judicial e extrajudicial, de forma integral e gratuita, em prol de direitos individuais e coletivos.

Por essa trilha, há inúmeras e dinâmicas posições processuais que tal instituição poderá assumir no processo, como representante judicial, nos casos em que a parte comparece a juízo em nome próprio para defender seus próprios interesses, como curador especial, em nome próprio para defender direito próprio, como interesses institucionais primários, seja como parte, como interveniente, inclusive na modalidade de intervenção institucional denominada *custos vulnerabilis*, em processo penal ou civil, com atuação paralela, complementar ou suplementar às partes já representadas à semelhança da intervenção do Ministério Público como *custos juris*, que, embora ambos se relacionem com a fiscalização e o controle institucional do Estado e da sociedade, suas missões não se confundem.

Nesse caso, a atuação da Defensoria Pública não se limita a vulnerabilidade de cunho econômico, tendo vocação para uma atuação capaz de propiciar a adequada e efetiva tutela de pessoas e coletividades vulneráveis, tal como determina a previsão do artigo 4º, X, da LC 80/1994.

Não se confunde com *amicus curiae*, pois não terá as limitações que lhe são inerentes, tampouco a observâncias dos respectivos requisitos (art. 138 CPC), bastando a demonstração do interesse institucional na demanda que revele relação direta ou potencial com o plexo de direitos das pessoas em situação de vulnerabilidade.

7.13 INTERVENÇÃO MÓVEL

Estabelece a LAP (art. 6º § 3º) e a LIA (art. 17 § 3º) que a pessoa jurídica lesada poderá figurar como ré no início da ação e, abstendo-se de contestar, pode passar a ocupar o polo ativo, desde que se afigure útil ao interesse público, a juízo do respectivo representante legal ou dirigente.

Trata-se de singular hipótese, onde se admite uma migração de polos em nome do interesse público constante da demanda, sendo assim, deve ser admitido para toda e qualquer ação coletiva[51].

Nesse sentido, embora a pessoa jurídica seja citada como sujeito passivo, é possível a adoção de três atitudes:

---

51. Enunciado 667 FPPC: Admite-se a migração de polos nas ações coletivas, desde que compatível com o procedimento.

(i) Contestar a ação, permanecendo como ré;
(ii) Abster-se de contestar;
(iii) Atuar ao lado do autor, desde que se afigure útil ao interesse público, a juízo do respectivo representante legal ou dirigente. Nada obsta sua atuação como **autora e ré**, quando haja mais de um pedido.⁵²

Tomada qualquer dessas posições, **não** poderá mais ser alterada, ainda que mude o governante ou a direção das entidades,⁵³ **salvo** se em nome do interesse público primário.⁵⁴

---
52. STJ, Resp 791.042/PR, rel. Min. Luiz Fux, *DJ* 09.11.2006.
53. MEIRELLES, Hely Lopes. *Mandado de segurança* cit., 31. ed., p. 145.
54. BUENO, Cassio Scarpinella. *Curso sistematizado de direito processual civil*: direito processual coletivo e direito processual público cit., v. 2, t. III, p. 139-140. Admitindo a retratabilidade: STJ, 2ª T., AgRg no REsp 973.905/SP, rel. Min. Humberto Martins, j. 04.06.2009.

Capítulo 8
COISA JULGADA

8.1 NOÇÕES GERAIS

O tema no que se refere à tutela coletiva apresenta inúmeras variantes quando comparado à tutela individual.

A coisa julgada é uma situação jurídica que torna indiscutível o conteúdo de determinadas decisões jurisdicionais, buscando-se atingir a tão almejada segurança jurídica e a estabilização das relações jurídicas.

No processo individual, caracteriza-se por gerar **efeitos *inter partes***, pois vincula somente os sujeitos do processo, limitando as consequências da imutabilidade (art. 506 do CPC/15) e sua produção será *pro et contra*, pois surgirá tanto para beneficiar o autor, com a procedência, como para prejudicá-lo, com a improcedência, como se observa do art. 508 CPC.

8.2 PREMISSAS NECESSÁRIAS PARA COMPREENSÃO DA COISA JULGADA NA TUTELA COLETIVA

Analisados os aspectos anteriores, alguns pontos merecem destaque no que se refere à tutela coletiva.

O titular do direito individual não pode ser prejudicado pelo insucesso ocorrido na tutela coletiva, principalmente por não ter uma participação efetiva na construção de tal decisão, o que violaria a garantia individual de análise do direito subjetivo, como por exemplo está retratado no Enunciado 691 FPPC[1].

De igual modo, a produção da coisa julgada na tutela coletiva não pode se dar da mesma forma que na tutela individual.

No processo individual a coisa julgada se produzirá, na extensão subjetiva, somente entre as partes as quais é proferida (art. 506 CPC/15), a denominada eficácia ***inter parte*** ou **limite subjetivo da coisa julgada**, o que não faz sentido em uma tutela que busca ser coletiva.

---

1. A decisão que nega a tutela provisória coletiva não obsta a concessão da tutela provisória no plano individual.

De igual modo, ainda no processo individual, na extensão objetiva, ou seja, sobre a discussão da causa de pedir e do pedido, independentemente de se atingir uma suficiência probatória e não se exaurir as possibilidades probatórias, ainda assim haverá coisa julgada, denominada de **eficácia *pro et contra*** ou **limite objetivo da coisa julgada**, pois nenhum juiz decidirá novamente as questões já decididas relativas à mesma lide (art. 505 CPC/15), considerando-se deduzidas e repelidas todas as alegações e as defesas que a parte poderia opor tanto ao acolhimento quanto à rejeição do pedido (art. 508 CPC/15).

Tais características, contudo, não podem ser utilizadas na tutela coletiva, devido a amplitude dos direitos discutidos, bem como a titularidade de sujeitos indeterminados.

Assim, uma ação coletiva julgada improcedente por falta de provas não pode, a priori, produzir coisa julgada, como ocorreria no processo individual, além do fator de que se um cidadão negligenciasse na produção de provas, os demais cidadãos estariam impedidos de promoverem outra ação popular, além de existir a possibilidade de fraude ou um ajuste entre o autor e o réu da ação coletiva no sentido de negligenciar na produção probatória.

Por outro lado, o réu também não pode ficar exposto indefinidamente ao Judiciário, sendo demandado incontáveis vezes sobre o mesmo tema. Nesse ponto, é importante limitar o poder do Estado, para que não possa sempre rever o que já foi decidido.

Destarte, indaga-se como o Estado buscaria a melhor solução na colisão entre os interesses individuais e a tutela de algumas garantias para o réu? Dentro desse limite se constrói a coisa julgada nas ações coletivas.

Há, ainda, outro ponto sensível a ser analisado.

O CPC/15 alterou o regime jurídico da produção da coisa julgada sobre as questões prejudiciais, ou seja, aquelas questões que direcionam o julgamento de outra questão, a principal ou prejudicada. Assim, no bojo de uma ação de alimentos, eventual discussão sobre a paternidade do réu pode vir a produzir coisa julgada material, se preenchidos os requisitos cumulativos[2] do art. 503 § 1º e 2º CPC/15, desde que tal processo tenha sido ajuizado a partir da vigência do CPC/15 que se deu em 18.03.2016 (art. 1054 CPC/15).

Por esse diapasão, nada obsta que tal regime seja aplicado para a tutela coletiva, desde que se observe todos esses requisitos[3].

---

2. Enunciado 313 FPPC: São cumulativos os pressupostos previstos nos § 1º e seus incisos, observado o § 2º do art. 503.
3. Enunciado 696 FPPC: Aplica-se o regramento da coisa julgada sobre questão prejudicial incidental ao regime da coisa julgada nas ações coletivas.

Destarte, vejamos as técnicas de produção da coisa julgada existentes em nosso ordenamento, para uma primeira visualização, as quais serão aprofundadas adiante.

TÉCNICAS DE PRODUÇÃO DA COISA JULGADA			
No aspecto subjetivo (partes)	Inter partes	Ultra partes	Erga omnes
No aspecto objetivo (causa de pedir e pedido)	Pro et contra	secundum eventum probationis	Secundum eventum littis

8.3 COISA JULGADA *SECUNDUM EVENTUS PROBATIONIS*

A primeira fórmula adotada no Brasil está prevista até hoje no art. 18 da Lei 4.717/1965, o qual determina que a **insuficiência de provas obsta a formação da coisa julgada** admitindo, assim, a repropositura da demanda. Afirma-se que tal sistema surgiu para evitar eventual conluio entre algum cidadão mal intencionado e o réu com relação às provas disponíveis para a invalidade e/ou lesão.[4]

O art. 16 da Lei 7.347/1985 possuía redação semelhante ao art. 18 da LAP, porém, em 1997, sua redação foi alterada e eles em muito se distanciaram.[5]

O sistema é inteligente, mas permite algumas falhas, pois não cuida dos direitos individuais dos particulares em caso de julgamentos pela improcedência nas ações coletivas com **suficiência** de provas. Faltava à lei determinar em que **grau** estariam vinculados os titulares de direitos individuais.[6]

Há autores que afirma que, nessa hipótese, **não** haveria coisa julgada material, mas somente formal, eis que seria possível a repropositura da ação coletiva, com os mesmos elementos subjetivos (partes) e objetivos (causa de pedir e pedido) da ação anterior[7].

Esse, contudo, não é o entendimento mais adequado, eis que há uma circunstância nova, um novo suporte probatório, semelhante ao que ocorre na sentença em obrigações de trato sucessivo, que se formam *rebus sic stantibus* (art. 505, I CPC), portanto, se dará ensejo a formação de uma nova coisa julgada. Há, ainda, que se considerar que se for proposta nova demanda, sem essa nova circunstância probatória, essa segunda demanda deverá ser extinta sem resolução de mérito, ou pela ocorrência da coisa julgada anterior, desde que nesse feito se tenha concluído pela suficiência probatória, ou pela falta de interesse de agir[8], se não for apresentado nenhum suporte probatório novo.

---

4. BUENO, Cassio Scarpinella. *Curso sistematizado de direito processual civil:* direito processual coletivo e direito processual público. São Paulo: Saraiva, 2010. v. 2, t. III, p. 157.
5. Reconhecendo que já houve semelhança: Idem, p. 230.
6. DIDIER JR., Fredie; ZANETI JR., Hermes. *Curso de direito processual civil:* processo coletivo. 3. ed. Salvador: JusPodivm, 2008, v. 4, p. 370.
7. MARINONI, Luiz Guilherme. ARENHART, Sérgio Cruz. *Manual de processo de conhecimento*. São Paulo: Ed. RT, 2006, p. 427.
8. GIDI, Antônio. *Coisa julgada e litispendência em ações coletivas*. São Paulo: Saraiva, 1995, p. 135.

8.4 COISA JULGADA *SECUNDUM EVENTUS LITIS*

Nesse contexto, a técnica anterior foi adotada, embora outra tenha sido consagrada, como se observam dos arts. 103 e 104 da Lei 8.078/1990, os quais regulamentaram o tema, dando atenção às garantias individuais, assegurando que não serão prejudicadas as ações individuais em razão do insucesso da ação coletiva, **sem a anuência do demandante individual**.

Ressalte-se que foi rompida a visão de que o processo conduzido pelo legitimado extraordinário produz efeitos ao substituído.

Assim, a **improcedência** da demanda coletiva estabiliza o direito material no âmbito coletivo, **sem**, contudo, prejudicar as ações individuais. Ademais, na hipótese de **procedência** da ação coletiva, haverá estabilização do direito material no âmbito coletivo, **estendendo seus efeitos aos processos individuais**. Tal interpretação pode ser analisada diante da redação do art. 103 § 3º do CDC.

Por isso a nomenclatura *secundum eventus litis*, pois, dependendo do resultado do processo, poderá beneficiar o demandante individual, mas não o prejudicar.

Perceba-se que a coisa julgada *secundum eventum litis* é exatamente oposta a coisa julgada do processo individual, denominada de *pro et contra*. No processo individual haverá coisa julgada, seja na procedência ou na improcedência, independentemente do fundamento. Na coisa julgada *secundum eventum litis*, haverá coisa julgada somente no sentido escolhido pelo legislador, ou seja, somente na procedência.

Percebe-se, assim, que tal coisa julgada é fruto de uma opção político-legislativa, como também o é a coisa julgada *secundum eventum probationis*, sendo excepcional, dependendo de previsão legislativa. O art. 274 do CC/02 traz outro exemplo de coisa julgada *secundum eventum littis*, ratificado pelo art. 1078 do CPC/15.

Nesse sentido, as premissas anteriormente analisadas, para a compatibilização entre o direito individual do autor e o do réu de não ser demandado indefinidamente, foram atingidas.

Observe-se que o direito individual do autor de demandar restou protegido, pois somente haverá extensão da coisa julgada coletiva à esfera individual se o resultado for pela procedência.

Por outro lado, o réu também é tutelado, pois poderá haver coisa julgada se houver suficiência de provas, impossibilitando a repropositura de outras demandas coletivas. Observe-se que, nessa hipótese há, inclusive, interesse recursal por parte do réu em recorrer da sentença para modificar a sua fundamentação, caso consigne que não houve suficiência probatória, eis que não haverá definitividade, o que não ocorre no processo individual, onde o interesse recursal é extraído, exclusivamente, do dispositivo da decisão, não da fundamentação.

E, por fim, o demandante individual somente será atingido por tais efeitos se assim quiser, podendo exercer o *right opt in* ou o *right opt out*, previsto no art. 104 do CDC.

8.5 CONSTITUCIONALIDADE DE TAIS TÉCNICAS DE PRODUÇÃO DA COISA JULGADA

Uma questão que se impõe é a análise da **constitucionalidade** de tal coisa julgada, eis que, de certo modo, cria-se uma sujeição permanente do réu a pretensão do autor, bastando ter nova prova, flexibilizando-se, exageradamente, o art. 5º, XXXVI CR/88, além de violar a isonomia, dando-se uma proteção exagerada para os autores nas ações coletivas[9].

Esse, contudo, não é o pensamento **majoritário**[10] e que reputamos mais adequado, do contrário os titulares do direito, ao não participarem do processo coletivo, poderiam ser prejudicados, refletindo em toda a coletividade, além de servir como medida de segurança contra eventual inaptidão técnica do demandante ou, até mesmo, um ajuste fraudulento para se obter uma sentença de improcedência.

8.6 ANÁLISE DO CDC COMO REGRA GERAL PARA A TUTELA COLETIVA

O CDC foi a legislação que melhor regulamentou o tema coisa julgada. Nesse sentido, o legislador, para uma melhor organização, separou os efeitos da coisa julgada conforme o direito debatido, ou seja, se a ação coletiva se refere a direito difuso, coletivo *stricto sensu* ou individual homogêneo, como se observa do art. 103 do CDC, devendo ser interpretado como uma **regra geral** da coisa julgada na tutela coletiva no direito brasileiro, servindo a qualquer ação coletiva, inclusive mandado de segurança coletivo e a ação de improbidade[11]. O tema será melhor analisado, em virtude da controvérsia doutrinária existente, nos respectivos capítulos.

Referindo-se à extensão subjetiva da coisa julgada (que no direito individual é *inter partes*), tratando a ação coletiva sobre direito **difuso**, a extensão será *erga omnes*, para atingir a massa indeterminada de sujeitos titulares de tal direito. Tratando-se de direito **coletivo** *stricto sensu*, a extensão será *ultra partes*, atingindo a todos os membros da categoria, classe ou grupo, em razão da ocorrência de relação jurídica-base entre si ou com a contraparte anterior à lesão. Sendo um direito **individual homogêneo**, a extensão será *erga omnes*, atingindo a todos aqueles que comprovarem a lesão de origem comum envolvendo o direito debatido.

---

9. MENDES, Aluísio Gonçalves de Castro. *Ações Coletivas*. São Paulo: Ed. RT, 2002, p. 263-264. CRUZ E TUCCI, José Rogério. *Devido processo legal e a tutela jurisdicional*. São Paulo: Ed. RT, 1993, p. 120-121.
10. MANCUSO, Rodolfo Camargo. *Ação popular*. 4 ed. São Paulo: Ed. RT, 2001, p. 276.
11. DIDIER JR., Fredie; ZANETI JR., Hermes. *Curso de direito processual civil*: processo coletivo cit., 3. ed., v. 4, p. 375.

Destarte, os direitos coletivos e difusos discutidos na causa serão atingidos pela imutabilidade da coisa julgada, mas as ações individuais não serão prejudicadas.

De igual modo, foi consagrada a **coisa julgada *secundum eventum probationis*** [12] para as ações que versem sobre **direitos difusos e coletivos *stricto sensu***, sendo que, somente haverá coisa julgada material, em caso de esgotamento probatório.

Assim, proposta ação coletiva contra uma empresa poluidora para que se abstenha de continuar lançando poluentes no ar, caso a demanda venha a ser julgada improcedente por insuficiência de provas, não haverá coisa julgada para ninguém, nem mesmo para os colegitimados. Contudo, sendo a improcedência por outro fundamento, que não a insuficiência de provas, a mesma ação não poderá ser proposta por nenhum outro legitimado coletivo, não impedindo, porém, o particular de demandar individualmente.

Assim, se um vizinho da fábrica sofreu complicações respiratórias, em razão das partículas poluentes, poderá ajuizar sua demanda de reparação de danos.

Importante salientar que o julgamento por insuficiência de provas **não** precisa ser expresso, **não** se fazendo necessária uma referência direta à carência probatória. Deve, contudo, decorrer do conteúdo da decisão que outro poderia ter sido o resultado caso o autor comprovasse os fatos constitutivos do seu direito.

De igual modo, ao se afirmar "nova prova", deve ser adotado tanto para **prova superveniente**, como para a prova existente ao tempo da demanda coletiva, mas que não foi apresentada durante o procedimento, ou seja, **nova à cognição judicial**.

É a consagração da **teoria do critério substancial** [13], sendo desnecessária a consagração de ter ou não o juiz se dado conta da insuficiência dos elementos probatórios produzidos no primeiro processo. [14] Contudo, o manejo irresponsável poderá gerar litigância de má-fé, se houver flagrante insubsistência da nova prova trazida.

Observe-se que em sede de tutela coletiva a **fundamentação do julgado repercute, diretamente, na coisa julgada**, diferentemente da tutela individual (art. 504, I, do CPC/15). Tal fato traz implicações no aspecto recursal. No processo individual, como dito, **não há interesse recursal** em se debater a fundamentação de um julgado, contudo, na tutela coletiva, **haverá interesse recursal**, pois os motivos influenciam diretamente na produção da coisa julgada.

De igual modo, nada obsta que o **mesmo legitimado** que perdeu a primeira demanda coletiva ajuíze uma nova demanda coletiva, utilizando-se de novas provas. [15]

---

12. GRINOVER, Ada Pellegrini. Novas questões sobre a legitimação e a coisa julgada nas ações coletivas. *O processo*: estudos & pareceres. São Paulo: DPJ, 2006. p. 224; DIDIER JR., Fredie; ZANETI JR., Hermes. *Curso de direito processual civil*: processo coletivo cit., 3. ed., v. 4, p. 376.
13. GIDI, Antônio. *Coisa julgada e litispendência em ações coletivas*. São Paulo: Saraiva, 1995, p. 131.
14. Em igual conclusão: BUENO, Cassio Scarpinella. *Curso sistematizado de direito processual civil*: direito processual coletivo e direito processual público cit., v. 2, t. III, p. 157.
15. Idem, p. 253.

Nessa hipótese, deverá, **preliminarmente**, indicar a prova nova, sob pena de indeferimento liminar da petição inicial. Noutro giro, havendo improcedência com suficiência de provas, **todos** os legitimados, bem como o legitimado que conduziu a demanda, ficarão impedidos de um novo ajuizamento coletivo.

Destarte, na forma do art. 103 §§ 1º a 3º do CDC a coisa julgada coletiva nunca prejudica a pretensão individual, salvo na hipótese do art. 94 da mesma legislação (aplicável ao coletivo ou individual homogêneo), pelo qual se autoriza a assistência litisconsorcial. Nesse caso, produzindo-se coisa julgada, a mesma atingirá o assistente litisconsorcial, seja para beneficiar ou prejudicar,[16] como forma de desestimular a adesão de particulares ao processo coletivo.[17]

Como visto anteriormente, na hipótese de **direitos individuais homogêneos**, a **coisa julgada será** *secundum eventus litis*, ou seja, somente haverá coisa julgada em caso de procedência da ação. Havendo improcedência, **com ou sem suficiência de provas, não** haverá coisa julgada material. Isso significa que as vítimas não ficarão prejudicadas, podendo ajuizar as suas demandas individuais, mas, não será admissível nova demanda coletiva.

8.7 TRANSPORTE *IN UTILIBUS*. *RIGHT OPT IN* E *OUT*

Na tutela coletiva, em caso de improcedência, como reiteradamente afirmado, **não** haverá prejuízo no que se refere a eventuais ações indenizatórias individuais. Por outro lado, diante da procedência do pedido coletivo, as vítimas ou sucessores poderão se beneficiar de tal decisão, bastando liquidar e executar o julgado, como se extrai do art. 103, § 3º, do CDC.

Trata-se do denominado **transporte** *in utilibus* da coisa julgada coletiva para as ações individuais de indenização por danos pessoalmente sofridos. Observe-se que a sentença coletiva será **ilíquida**, inclusive a mais ilíquida possível em nosso ordenamento, pois há indeterminação não somente no que se refere à extensão do dano, mas também da condição de lesado.[18]

É para isso que existe o *right to opt in* (art. 104 do CDC). O demandante individual pede a **suspensão** da sua respectiva ação, justamente porque sendo a sentença coletiva improcedente, sua ação individual continuaria normalmente. Por outro lado, havendo procedência no processo coletivo, não há mais interesse de agir no processo individual de conhecimento, pois já haverá um título hábil para a liquidação

---

16. BUENO, Cassio Scarpinella. *Curso sistematizado de direito processual civil*: direito processual coletivo e direito processual público, p. 254.
17. ZAVASCKI, Teori Albino. *Processo coletivo: tutela de direitos coletivos e tutela coletiva de direitos*. São Paulo: Ed. RT, 2006. p. 175.
18. CÂMARA, Alexandre Freitas. *Lições de direito processual civil*. 15. ed. inteiramente revista. Rio de Janeiro: Lumen Juris, 2008. v. 2, p. 218.

de sentença e posterior execução, ou seja, o jurisdicionado individual se **incluiu** nos efeitos da sentença coletiva.

Observe-se que se o demandante individual optar por se **excluir** da tutela coletiva (*right to opt out*), ou seja, **não pedir a suspensão** de sua ação, eventual decisão de improcedência em seu processo individual produzirá normalmente seus efeitos, bem como tal jurisdicionado não se beneficiará dos efeitos da tutela coletiva, pois foi uma escolha pessoal (direito de sair).

Nesse sentido, para ocorrer o transporte *in utilibus*, deverá ter sido observado o art. 104 do CDC:

(i) Requerer a suspensão da ação individual já ajuizada em trinta dias a contar da ciência da ação coletiva, perdurando a suspensão indefinidamente, até quando durar a demanda coletiva;

(ii) Não ajuizar a ação individual caso já saiba da existência da coletiva, ou nela não prosseguir, pois não tendo sido requerida a suspensão da ação individual, o jurisdicionado individual não se aproveitará dos efeitos da decisão da ação coletiva.

Consoante o art. 103 § 4º da Lei 8.078/1990, é possível, em matéria de processo coletivo, o transporte *in utilibus* da **sentença penal condenatória** (art. 515, VI CPC). Imaginemos que a pessoa jurídica foi condenada por crime ambiental, com decisão que transitou em julgado, tal sentença produz eficácia executiva no cível (art. 91, I CP). Obviamente que tal título somente produz efeitos perante a pessoa jurídica condenada criminalmente, não contra o sócio, aproveitando-me do exemplo lançado.

8.8 QUADRO SINÓTICO

DIFUSOS	COLETIVOS *STRITO SENSU*	INDIVIDUAL HOMOGÊNEO
Aspecto subjetivo: transindividual;	Aspecto subjetivo: transindividual;	Origem comum (essa homogeneidade é que dá uma dimensão coletiva);
Aspecto objetivo: indivisível;	Aspecto objetivo: indivisível;	Aspecto objetivo: divisível, porém, por meio de uma ficção jurídica, são considerados indivisíveis;
Pessoas indeterminadas e indetermináveis, ou seja, impossível de serem identificadas;	Pessoas indeterminadas, porém determináveis enquanto grupo, classe ou categoria;	Pessoas indeterminadas, porém determináveis enquanto grupo, classe ou categoria;
Ligadas por circunstância de fato, portanto não há vínculo jurídico entre os titulares;	Ligadas por relação jurídica base entre os membros do grupo ou com a parte contrária;	Ligadas por circunstância de fato, portanto não há vínculo jurídico entre os titulares;
Depois da lesão, surge um vínculo jurídico entre os titulares;	Já havia um vínculo jurídico antes da lesão;	Depois da lesão surge um vínculo jurídico entre os titulares;
		As peculiaridades do caso concreto são irrelevantes. Há íntima relação com os art. 113, III, e 332 do CPC/15;

DIFUSOS	COLETIVOS *STRITO SENSU*	INDIVIDUAL HOMOGÊNEO
Exemplos: publicidade enganosa ou abusiva; meio ambiente, moralidade administrativa etc.	Exemplos: advogados inscritos na OAB; associação de profissionais; associação de acionistas; contribuintes de determinado tributo etc.	Exemplos: causas previdenciárias, para reajuste de benefícios; causas para o não pagamento de um tributo; consumeristas, para não aplicação de determinada cláusula. Súmula 643 do STF.
COISA JULGADA		
DIFUSOS	**COLETIVOS STRITO SENSU**	**INDIVIDUAL HOMOGÊNEO**
Coisa julgada *erga omnes*, salvo na improcedência por insuficiência de provas, caso em que qualquer legitimado poderá repropor com novas provas;	Coisa julgada *ultra partes*, portanto limitada ao grupo, classe ou categoria;	Coisa julgada *erga omnes* só para a procedência;
Não há coisa julgada na improcedência por falta de provas, tanto para o demandante coletivo, como para o individual.	Não há coisa julgada na improcedência por falta de provas, tanto para o demandante coletivo, como para o individual.	Não há coisa julgada na improcedência, seja qual for a fundamentação, tanto para o demandante individual como para o coletivo.

Capítulo 9
LIQUIDAÇÃO E EXECUÇÃO DA SENTENÇA

9.1 NOÇÕES GERAIS

A execução da sentença coletiva segue, em linhas gerais, os sistemas do CPC.

Assim, havendo obrigação de fazer, não fazer, entrega de coisa ou pagar quantia deverão ser aplicados os arts. 497 a 500, 536 a 538 e 523, respectivamente.[1]

Na hipótese de **direito difuso**, haverá a correção com a reversão ou prevenção da situação lesiva, independentemente da identificação dos legitimados (até porque são indeterminados e indetermináveis). Havendo condenação em pecúnia, o montante poderá ser revertido para o **fundo de reserva de defesa dos direitos difusos** (art. 13 da Lei 7.347/1985). Exemplificativamente, podemos cogitar na ação civil pública que impugnou licença ambiental sem o prévio estudo de impacto ambiental.

Tratando-se de **direito coletivo** *stricto sensu*, a execução pode se dar com a simples reversão, como na hipótese de mandado de segurança coletivo impetrado pela OAB para assegurar que os advogados tenham acesso aos autos do processo que não tramitem em segredo de justiça sem necessidade de procuração.

No **direito individual homogêneo**, pode se mostrar necessária a individualização dos titulares para o cumprimento da decisão, não para análise e deferimento do pedido, pois cada titular comprovará que participa do conjunto de vítimas invisivelmente consideradas, comprovando a natureza individual homogênea do direito, decorrente de origem comum.

Por fim, nada obsta que a sentença coletiva sobre direito difuso ou coletivo *stricto sensu* seja utilizada pelo indivíduo como título para a **execução individual**, em razão da extensão *in utilibus* da coisa julgada coletiva ao plano individual. Nessa hipótese, deverá ser precedida da necessária liquidação. Assim, a sentença coletiva tanto pode ser executada coletivamente, efetivando um direito coletivo, como executada individualmente, efetivando um direito individual.

---

1. ZAVASCKI, Teori Albino. *Processo coletivo*: tutela de direitos coletivos e tutela coletiva de direitos. 5. ed. atual. e ampl. São Paulo: Ed. RT, 2011. p. 68.

Há, portanto, a **execução coletiva da sentença coletiva** (art. 97, parte final e art. 98 § 2°, II CDC) ou a **execução individual da sentença coletiva** (art. 97, primeira parte e art. 98 § 2°, I CDC).

A condenação na ação que versa sobre direitos difusos e coletivos é **genérica**, necessitando, assim, de liquidação e individualização dos danos sofridos. Além da prova do *quantum debeatur*, na ação coletiva, será necessária a prova do **nexo de causalidade entre o indivíduo e o dano reconhecido na sentença**.

Tal liquidação é denominada de **imprópria**, eis que não se discute somente o valor devido, na verdade, amplia-se a cognição sobre o nexo de causalidade entre o dano sofrido e o reconhecido na sentença, diferentemente da tutela individual, na qual somente se discute o valor devido, por força do **princípio da fidelidade ao título executivo** (art. 509 § 4° CPC/15).

9.2 LEGITIMIDADE

Em **regra**, tem legitimidade para conduzir a liquidação de sentença na tutela coletiva será do próprio autor da ação coletiva que deu ensejo a formação do título executivo, sendo o legitimado principal, todavia, o legislador, consagrando a indisponibilidade da execução da sentença coletiva, estabelece legitimidades subsidiárias.

Observe-se que a execução da sentença coletiva poderá ser promovida por **qualquer legitimado**, inclusive aquele que, eventualmente, não tenha promovido a ação coletiva na fase de conhecimento.

Assim, se em **sessenta dias**, o **autor** da ação coletiva não a executa, **qualquer outro legitimado** pode executá-la, nos termos do art. 87 do EI. Se, ainda assim, a inércia continuar, a lei obriga que o Ministério Público a execute, inclusive sendo possível aplicação de punição, por falta grave, ao promotor.

O art. 15 da LACP, bem como o art. 217 do ECA, referem-se somente à não execução por parte de "associação", já o art. 16 da LAP refere-se a inércia do "autor e terceiro", todavia, tais dispositivos são **extensíveis** a inércia de qualquer legitimado, permitindo-se que qualquer outro legitimado ou o Ministério Público realize a execução, devendo ser aplicável somente o art. 87 do EI que é mais amplo, eis que afirma que havendo inércia do "autor" da ação coletiva, surgirá a legitimidade subsidiária dos demais legitimados, devendo o **último dispositivo prevalecer** sobre todos os demais.

9.3 COMPETÊNCIA

Na dicção do art. 98 § 2° do CDC é competente para a execução o juízo da liquidação da sentença ou da ação condenatória, no caso de **execução individual** ou da ação condenatória, quando **coletiva a execução**.

Assim, executa-se a sentença no juízo que a proferiu, contudo, não se pode afastar a possibilidade de ser executada no **domicílio do autor**, valendo-se da regra do art. 101, I, do CDC, que permite que o consumidor proponha a ação em seu domicílio, facilitando o acesso à justiça. Esse, inclusive, é o entendimento do STJ[2], afastando a interpretação literal do art. 16 da Lei 7.347/85, vejamos:

> "Para efeitos do art. 543-C do CPC: 1.1. A liquidação e a execução individual de sentença genérica proferida em ação civil coletiva pode ser ajuizada no foro do domicílio do beneficiário, porquanto os efeitos e a eficácia da sentença não estão circunscritos a lindes geográficos, mas aos limites objetivos e subjetivos do que foi decidido, levando-se em conta, para tanto, sempre a extensão do dano e a qualidade dos interesses metaindividuais postos em juízo (arts. 468, 472 e 474, CPC e 93 e 103, CDC)."

Do contrário, seria muito difícil para a vítima se deslocar, por exemplo, para o Distrito Federal, onde tramitou a ação coletiva, na hipótese de dano nacional (art. 93, II, do CDC).

De igual modo, nada impede de ser aplicado o **art. 516, parágrafo único, do CPC/15**, que permite que seja promovida a execução no (i) juízo do local onde se encontram bens sujeitos à expropriação, (ii) atual domicílio do executado, bem como o (iii) pelo juízo do local onde deva ser executada a obrigação de fazer ou de não fazer. Nesse sentido, deve ser acrescido o foro do domicílio do exequente (iv), previsto no art. 101, I, da CDC, sem afastar, ainda, a possibilidade de se utilizar do (v) juízo da liquidação da sentença ou da ação condenatória (art. 98 § 2º, I CDC), todos de maneira concorrente.

9.4 INTERESSES INDIVIDUAIS HOMOGÊNEOS

Para a hipótese de a sentença tutelar um direito individual homogêneo, como, por exemplo, a venda da pílula de farinha ou o lote de veículos com defeito, são três as formas de execução: (i) execução individual da pretensão individual; (ii) execução coletiva da pretensão individual; e (iii) execução coletiva subsidiária (ou residual).

9.4.1 Execução individual da pretensão individual

Ocorre na hipótese regulamentada dos arts. 97-100 do CDC, segundo os quais, as **vítimas ou seus sucessores**, agindo em nome próprio, para tutelar direito próprio (legitimidade ordinária), ingressam individualmente com as suas respectivas execuções.

Tal execução ocorre em virtude do **transporte *in utilibus*** da coisa julgada coletiva para o plano individual (art. 103 § 3º do CDC), no caso de sentença que envolva

---

2. STJ, CE, REsp 1.243.887/PR, rel. Min. Luis Felipe Salomão, julgado 19.10.2001.

direitos difusos e coletivos *stricto sensu*, e a regra da coisa julgada *secundum eventus litis*, nos direitos individuais homogêneos (art. 103, III, do CDC).

Observe-se que **não** poderão ser debatidas questões pertinentes ao processo de conhecimento, pois há coisa julgada, ainda que tais questões sejam de ordem pública, como ilegitimidade passiva, por força do seu efeito preclusivo.[3]

De igual modo, por exemplo, servidor público integrante da categoria beneficiada, desde que comprove essa condição, tem legitimidade para propor execução individual de sentença proferida em ação coletiva, ainda que não ostente a condição de filiado ou associado do sindicato autor da ação de conhecimento, por força da Súmula 629 do STF.

As associações e sindicatos, na qualidade de substitutos processuais, têm legitimidade para a defesa dos interesses coletivos de toda a categoria que representam, sendo dispensável a relação nominal dos afiliados e suas respectivas autorizações. A coisa julgada oriunda da ação coletiva de conhecimento proposta por sindicato, na qualidade de substituto processual, abarcará todos os servidores da categoria, tornando-os partes legítimas para propor a execução individual da sentença, independentemente da comprovação de sua filiação.[4]

Na forma do art. 101, I e 98 § 2°, I do CDC e do art. 516, parágrafo único, do CPC/15, tal execução pode ser proposta no juízo da condenação, no domicílio do autor, no atual domicílio do executado ou no local dos bens do executado. Tal regra é aplicável de forma idêntica à execução individual nos direitos difusos e coletivos. De igual modo, a liquidação será imprópria, devendo ser demonstrado o nexo de causalidade.

9.4.2 Execução coletiva da pretensão individual

É a execução de várias sentenças de liquidação apresentadas pelas vítimas, porém promovida por um dos legitimados para o ajuizamento da ação coletiva, estando prevista no art. 98 § 2°, II do CDC.

A legitimidade para tal execução encontra-se no art. 82 do CDC e no art. 5° da LACP. Nessa hipótese, o legitimado está em juízo na proteção de direito alheio e em nome alheio, portanto, em representação processual.[5]

---

3. Informativo 468: STJ, 4ª T., REsp 917.974/MS, rel. Min. Luis Felipe Salomão, j. 05.04.2011. Precedentes citados: AgRg no REsp 752.245-MG, *DJe* 16.11.2009; AgRg no Ag 1.275.364-SP, *DJe* 05.05.2010.
4. STJ, 2ª T., AgRg no AREsp 232.468-DF, Rel. Min. Humberto Martins, julgado em 16.10.2012 (Informativo 506). Precedentes: AgRg no REsp 1.153.359-GO, DJe 12.04.2010; REsp 1.270.266-PE, DJe 13/12/2011, e REsp 936.229-RS, DJe 16.03.2009.
5. GRINOVER, Ada Pellegrini et al. *Código Brasileiro de Defesa do Consumidor comentado pelos autores do anteprojeto*. 8. ed. Rio de Janeiro: Forense, 2004. p. 887.

A rigor, temos uma ação *pseudocoletiva*, porque a pretensão é individual. É execução individual, com forma de coletiva. Nessa hipótese, o juízo competente será o da condenação (art. 98, § 2º, II, do CDC).

Importante perceber que o STJ[6] entende que a liquidação promovida pelo Ministério Público interrompe o prazo para o ajuizamento da ação executiva individual.

9.4.3 Execução coletiva subsidiária ou residual. *Fluid recovery*

É a execução promovida pelos legitimados coletivos (art. 5º da LACP e art. 82 do CDC), para reparar o dano coletivamente considerado, quando a quantidade de habilitados (vítimas) for **incompatível** com a gravidade do dano.

Nessa hipótese, o juízo competente será o da condenação (art. 98, § 2º, II, do CDC).

Esta execução **residual** só existirá se, após **um ano do trânsito em julgado**, **não** houver habilitação de interessados em número compatível com a gravidade do dano, justamente por ocorrer uma **diferença** entre o **somatório global** dos prejuízos individuais causados e o **somatório individual** os créditos efetivamente executados.

Há, contudo, alguns problemas no dispositivo. Qual seria o termo a quo para contagem de tal prazo de um ano? Qual seria a natureza de tal prazo?

Cremos que tal prazo se inicia com o **trânsito em julgado da sentença** condenatória devendo, por analogia ao art. 94 CDC, ser publicado edital no diário oficial, sendo, inclusive, interessante que na própria inicial da ação coletiva já se requeira que o réu condenado já providencie tal publicação, principalmente por outros meios de comunicação, como televisão, rádio, internet etc.

Cremos, ainda, que tal prazo não pode ser interpretado como prescricional, tampouco como decadencial, sendo somente **autorizador ou processual** para o início do *fluid recovery*, não podendo ser confundido com o prazo prescricional das pretensões individuais, fixadas consoante as regras de direito material.

É chamado de *fluid recovery* (recuperação fluida), segundo o qual, havendo dano sem vítimas suficientes habilitadas, o mesmo será executado coletivamente (art. 100 do CDC), sendo o produto desta indenização destinado para ao **Fundo de Defesa de Direitos**, previsto no art. 13 da LACP c/c a Lei 9.008/95.[7]

Não há problema na possibilidade de execuções individuais mesmo **durante** ou **após** o encerramento da execução por *fluid recovery*, **não** podendo se falar em

---

6. STJ, 3ª T., AgInt no AREsp 1.294.213/MS, rel. Min. Ricardo Villas Bôas Cueva, julgado 09.12.2019.
7. Nesse sentido: ZAVASCKI, Teori Albino. *Processo coletivo*: tutela de direitos coletivos e tutela coletiva de direitos. 5. ed. cit., p. 69. Tal fundo é gerido pelo Conselho Federal Gestor do Fundo de Defesa de Direitos Difusos (CFDD), órgão colegiado integrante da estrutura organizacional do Ministério da Justiça, com sede em Brasília, e composto por diversos membros, como autoridades administrativas, representantes do MPF, além de três representantes de entidades civis.

bis in idem, pois os credores são diferentes, onde no primeiro caso é o indivíduo e no segundo a coletividade.

Cumpre, contudo, registrar duas exceções existentes nas ações coletivas fundadas no ECA (art. 214) ou no EI (art. 84), onde o primeiro determina que as multas sejam destinadas ao fundo gerido pelo Conselho de Direitos da Criança e Adolescente do respectivo município e no segundo caso remete ao Fundo Municipal de Assistência Social, vinculados ao atendimento ao idoso.

O valor indenizatório, na hipótese de *fluid recovery*, é estimado com base no critério do número de habilitados e na gravidade ou impacto do dano para a sociedade.

9.5 CONCURSO DE CRÉDITOS (PREFERÊNCIAS)

A indenização individual sempre terá prioridade, devendo, então, ser ela liquidada antes; sobrando dinheiro, será reparado o dano coletivo.

O art. 99, parágrafo único, do CDC cria um **ritmo de espera** no *fluid recovery*.

Havendo vários danos a serem reparados, a execução individual deverá transitar em julgado, para que, posteriormente, sejam calculados os danos coletivos.

9.6 HONORÁRIOS ADVOCATÍCIOS NA LIQUIDAÇÃO E EXECUÇÃO DAS PRETENSÕES INDIVIDUAIS

O art. 1º-D da Lei 9.494/1997 afirma que não serão devidos honorários advocatícios pela Fazenda Pública nas execuções não embargadas e, seguindo tal entendimento, há o art. 85 § 7º CPC/15, contudo, tal dispositivo, segundo o STF, somente se aplica nos casos em que a execução contra a Fazenda Pública se der mediante precatório, pois tal crédito não pode ser pago imediatamente pela Fazenda (art. 100 da CR/1988), não havendo, assim, causalidade para a imposição de sucumbência.[8]

Diante disso, entende o STJ que, para a execução da sentença coletiva individualmente, será necessário advogado, devendo, portanto, incidirem honorários nessas liquidações e execuções, como determina o Enunciado 345 do STJ que, apesar de se referir somente à Fazenda Pública, tem aplicação a todas as execuções.

Nesse sentido, é preciso harmonizar o STJ com o STF.

Pelo STJ, na execução de sentenças coletivas, deve haver honorários na liquidação, por possuir forte carga cognitiva. Depois da liquidação, virá a execução, que, pelo STF, não ensejará honorários, a não ser que se trate de execução que se proceda sem precatório, pois havendo precatório, não há causalidade.[9]

---

8. STF, EDcl no AgRg no Ag 570.876, rel. Min. Gilson Dipp, *DJ* 21.02.2005.
9. DIDIER JR., Fredie; ZANETI JR., Hermes. *Curso de direito processual civil*: processo coletivo. 3. ed. Salvador: JusPodivm, 2008. v. 4, p. 400.

O STF entende, ainda, que "*Os honorários advocatícios constituem crédito único e indivisível, de modo que o fracionamento da execução de honorários advocatícios sucumbenciais fixados em ação coletiva contra a Fazenda Pública, proporcionalmente às execuções individuais de cada beneficiário, viola o § 8º do artigo 100 da Constituição Federal.*"[10]

---

10. STF, Tema 1142, RExt 1.309.801, rel. Min. Luiz Fux, julgado em 20.05.2021.

Parte 2
AÇÕES COLETIVAS EM ESPÉCIE

Capítulo 1
AÇÃO CIVIL PÚBLICA

1.1 INTRODUÇÃO E NOMENCLATURA

A nomenclatura "ação civil pública" surgiu, em princípio, como um contraponto à ação penal pública, gerando, assim, duas acepções:

(i) Ampla, segundo a qual a ação civil pública seria qualquer ação não penal, movida pelo MP ou equiparado (colegitimados),[1] como ocorre na ação civil *ex delicto* (art. 68 do CPP), ação de nulidade de casamento (art. 1.598 do CC);

(ii) Restrita, que é a acepção **majoritária**, segundo a qual ação civil pública seria qualquer ação não penal, movida pelo Ministério Público ou equiparado (colegitimados), com fundamento na proteção de interesses metaindividuais.

Outro ponto merece destaque, não obstante não ter efeitos práticos. Há quem defenda uma diferença entre **ação civil pública e ação civil coletiva**.

Haveria **ação civil pública**, nomenclatura firmada pela Lei 7.347/1985, para a hipótese de tutela de direitos transindividuais, não de direitos individuais homogêneos, pois, para essa hipótese, a denominação seria outra, utilizada pelo art. 91 do CDC afirmando se tratar de **ação civil coletiva**. Contudo, o próprio legislador não se mantém rígido a tal diferença, pois na Lei 7.913/1989, afirma ser admissível ação civil pública para apurar responsabilidade por danos causados aos investidores no mercado de valores mobiliários, embora seja patente se tratar de direitos individuais homogêneos.[2]

Nesse sentido, a interpretação não pode ser literal, devendo ser utilizada a expressão ação civil pública, seja para direitos difusos, coletivos ou individuais homogêneos.[3]

---

1. MAZILLI, Hugo Nigro. *Tutela dos interesses difusos e coletivos*. 3. ed. São Paulo: Damásio de Jesus, 2003. p. 17.
2. Na defesa da diferença: ZAVASCKI, Teori Albino. *Processo coletivo*: tutela de direitos coletivos e tutela coletiva de direitos. 5. ed. atual. e ampl. São Paulo: Ed. RT, 2011. p. 54-55.
3. Esse é o posicionamento da jurisprudência: STF, 2ª T., RE 204.200, rel. Min. Carlos Velloso, *DJ* 08.11.2002. STJ, 3ª T., REsp 547.170, rel. Min. Castro Filho, *DJ* 09.02.2004.

1.2 HISTÓRICO

Com a Lei 6.938/1981, ainda em vigor, que trouxe o chamado Estatuto do Meio Ambiente, no art. 14, § 1°, foi previsto que no âmbito cível deve haver proteção para o meio ambiente e, para tanto, o Ministério Público poderia usar a ação civil pública, embora, à época sequer houvesse a previsão legal quanto à ação civil pública.

Em 1982, reuniram-se a Professora Ada Pelegrini, Dinamarco e Kazuo Watanable, formando a comissão de elaboração de anteprojeto de lei para disciplinar a ação civil pública. Neste ínterim, o Ministério Público de SP, em Congresso, debateu o projeto de lei e elaboraram emenda (contando com a participação de Nelson Nery Jr., Edson Milaré e Camargo Ferraz), passando a constar do projeto o inquérito civil e o compromisso de ajustamento de conduta.

O projeto foi unificado, tornando-se a Lei 7.347/1985 e, com a CR/1988, a lei teve seu alcance ampliado. Hoje, tendencialmente, quando a lei de ação civil pública é alterada pelo legislativo, a tutela é ampliada, como, por exemplo, ocorreu com a aprovação do CDC e, também, com a alteração que deu legitimidade à Defensoria Pública para a ACP. Porém, em sentido contrário, as medidas provisórias que alteram a lei da ação civil pública visam normalmente restringir o alcance da tutela.

A ação civil pública surgiu na legislação ordinária, mas se erigiu no âmbito constitucional, embora não no título concernente aos direitos e garantias individuais e coletivos, à semelhança da ação popular e do mandado de segurança coletivo, mas apenas mencionada na seção referente ao Ministério Público, entre suas funções institucionais (art. 129, III, da CR/1988).

1.3 INTERVENÇÃO DO MINISTÉRIO PÚBLICO

O Ministério Público funciona como interveniente obrigatório nas ações coletivas, como se observa do art. 5°, § 1°, da LACP, porém, entende o STJ que se o *parquet* já for o autor, a atuação como fiscal não é obrigatória, por força do princípio da unidade institucional (art. 127, § 1°, CR/88), porquanto já defende os interesses da coletividade.[4]

Qualquer um poderá e o servidor público deverá provocar o MP, disponibilizando-lhe informações sobre fatos que constituam objeto da ação civil e indicando-lhe os elementos de convicção (art. 6°).

---

4. STJ, 2ª T., REsp 1.183.504/DF, Rel. Min. Humberto Martins, julgado 17.05.2010.

1.4 INQUÉRITO CIVIL

1.4.1 Noções gerais

Trata-se de um **procedimento informativo**, de índole administrativa, geralmente pré-processual, tendente à **formação do convencimento do órgão ministerial** para a (i) propositura da ACP; (ii) à assinatura de um termo de ajustamento de conduta; (iii) à realização de audiências públicas; (iv) à emissão de relatórios e recomendações.

Encontra-se previsto no art. 129, III, da CR/1988, nos arts. 8º e 9º da LACP, art. 6º da Lei 7.853/1989, art. 223 c/c 201, da Lei 8.069/1990, art. 26, I, da Lei 8.625/1993 e art. 6º da LC 75/1993. Há regulamentação, ainda na Resolução 23 de 17.09.2007 do CONAMP.

Constitui-se na **única** modalidade de inquérito de natureza civil existente no direito brasileiro, sendo de atribuição exclusiva do Ministério Público. **Não** é condição de procedibilidade para o ajuizamento das ações a cargo do Ministério Público, nem para a realização das demais medidas de sua atribuição.

1.4.2 Características

O inquérito civil possui as seguintes características:

(i) Procedimento **administrativo**, portanto, sem participação judicial, com caráter inquisitivo;

(ii) É **dispensável**, igualmente ao inquérito policial, pois o Ministério Público pode ajuizar a ação civil pública diretamente, bastando haver elementos de convicção suficientes. Pode, inclusive, ser usado de suporte para denúncia, independentemente de inquérito policial;[5]

(iii) Procedimento **público**, sendo, portanto, franqueado a todos o acesso aos autos, bem como o direito de obter certidões. Contudo, pode ocorrer das informações obtidas pelo MP serem sigilosas ou de a publicidade vir a gerar prejuízo à investigação ou ao interesse da sociedade, quando, então, poderá haver sigilo, mitigando a publicidade;[6]

(iv) **Exclusivo do Ministério Público**, cabendo somente a ele instaurar e presidi-lo, não obstante qualquer cidadão ter legitimidade requerer a sua abertura, com base no exercício do direito de petição (art. 5º, XXXIV, "a", da CR/1988).[7]

---

5. STF, 2ª T., RE 464.893/GO, rel. Min. Joaquim Barbosa, j. 20.05.2008.
6. MAZILLI, Hugo Nigro. *A defesa dos interesses difusos em juízo*. 15. ed. São Paulo: Saraiva, 2003. p. 339.
7. DIDIER JR., Fredie; ZANETI JR., Hermes. *Curso de direito processual civil*: processo coletivo. 3. ed. Salvador: JusPodivm, 2008. v. 4, p. 242.

1.4.3 Espécies

Pode se apresentar em duas espécies:

(i) **Inquérito civil em sentido estrito**: cabível toda vez que a prova for mais complexa (perícia ou investigação aprofundada);

(ii) **Peças de informação**: cabível quando a prova for menos complexa, sendo o procedimento menos formal.

Analogamente, pode-se dizer que o inquérito civil está para o inquérito policial, como as peças de informação estão para o termo circunstanciado.

1.4.4 Instauração e seus efeitos

Sua instauração pode se dar por **portaria** ou por **requisição** exarada no requerimento, ofício ou representação que tenha sido endereçada ao MP. Em alguns Estados, há um procedimento preparatório de inquérito civil, servindo para o pré-convencimento do *Parquet*, para uma prévia verificação da necessidade de inquérito civil. A ideia de tal verificação é evitar a utilização do inquérito civil como instrumento político, por exemplo, em cidades pequenas, pois pode gerar repercussões.

Com a instauração do inquérito civil, alguns efeitos se produzem, como:

(i) **Interrupção do prazo decadencial**, na forma do art. 26, § 2°, III, do CDC;

(ii) Possibilidade de **requisição de perícias e informações**, de entes públicos e particulares, em prazo não inferior a dez dias (art. 8°, § 1°, da LACP);

(iii) Possibilidade de **condução coercitiva** em caso de descumprimento das requisições e notificações (art. 26, I, "a", da LOMPE);

(iv) Possibilidade do surgimento do **dever do Estado ou União de indenizar** o investigado pelos prejuízos sofridos em razão da instauração e desenvolvimento do inquérito civil que se mostrou temerário.

1.4.5 Poderes instrutórios do MP

Os poderes instrutórios do Ministério Público encontram-se previstos no art. 26 da Lei 8.625/1993, porém, cada MP, inclusive MPF, tem sua própria lei orgânica. São três grupos de poderes:

(i) **Vistorias, inspeções e perícias**;

(ii) **Intimação de qualquer pessoa para depoimento**. Observe-se que não se trata de convite, mas intimação, sob pena de condução coercitiva. No que toca à incidência de **crime de falso testemunho**, em inquérito civil, uma parte da doutrina defende a sua possibilidade, pois o inquérito civil é uma espécie de procedimento administrativo, conforme mencionado no tipo penal (art. 342 do CP);[8] todavia, o ponto é controvertido, vez que não há previsão expressa, como foi feito no caso do art. 339 do CP, referente à denunciação caluniosa, para eventual instauração de investigação administrativa;

(iii) **Requisição de documentos** de qualquer entidade, pública ou privada, salvo em relação aos sigilos protegidos pela CF (art. 5º, XXXIII: segurança nacional; art. 5º, XII: correspondência; art. 5º, XII: telefônico). De acordo com o **STF**, o Ministério Público depende de **autorização judicial** para quebrar sigilo bancário e fiscal, eis que têm previsão constitucional, decorrendo da garantia à intimidade.[9]

Pode, ainda, para a instrução da ação, requisitar, de qualquer organismo, público ou privado, certidões, informações, exames e perícias, no prazo que assinalar, o qual não poderá ser inferior a dez dias úteis (art. 8º, § 1º, da LACP). A recusa somente é possível em caso de sigilo, sendo, nesse caso, da competência judicial requisitá-los. Fora dessa hipótese, há, inclusive, crime (art. 10 da LACP).

1.4.6 Conclusão do IC

Com a coleta de provas e elementos de informação, deve-se dar uma solução à investigação, podendo ocorrer:

(i) **A propositura** de uma ação civil pública;

(ii) Um pedido de **arquivamento**, cabendo ao promotor ou procurador fundamentá-lo, caso em que não será o magistrado quem fiscalizará essa atuação, mas o Conselho Superior do MP (CSMP), tratando-se de MP estadual, ou a Câmara de Coordenação e Revisão (CCR), tratando-se de MPF. O CSMP ou o CCR marca uma sessão de julgamento, cabendo, inclusive, manifestação de qualquer interessado.

Enquanto não homologado o arquivamento, as associações legitimadas poderão apresentar razões escritas ou documentos (art. 9º, § 2º, da LACP). Apesar de o dispositivo se referir apenas às associações, não há razão para recusar aos demais colegitimados para a ACP a prática dos mesmos atos.[10]

Nesse julgamento pode ocorrer:

a) Homologação do arquivamento e, na forma do art. 26, § 2º, III, do CDC, o prazo prescricional ou o decadencial para a ACP volta a correr, o qual estava obstado durante o inquérito civil. Assim, outros legitimados podem ingressar com a ação civil pública;

---

8. NUCCI, Guilherme. *Código Penal comentado*. 4. ed. São Paulo: Ed. RT, 2003. p. 941.
9. STF, Pleno, Pet. 2805 AgR/DF, rel. Min. Nelson Jobim, j. 13.11.2002.
10. BUENO, Cassio Scarpinella. *Curso sistematizado de direito processual civil: direito processual coletivo e direito processual público* cit., v. 2, t. III, p. 209.

b) Converter em diligência, determinando a realização de novas provas que se mostrem necessárias para a verificação da necessidade ou não da ACP;

c) Rejeitar a promoção de arquivamento, nomeando-se novo representante do MP para a ACP, uma vez que aquele membro do MP que promoveu o arquivamento teria sua independência infringida (art. 9º, § 4º, da LACP). O novo membro do MP designado a promover a ACP será longa manus do CSMP ou CCR, cabendo obedecer ao determinado.

Com a coleta das provas que dão fundamento a apenas parte dos fatos inicialmente investigados, o membro do MP pode promover ACP somente quanto aos fatos provados, desconsiderando os demais. Nessa hipótese, ocorreria o chamado arquivamento implícito,[11] que não passaria pelo crivo do CSMP ou da CCR. Na verdade, deveria o membro do MP pedir o arquivamento dos fatos não provados, promovendo a ação civil pública somente em relação aos fatos provados.

1.4.7 Defesas possíveis

Como o Ministério Público irá presidir o inquérito civil, exige-se neutralidade, consoante os arts. 144 e 145 do CPC/15, estende ao Ministério Público os mesmos casos de impedimento e suspeição inerente aos magistrados.

O fato do promotor de justiça já ter presidido anterior inquérito civil no qual o recorrente figurava como investigado, **não** acarreta o seu impedimento ou suspeição para abertura de novo inquérito civil.[12]

A requisição para instauração de inquérito civil, sabendo que a parte apontada como responsável é inocente, pode vir a caracterizar crime de denunciação caluniosa (art. 339 do CP).

Na hipótese de utilização do inquérito civil de forma abusiva, é possível valer-se das seguintes medidas:

(i) **Recursos**: ao órgão superior do MP, dependentes de lei estadual (sem previsão legal no âmbito do MPF);

(ii) **Mandado de segurança**: A competência para julgamento deve ser analisada no caso concreto.

O STF já afirmou que a competência para o julgamento do MS seria do magistrado de primeiro grau[13], vejamos:

> Conflito negativo de competência. Justiça federal e do Distrito Federal. Mandado de segurança contra ato praticado por promotor de justiça da curadoria de defesa dos direitos do consumidor.

---

11. DIDIER JR., Fredie; ZANETI JR., Hermes. *Curso de direito processual civil*: processo coletivo cit., 3. ed., v. 4, p. 254.
12. STJ, 1ª T., RMS 27.004/RS, rel. Min. Arnaldo Esteves Lima, j. 28.09.2010.
13. STF, 2ª Seção, CC 14396/DF, rel. Min. Cesar Asfor Rocha, j. 23.04.1996.

Competência da justiça comum do Distrito Federal. Precedentes. I – Nos termos do decidido no CC 12.282-DF, relatado pelo eminente Ministro Torreão Braz, em sendo a justiça do Distrito Federal um ramo do judiciário federal, bem como sendo o Ministério Público do Distrito Federal um ramo do Ministério Público da União, compete ao juiz de primeiro grau (arts. 21, XIII, e 128, I, "d", da Constituição) da justiça do Distrito Federal o julgamento de mandado de segurança requerido contra ato de promotor de justiça do Distrito Federal. II – Competência do juízo de direito suscitado.

De igual modo, somente em situações excepcionais, quando comprovada, de plano, a atipicidade de conduta, causa extintiva da punibilidade ou ausência de indícios de autoria, é possível o trancamento de inquérito civil.[14]

1.5 TERMO DE AJUSTAMENTO DE CONDUTA

Como previsão no art. 14 da Resolução 23/2007 do CNMP, bem como nos art. 5º § 6º da LACP e art. 211 do ECA, controverte a doutrina sobre a natureza jurídica do TAC – termo de ajustamento de conduta, vejamos:

(i) O TAC seria uma transação diferenciada da **transação**[15] do direito civil, por ser um ato administrativo de cunho negocial, restrito à forma de cumprimento do dever jurídico inobservado, portanto, somente atingiria a esfera acidental dos direitos coletivos e o exercício destes. Enfim, haveria uma garantia mínima, não se admitindo concessões recíprocas, pois não poderia haver disposição quanto ao direito material, somente quanto aos aspectos secundários, como a forma de cumprimento, em que prazo etc.

Importante ressalva é feita por Hugo Nigro Mazzilli, defensor desse entendimento, o qual admite acordos visando ao fechamento das ações coletivas, mesmo naquelas hipóteses em que promovidas pelo Ministério Público, contudo, tal encerramento poderá ser inibido por qualquer assistente litisconsorcial que tenha intervindo naquela relação processual, bem como pelo *Parquet* naqueles casos em que não seja ele o promovente da ação, mas os outros órgãos públicos[16].

(ii) Não seria uma transação e sim um **ato**[17] ou **negócio jurídico**,[18] em razão da indisponibilidade objetiva e da extrapatrimonialidade dos direitos

---

14. RMS 30.510/RJ, rel. Min. Eliana Calmon, 2ª T., DJe 10.02.2010.
15. BUENO, Cassio Scarpinella. *Class action e o direito brasileiro*. Disponível em: www.scarpinellabueno.com.br. p. 54; MANCUSO, Rodolfo de Camargo. *Interesses difusos*. Conceito e legitimação para agir. 3. ed. São Paulo: Ed. RT, 1994.
16. *A defesa dos interesses difusos em juízo*. 6. ed. São Paulo: Ed. RT, 1994. p. 244-246.
17. CARVALHO FILHO, José dos Santos. *Ação civil pública*: comentários por artigo. 3. ed. Rio de Janeiro: Lumen Juris, 2001. p. 4.
18. SAMPAIO, Francisco José Marques. *Negócio jurídico e direitos difusos e coletivos*. Rio de Janeiro: Lumen Juris, 1999; RODRIGUES, Geisa de Assis. *A ação civil pública e termo de ajustamento de conduta*. Rio de Janeiro: Forense, 2002. p. 160-161.

metaindividuais, invibializando eventual transação. De igual modo, os legitimados a celebrar o TAC não são os titulares do direito material, portanto, não poderiam transacionar.

(iii) Haveria no TAC uma natureza **híbrida**, pois, no que se refere ao direito material, seria um ato de reconhecimento de uma obrigação preexistente, portanto, uma transação no que se refere aos aspectos periféricos ou secundários. No tocante ao aspecto processual, é um título executivo extrajudicial, consubstanciando-se, assim, em um equivalente jurisdicional (substitutivo jurisdicional), não a uma transação[19].

(iv) Há quem afirme se tratar de um **reconhecimento jurídico do pedido**, por ser impossível a transação.[20]

Cremos ser mais aceitado o primeiro entendimento, sendo uma solução consensualizada na tutela coletiva com força de título executivo, celebrado entre os órgãos públicos legitimados à proteção dos interesses tutelados pela lei e os futuros réus dessas ações, onde se ajusta extrajudicialmente uma conduta, reparando e prevenindo lesões a direitos coletivos.

Por óbvio, independentemente do posicionamento que se adote, forçoso se reconhecer uma mínima margem negocial no direito coletivo, afastando o dogma equivocado da indisponibilidade da tutela coletiva.

Cumpre registrar nada obsta que no bojo do TAC também haja cláusulas sobre negócios jurídicos processuais, na forma do art. 190 e 191 CPC/15, como reconhecido pelo Enunciado 255 FPPC[21].

De toda sorte, o TAC sempre será **facultativo**, pois o órgão público não é obrigado a ofertá-lo, como o investigado não pode ser forçado a aceitá-lo, sempre haver margem para discricionariedade[22].

Muitos tratam como **sinônimas** as expressões termo de ajustamento de conduta (TAC) e compromisso de ajustamento de conduta (CAC), contudo, ao bem da técnica, não o são. O compromisso é a **essência** do que está sendo ajustado, o termo é a sua **documentação**, porém, não há implicação prática em tal dissociação.

A legitimidade encontra-se no art. 5º, § 6º, da LACP, afirmando que os órgãos públicos legitimados poderão tomar dos interessados compromisso de ajustamento de sua conduta. Nesse ponto, controverte a doutrina:

---

19. GARCIA, Emerson. *Ministério Público*: organização, atribuições e regime jurídico. 3. ed. Rio de Janeiro: Lumen Juris, 2008. p. 292.
20. CARNEIRO, Paulo Cezar Pinheiro. *A proteção dos direitos difusos através do compromisso de ajustamento de conduta previsto na lei que disciplina a ação civil pública*. Tese aprovada no 9º Congresso Nacional do Ministério Público. Salvador, 1992.
21. É admissível a celebração de convenção processual coletiva.
22. STJ. REsp 596.764-MG, Rel. Min. Antonio Carlos Ferreira, julgado em 17.05.2012. Informativo STJ 497.

(i) Ao se referir a *"órgãos públicos"* **excluem** as Sociedades de Economia Mista, Empresas Públicas e Associações, incluindo Defensoria Pública, MP, Autarquias, Fundações Públicas, PROCON's[23]. Há quem interprete no sentido de que a lei concede legitimidade **apenas** aos órgãos públicos elencados, vedando sua fixação pelas associações[24], com o qual concordamos.

A rigor, é necessária uma **subdivisão** em: (a) Entes que incontroversamente podem fixar o termo de ajustamento de conduta: aqui estariam incluídos o Ministério Público, a União, os Estados, os Municípios o Distrito Federal e os órgãos públicos; (b) Entes que incontroversamente não podem fixar o termo de ajustamento de conduta: aqui incluir-se-iam as associações civis e as fundações privadas; (c) Entes cuja legitimidade para fixação do compromisso de ajustamento de conduta é questionável: estariam aqui as fundações públicas, as autarquias, as empresas públicas e as sociedades de economia mista. Isso porque, o que ocorre nessas situações, é a exploração da atividade econômica em situação análoga a das empresas privadas, daí questionar-se a isenção de tais entes para a persecução do interesse público;[25]

(ii) Há, ainda, quem sustente que o termo de ajustamento de conduta somente pode ser fixado pelo **Ministério Público, União, Estados, Municípios e Distrito Federal**, com o que não concordamos, não podendo se negar tal possibilidade, por exemplo, à Defensoria Pública. Por outro lado, não poderia, por outro lado, ser fixado por empresas públicas, sociedades de economia mista e organizações sociais, posto que são pessoas jurídicas de direito privado, bem como pelas associações.[26]

Os legitimados independem de autorização dos outros legitimados para fazer TAC, podendo fiscalizar o próprio órgão celebrante. O papel do Ministério Público nestas hipóteses, já que deverá atuar como fiscal da ordem jurídica se não promoveu a ação, é decisivo.[27] Sendo realizado fora das especificações, possibilita a promoção de nova ação civil pública ou de improbidade, por violação de **princípio da administração**.

Celebrado da forma acima narrada terá eficácia de **título executivo extrajudicial** (art. 5º, § 6º, da Lei 7.347/1985), contudo há outras possibilidades.

---

23. BUENO, Cassio Scarpinella. *Curso sistematizado de direito processual civil*: direito processual coletivo e direito processual público cit., v. 2, t. III, p. 210.
24. CARNEIRO, Paulo Cezar Pinheiro. *A proteção dos direitos difusos através do compromisso de ajustamento de conduta previsto na lei que disciplina a ação civil pública* cit., 1992.
25. MAZZILLI, Hugo Nigro. Apud BERNARDINA DE PINHO, Humberto Dalla; FARIAS, Bianca Oliveira de. *Apontamentos sobre o compromisso de ajustamento de conduta na lei de improbidade administrativa e no projeto de Lei da Ação Civil Pública*. Disponível em: www.humbertodalla.pro.br.
26. RODRIGUES, Geisa de Assis. *A ação civil pública e termo de ajustamento de conduta*. Rio de Janeiro: Forense, 2002. p. 160-161.
27. BUENO, Cassio Scarpinella. *Class action e o direito brasileiro* cit., p. 54.

Pode ser realizado no inquérito civil, devendo ser submetido à **homologação do Conselho Superior**, porque implicará o arquivamento do inquérito.

É possível, ainda, o ajuizamento da ação civil pública e requerer a realização de audiência de conciliação, na qual poderá ser realizado o TAC, a ser homologado pelo juízo, não se exigindo homologação do Conselho Superior. Nessa hipótese formará um **título executivo judicial**[28], nos termos do art. 515, II CPC/15.

De igual modo, pode haver a conversão do compromisso extrajudicial em judicial. Para tanto, ter-se-ia que distribuir o termo de compromisso extrajudicial a órgão judicial, que então o homologaria, dando-lhe a chancela de **compromisso judicial**[29], com fundamento no art. 515, III c/c art. 725, VIII do CPC/15[30].

Cabe, porém, registrar que a coisa julgada que se formará sobre o TAC homologado judicialmente será *rebus sic stantibus*[31], ou seja, se, tratando-se de relação jurídica de trato continuado, sobrevindo modificação no estado de fato ou de direito, poderá a parte pedir a revisão do que foi estatuído na sentença, como se observa do art. 505, I CPC/15.

Trata-se, a rigor, de uma modalidade específica de transação,[32] mesmo proibindo o art. 841 do CC/02 transação sobre direitos indisponíveis. Observe-se que, no TAC, **não** se dispensa a satisfação do direito transindividual ofendido, mas, tão somente, regula-se o modo como se deverá proceder sua **reparação**.[33] Não há, a rigor, transação sobre o direito em si mesmo, há um ajuste sobre o modo de reparação.

É possível a imposição de multas, na forma do art. 5º, § 6º, da LACP, tendo natureza jurídica de *astreintes*, portanto, o seu pagamento não exclui o cumprimento da obrigação, pois não tem caráter compensatório.

Havia intenso controvérsia sobre a sua possibilidade de celebração na hipótese de ato de improbidade administrativa, dada a redação original do art. 17, § 1º da Lei 8.429/92 (LIA), contudo, com a alteração expressa sofrida pelo dispositivo pela Lei 13.964/19, como se demonstrará no capítulo sobre ação de improbidade administrativa.

Cumpre registrar que, apesar de semelhante, o TAC não se confunde com o compromisso a que alude o artigo 26 da Lei de Introdução às Normas do Direito

---

28. Admitindo homologação judicial, formando título executivo judicial: DIDIER JR., Fredie; ZANETI JR., Hermes. *Curso de direito processual civil*: processo coletivo cit., 3. ed., v. 4, p. 330; RODRIGUES, Geisa de Assis. *A ação civil pública e termo de ajustamento de conduta*. Rio de Janeiro: Forense, 2002. p. 234-236; PEREIRA, Marco Antonio Marcondes. A transação no curso da ação civil pública. *Revista de Direito do Consumidor*. n. 16, p. 123, out.-dez. 1995.
29. CARNEIRO, Paulo Cezar Pinheiro. *A proteção dos direitos difusos através do compromisso de ajustamento de conduta previsto na lei que disciplina a ação civil pública* cit., 1992. t. I, p.398-409.
30. STJ, 2ª T., REsp 1.572.000/SP, rel. Min. Herman Benjamin, julgado 23.02.2016.
31. STJ, AREsp 760.604, rel. Min. Benedito Gonçalves, julgado em 14.10.2015.
32. Afirmando se tratar, genericamente, de uma transação: ZAVASCKI, Teori Albino. *Processo coletivo*: tutela de direitos coletivos e tutela coletiva de direitos. 5. ed. cit., p. 141.
33. STJ, 2ª T., REsp 299.400/RJ, rel. Min. Peçanha Martins, rel. p/ Acórdão Min. Eliana Calmon, j. 01.06.2006.

Brasileiro (Decreto-Lei 4.657/1942), não sendo sequer aplicável na esfera de improbidade administrativa, pois se limita a interesses disponíveis e patrimoniais, não constituindo título executivo extrajudicial, já que a lei não lhe atribuiu essa condição, como o exige o artigo 784, XII, do CPC.

1.6 ASPECTOS PROCEDIMENTAIS

1.6.1 Rito

A lei é silente quanto ao rito da Ação Civil Pública, prevalecendo o emprego do rito comum do CPC/15, previsto no art. 318, como determinado pelo art. 19 da LACP.

1.6.2 Petição inicial

A petição inicial observará os arts. 319 e 320 do CPC/15, ou seja, os requisitos genéricos de qualquer petição inicial.

Sendo ajuizada pelo MP, geralmente virá acompanhada do inquérito civil, caso tenha havido o mesmo.

Se proposta por associações contra entes públicos, deverá ser instruída com a ata da assembleia que autorizou a propositura, mais endereços dos associados (art. 2º-A, parágrafo único, da Lei 9.494/1997)[34].

O autor deverá indicar com clareza os fatos e fundamentos jurídicos, bem como seu pedido mediato e imediato. A atribuição do valor à causa deverá corresponder ao conteúdo econômico pretendido, não havendo óbice à formulação de pedido genérico, por inviabilidade de conhecimento da extensão dos danos.

1.6.3 Liminar e mecanismos de impugnação

Ao despachar a inicial, é possível a concessão de **tutela provisória** (art. 12 da LACP), seja de urgência cautelar (como o bloqueio de contas para garantir pagamento ao final do processo), antecipada (assegurando um atendimento médico a um grupo de pessoas) ou até mesmo de evidência (como em uma hipótese amplamente consagrada por recursos repetitivos, nos termos do art. 294 ao 311 do CPC/15).

É possível a designação de **audiência de justificação prévia**, ou seja, o juízo marca audiência para o autor trazer testemunha e convencê-lo do preenchimento dos requisitos da liminar (art. 300 § 2º, parte final, CPC/15).

Cumpre registrar que o indeferimento da tutela provisória no bojo de uma ação coletiva em nada irá interferir em eventuais processos individuais, sendo possível

---

34. STJ, 6ª T., Resp 1.165.040/GO, rel. Min. Nefi Cordeiro, DJE 05.02.2016.

se cogitar no seu deferimento no processo individual[35]. O que pode acontecer é do jurisdicional individual exercer o seu *right opt in* ou o *right opt out*, como analisado no capítulo sobre a relação entre demandas, para onde remetemos o leitor.

De igual modo, pode ser cominada multa, de caráter coercitivo (*astreintes*), na forma do art. 12 § 2º da LACP, reforçado pelos arts. 203 § 3º ECA e art. 83 § 3º EI, a qual, em tese, somente poderia ser exigível após o trânsito em julgado.

Ocorre, contudo, que tal entendimento **não** pode prevalecer, sendo possível o seu cumprimento provisório de tal multa, mesmo antes do trânsito em julgado da sentença final condenatória, em consonância com o art. 537 § 3º CPC/15, porém seu levantamento somente será possível após o trânsito. Entendimento em sentido diverso seria permitir que o processo individual fosse mais efetivo do que um processo coletivo. Tal entendimento é confirmado pelo **Enunciado 627 FPPC**[36].

Na forma do art. 19 da LACP, aplicam-se as disposições do CPC/15 à ação civil pública.

Assim, todo o regime da tutela antecipada (art. 300 e ss. do CPC/15), a prestação das obrigações de fazer, não fazer e entrega de coisa (arts. 497 a 500 e 536 a 538 CPC/15), aplicam-se às disposições existentes dos arts. 81 ao 104 do CDC, como determina o art. 21 da LACP.

Nesse particular, o art. 11 da LACP já trouxe dispositivo de largo alcance à época, inovador. Nesse contexto, nada obsta a viabilidade de uma **ação civil pública inibitória**, cuja função preventiva enaltece a tutela jurisdicional de direitos transindividuais.[37]

Cumpre registrar que havia um sistema protetivo em nosso ordenamento para o deferimento de tutelas provisórias contra o Poder Público, que poderia ser extraído, por exemplo, do art. 1º da Lei 9.494/97 e do art. 1º ao 4º da Lei 8.437/92, contudo, tais dispositivos perderam eficácia a partir do momento que o STF[38] reputou **inconstitucional** o art. 7º § 2º e art. 22 § 2º da LMS[39], **não** havendo mais restrições de liminares contra o Poder Público, inclusive em ACP.

A liminar poderá ser impugnada de duas maneiras:

(i) Mediante **agravo de instrumento**, sustentando eventual *error in iudicando* ou *in procedendo*, podendo ser atribuído efeito suspensivo ao mesmo, por força de uma interpretação ampla do art. 14 da LACP. Deverá ser observado

---

35. Enunciado 691 FPPC: A decisão que nega a tutela provisória coletiva não obsta a concessão da tutela provisória no plano individual.
36. Em processo coletivo, a decisão que fixa multa coercitiva é passível de cumprimento provisório, permitido o levantamento do valor respectivo após o trânsito em julgado da decisão de mérito favorável.
37. ZAVASCKI, Teori Albino. *Processo coletivo*: tutela de direitos coletivos e tutela coletiva de direitos cit., 5. ed., p. 57.
38. STF, Pleno, ADI 4.296/DF, rel. Min. Alexandre de Moraes, julgado 09.06.2021.
39. Remetemos o leitor para as considerações sobre liminar em mandado de segurança coletivo.

o art. 1.018 do CPC/15, bem como o art. 229[40] e 180 do CPC/15, sendo ACP contra a administração pública direta, autarquias ou fundações públicas;

(ii) Mediante um pedido de **suspensão** (art. 12, § 1°, da Lei 7.347/1985 e art. 4° da Lei 8.437/1992), instrumento facultado somente ao Poder Público, com fundamento na conveniência e oportunidade, de matéria político-administrativa. Exige-se requerimento do Ministério Público ou da pessoa jurídica de direito público interessada.

Superadas tais etapas, o procedimento segue à semelhança do CPC/15.

1.6.4 Sentença

A sentença pode ter todas as naturezas, condenatória, constitutiva, declaratória, mandamental ou executiva *lato sensu*, por corolário do **princípio da amplitude da ação coletiva**.

Como afirmado anteriormente, todas as disposições relativas às obrigações de fazer, não fazer, entrega de coisa e pagar quantia, regulamentadas no CPC/15 (arts. 497 a 500, 536 a 538 e 523), bem como as previstas no CDC (art. 84), são aplicáveis à tutela coletiva.

Da sentença, é oponível recurso de **apelação**, sendo aplicável o art. 229 do CPC/15,[41] bem como o art. 5°, § 5°, da Lei 1.060/50[42], mantido pelo art. 186 e seu § 1° do CPC/15, e art. 180 do CPC/15.[43]

Na forma do art. 14 da LACP, o magistrado poderá conferir efeito suspensivo aos recursos (*ope iudicis*), portanto, nenhum recurso na ação civil pública possui efeito suspensivo automático (*ope legis*).[44] Observe-se, contudo, que na ação popular a apelação tem efeito suspensivo, quando interposta contra sentença que julgar procedente a demanda (art. 19, *caput*, da LAP).

1.6.5 Reexame necessário

O art. 4°, § 1°, da Lei 7.853/89 (Estatuto do Deficiente Físico) estabelece que haverá reexame necessário em favor do deficiente, devendo, doutrinariamente, tal hipótese ser estendida a todas as ações civis públicas.

Diante do silêncio da LACP e dada a similaridade de objetos que a ação civil pública e a ação popular podem assumir, é correto o entendimento quanto à sujeição

---

40. STJ, 1ª T., EDcl no AgRg no Ag 1087718/RS, rel. Min. Francisco Falcão, j. 16.04.2009.
41. STJ, 1ª T., EDcl no AgRg no Ag 1087718/RS, rel. Min. Francisco Falcão, j. 16.04.2009.
42. STJ, 4ª T., EDcl no AgRg no REsp 857.541/PR, rel. Min. João Otávio de Noronha, j. 04.12.2008.
43. STJ, 2ª T., AgRg nos EDcl no Ag 587.748/PR, rel. Min. Humberto Martins, j. 15.10.2009.
44. BUENO, Cassio Scarpinella. *Curso sistematizado de direito processual civil:* direito processual coletivo e direito processual público cit., v. 2, t. III, p. 230; DIDIER JR., Fredie; ZANETI JR., Hermes. *Curso de direito processual civil:* processo coletivo cit., 3. ed., v. 4, p. 366.

da sentença proferida em ação civil pública ao reexame necessário, aplicando-se o art. 19 da Lei 4.717/65, salvo na hipótese de ACP que verse sobre direitos individuais homogêneos[45] afastando-se as dispensas do art. 496, §§ 3º e 4º, do CPC/15,[46] contudo, o art. 496, *caput*, ou seja, sentença condenatória em ação civil pública também estará sujeita à reexame.[47]

Efeito secundário da sentença de procedência.

A sentença judicial pode produzir inúmeros efeitos, mesmo não estando expressamente estabelecidos na decisão, ou seja, um efeito *ex lege*, à semelhança do efeito civil da sentença penal condenatória (art. 91, I, do CP c/c art. 515, VI, do CPC/15), o qual não precisa ser declarado pelo magistrado no momento da prolação da sua sentença.

A sentença de procedência na ação civil pública gera, automaticamente, o efeito de tornar certa a obrigação do réu de indenizar os danos individuais decorrentes do ilícito civil objeto da demanda, permitindo aos respectivos titulares do direito a reparação (art. 103, § 3º, do CDC), a denominada coisa julgada *in utilibus*.

Frise-se que tal efeito não ocorre somente na ação civil pública com base em relação de consumo, mas em todas as sentenças prolatadas em ações civis públicas.[48]

1.6.6 Das custas. Honorários advocatícios. Despesas processuais

Com relação às custas e honorários, a lei procura estimular o exercício da ação, afastando o regime do CPC/15, liberando os autores do pagamento prévio das custas e quaisquer despesas processuais (arts. 17 e 18), salvo comprovada má-fé.

Nesse sentido, **não** há adiantamento de custas nem das despesas processuais em geral, o que não torna a ação civil pública gratuita, pois o que há é a desnecessidade de adiantamento das custas e não a desnecessidade de seu pagamento ao final, uma vez fixados os responsáveis pela sucumbência.[49]

Esse, inclusive, é o entendimento do STJ, afirmando que na ação civil pública **não** cabe adiantamento por parte do autor dos honorários periciais diante da vedação expressa do art. 18 da LACP, confirmada pelo art. 87 CDC, que afirma não haver adiantamento de custas, emolumentos, honorários periciais e quaisquer outras despesas, bem como condenação em honorários de advogado, custas e despesas

---

45. STJ, 3ª T., REsp 1.374.232-ES, Rel. Min. Nancy Andrighi, por unanimidade, julgado em 26.09.2017, DJe 02.10.2017.
46. STJ, REsp 1.108.542/SC, rel. Min. Castro Meira, j. 19.05.2009.
47. DIDIER JR., Fredie; ZANETI JR., Hermes. *Curso de direito processual civil*: processo coletivo cit., 3. ed., v. 4, p. 367-368.
48. ZAVASCKI, Teori Albino. *Processo Coletivo*: tutela de direitos coletivos e tutela coletiva de direitos cit., 5. ed., p. 68.
49. BUENO, Cassio Scarpinella. *Curso sistematizado de direito processual civil*: direito processual coletivo e direito processual público cit., v. 2, t. III, p. 239.

processuais, salvo quando comprovada a má-fé, hipótese melhor regulamentada pelo art. 87, parágrafo único do CDC[50].

1.6.7 Despesas da perícia

No que se refere às despesas da prova pericial, há um particular problema na tutela coletiva.

Na hipótese de perícias complexas, que são muito frequentes em ações coletivas, como não há adiantamento, comum não encontrar peritos e, com pagamento ao final, pode ser um ente público e atrairia o regime jurídico do precatório (art. 100 CF/88) ou de uma empresa insolvente, em muitos casos a mesma se torna impraticável.

Nessa linha, veio o art. 91 do CPC/15, afirmando que *"as despesas dos atos processuais praticados a requerimento da Fazenda Pública, do Ministério Público ou da Defensoria Pública serão pagas ao final pelo vencido."*, seguindo a linha do previsto na LACP e no CDC.

Porém, os §§ do art. 91 do CPC/15 trouxeram significativa inovação, afirmando que as perícias requeridas pela Fazenda Pública, pelo Ministério Público ou pela Defensoria Pública poderão ser realizadas por entidade pública ou, havendo previsão orçamentária, ter os valores adiantados por aquele que requerer a prova e, nessa última hipótese, não havendo previsão orçamentária no exercício financeiro para adiantamento dos honorários periciais, eles serão pagos no exercício seguinte ou ao final, pelo vencido, caso o processo se encerre antes do adiantamento a ser feito pelo ente público.

Nesse ponto, se alterou o entendimento consagrado no Enunciado da Súmula 232 STJ[51].

O **STJ**[52], ao interpretar o art. 91 do CPC/15, afirmou que o dispositivo não se aplica à tutela coletiva, porém o **STF**[53], ao analisar o mesmo artigo, entendeu que deve ser sim aplicado à tutela coletiva.

Com razão nos parece o STF, pois o CPC/15 instituiu regime legal específico e observado que o Ministério Público ostenta capacidade orçamentária própria, tendo, ainda, fixado prazo razoável para o planejamento financeiro do órgão e, não parece que tal entendimento, de maneira nenhuma, enfraquece a tutela coletiva, pelo contrário, a fortalece, desenvolvendo-se incentivos para que apenas ações coletivas efetivamente meritórias sejam ajuizadas.

---

50. STJ, 2ª T., REsp 1.225.103/MG, rel. Min. Mauro Campbell Marques, j. 21.06.2011. Precedentes citados: AgRg no Ag 1.103.385-MG, *DJe* 08.05.2009; REsp 858.498-SP, *DJ* 04.10.2006, Informativo 478 do STJ.
51. Fazenda Pública, quando parte no processo, fica sujeita à exigência do depósito prévio dos honorários do perito.
52. STJ, 2ª T., AgInt no RMS 56.454/SP, Rel. Min. Mauro Campbell Marques, DJe de 20.06.2018.
53. STF, AgR na ACO 1560, Relator: Min. Ricardo Lewandowski, julgado em 13.12.2018.

No regime das *class actions* estadunidense, regime inspirador da LACP, as partes têm o dever de arcar com custos elevados, de lado a lado, e os incentivos financeiros são calibrados para evitar ações frívolas mas, de outra parte, para representar risco real às atividades empresariais em desacordo com a lei[54].

Assim, tais perícias poderão ser realizadas por entidades públicas, como por exemplo, as universidades públicas, onde os custos podem ser bem menores ou até mesmo inexistentes, a variar da cooperação estabelecida.

Ademais, o art. 5º e 20 LINDB afirmam que o juiz deve atender aos fins sociais a que a lei se dirige, as consequências práticas da decisão e às exigências do bem comum.

1.7 PRESCRIÇÃO

Como atualmente se reconhece que a ação popular e a ação civil pública compõem um microssistema de tutela dos direitos difusos, diante da não previsão do prazo prescricional para a propositura da Ação Civil Pública, inafastável a incidência da analogia, recomendando aplicar-se a ela o **prazo quinquenal** para a prescrição da Ação Popular.[55]

1.8 SISTEMATIZAÇÃO GRÁFICA DO PROCEDIMENTO

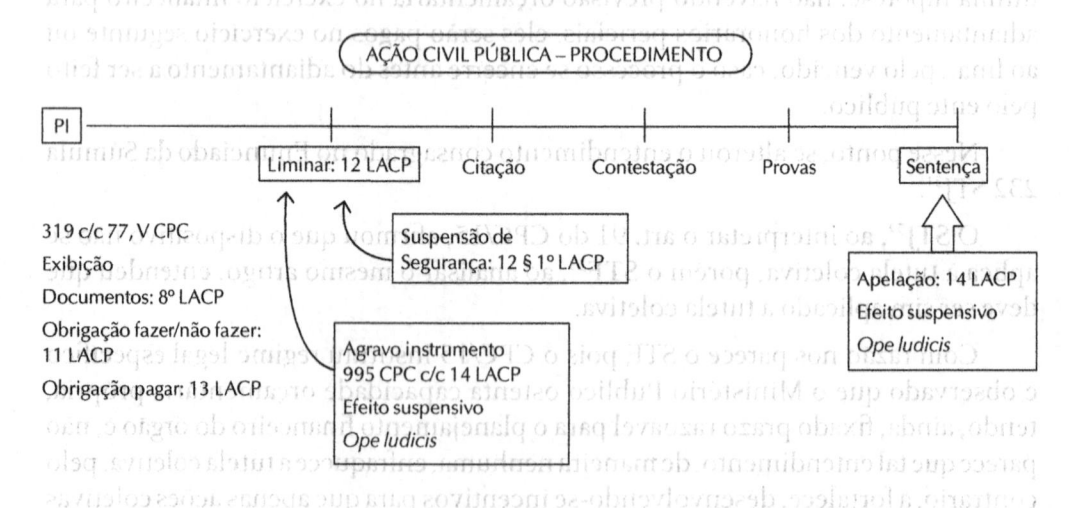

AÇÃO CIVIL PÚBLICA – PROCEDIMENTO

PI — Liminar: 12 LACP — Citação — Contestação — Provas — Sentença

319 c/c 77, V CPC
Exibição
Documentos: 8º LACP
Obrigação fazer/não fazer: 11 LACP
Obrigação pagar: 13 LACP

Suspensão de Segurança: 12 § 1º LACP

Agravo instrumento
995 CPC c/c 14 LACP
Efeito suspensivo
Ope Iudicis

Apelação: 14 LACP
Efeito suspensivo
Ope Iudicis

---

54. HENSLER, Deborah R. et al. *Class action dilemmas: Pursuing public goals for private gain*. Rand Corporation, 2000.
55. STJ, 1ª T., REsp 727131/SP, rel. Min. Luiz Fux, j. 11.03.2008. Precedentes do STJ: REsp 890552/MG, rel. Min. José Delgado, *DJ* 22.03.2007; REsp 406.545/SP, rel. Min. Luiz Fux, *DJ* 09.12.2002.

Capítulo 2
AÇÃO POPULAR

2.1 NATUREZA JURÍDICA

Trata-se de ação civil pela qual qualquer cidadão pode pleitear a invalidação de atos praticados pelo Poder Público ou entidades de que participe, lesivos ao patrimônio público, ao meio ambiente, à moralidade administrativa ou ao patrimônio histórico e cultural, bem como a condenação por perdas e danos dos responsáveis pela lesão.[1]

É um instrumento de defesa dos interesses da coletividade, não amparando direitos individuais próprios, em que o beneficiário direto não é o autor, é o povo, titular do direito subjetivo ao governo honesto.[2]

Em suma, a ação popular representa, em nosso sistema, além da quebra de paradigmas, o instrumento precursor e pioneiro de defesa jurisdicional de interesses difusos da sociedade, mediante a legitimação ativa dos cidadãos, pela técnica da substituição processual.[3]

A ação popular encontra fundamento no art. 5º, inciso LXXIII, da CF/1988, na Lei 4.717/1965 (LAP), nos Enunciados 101 e 365 do STF.

2.2 RELAÇÃO COM O MANDADO DE SEGURANÇA

Não se pode confundir o mandado de segurança com a ação popular, pois tutelam fins diversos, **não** podendo ser usados indistintamente (Enunciado 101 do STF[4]).

O mandado de segurança presta-se a invalidar atos de autoridade ofensivos de direito individual, líquidos e certos, defendendo, o impetrante, **direito próprio**. A ação popular busca a anulação de atos ilegítimos e lesivos ao patrimônio público, tutelando-se **direito coletivo**. Cremos que os embaraços surgiram diante da falta de regulamentação do mandado de segurança coletivo, lacuna que foi preenchida pela Lei 12.016/09 (LMS).

---
1. DI PIETRO, Maria Sylvia Zanella. *Direito administrativo*. 23. ed. São Paulo: Atlas, 2010. p. 800.
2. MEIRELLES, Hely Lopes. *Mandado de segurança*. 31. ed. Atual. por Arnoldo Wald e Gilmar Ferreira Mendes. São Paulo: Malheiros, 2008. p. 127.
3. ZAVASCKI, Teori Albino. *Processo coletivo*: tutela de direitos coletivos e tutela coletiva de direitos. 5. ed. atual. e ampl. São Paulo: Ed. RT, 2011. p. 80.
4. "O mandado de segurança não substitui a ação popular."

Objeto.

Exige-se para a propositura de uma ação popular (i) qualidade de cidadão brasileiro; (ii) ilegalidade ou imoralidade praticada pelo Poder Público ou entidade de que ele participe; (iii) lesão ao patrimônio público, à moralidade administrativa, ao meio ambiente e ao patrimônio histórico e cultural.[5]

Com a Constituição de 1988, seu objeto foi ampliado, viabilizando-a para tutelar **não** só o patrimônio das pessoas administrativas em geral, mas, também, para tutelar a moralidade administrativa, o meio ambiente e o patrimônio histórico e cultural,[6] o que foi bem assimilado pela jurisprudência.[7]

Considera-se lesivo todo ato ou omissão administrativa que **desfalca o erário ou prejudica a Administração**, assim como o que ofende bens ou valores artísticos, cívicos, culturais, ambientais ou históricos da comunidade.[8] Essa lesão tanto pode ser efetiva, como presumida (art. 4º da Lei de Ação Popular), muito embora seja uma **presunção relativa**, admitindo prova em sentido contrário.[9]

Quanto ao patrimônio público (art. 1º) abrange o da União, Distrito Federal, Estados, Municípios, entidades autárquicas, sociedades de economia mista, sociedades mútuas de seguro nas quais a União representa os segurados ausentes, empresas públicas, serviços sociais autônomos, de instituições ou fundações para cuja criação ou custeio o tesouro público haja concorrido ou concorra com mais de cinquenta por cento do patrimônio ou da receita ânua, de empresas incorporadas ao patrimônio da União, do Distrito Federal, dos Estados e dos Municípios, e de quaisquer pessoas jurídicas ou entidades subvencionadas pelos cofres públicos.

Cumpre registrar que não vigora mais a exigência de participação do Estado em mais de 50%, constante no art. 1º da LAP, pois o art. 5º, LXXIII, da CR/1988 afirma que basta o Estado participar.[10]

Inclui-se nessa proteção o patrimônio histórico, cultural, econômico, artístico e estético (art. 1º, § 1º, da LAP). Na hipótese de proteção ao patrimônio público e defesa do meio ambiente, há a concorrência com a ação civil pública, como se extrai da LACP.

---

5. DI PIETRO, Maria Sylvia Zanella. *Direito administrativo* cit., 23. ed., p. 800.
6. BUENO, Cassio Scarpinella. *Curso sistematizado de direito processual civil*: direito processual coletivo e direito processual público. São Paulo: Saraiva, 2010. v. 2, t. III, p. 128. ZAVASCKI, Teori Albino. *Processo coletivo*: tutela de direitos coletivos e tutela coletiva de direitos cit., 5. ed., p. 77-78.
7. STJ, 2ª T., REsp 889.766/SP, rel. Min. Castro Meira, j. 18.10.2007.
8. Admitindo lesões que não sejam somente patrimoniais: STF, RE 170.768-2/SP, rel. Min. Ilmar Galvão, *RT* 769/146.
9. STJ, REsp 400.075/MG, rel. Min. Luiz Fux, *DJU* 23.09.2002. ZAVASCKI, Teori Albino. *Processo coletivo*: tutela de direitos coletivos e tutela coletiva de direitos cit., 5. ed., p. 80.
10. DI PIETRO, Maria Sylvia Zanella. *Direito administrativo* cit., 23. ed., p. 802.

Com a ampliação pelo Constituinte das finalidades da ação popular, discute-se sobre a dispensabilidade da **ilegalidade** do ato, questionando se seria possível somente a ofensa à moralidade.

(i) Seria admissível ação popular somente para tutelar a moralidade administrativa, independentemente da lesão à legalidade,[11] mesmo sendo conceito jurídico indeterminado, devendo seu conteúdo ser integrado pelo intérprete de acordo com a realidade social e temporal.[12] De igual modo, a lesão à moralidade administrativa é, pois, em si mesma, uma ilegalidade;[13]

(ii) Há, contudo, quem sustente que a intenção do Constituinte foi somente valorizar os interesses não patrimoniais, dando-lhes proteção adequada na ação popular. Nesse sentido, sempre seria exigível a ilegalidade-lesividade, justamente por ser excessivamente vaga a noção de moralidade.[14]

Observe-se que o Judiciário **não** tem autorização para invalidar opções administrativas ou substituir critérios técnicos por outros que repute mais convenientes ou oportunos, pois essa valoração foge da competência da Justiça, sendo privativa da Administração.[15]

De igual modo, não se exige que já haja lesão, bastando haver ameaça, tutelando-se **preventivamente**,[16] à semelhança do mandado de segurança preventivo, como determina o art. 5º, XXXV, da CR/1988. No mesmo sentido, admite-se ação popular para a inatividade do Poder Público, nos casos em que deveria agir por expressa imposição legal, bastando haver lesão ao patrimônio público. Ato lesivo, portanto, é não apenas o ato que já produziu efeitos lesivos, mas também o que tem potencial para produzir tais efeitos.

Entre os atos ilegais e lesivos ao patrimônio público pode estar até mesmo a lei de efeitos concretos, ou seja, aquela que traz em si as consequências imediatas de sua atuação, como a que desapropria bens, a que concede isenções, a que desmembra ou cria Municípios, a que fixa limites territoriais e outras espécies. O que é incabível é a ação popular contra **lei em tese**.[17]

---

11. STJ, REsp 260.821/SP, rel. Min. Eliana Calmon, *DJ* 19.05.2003.
12. DI PIETRO, Maria Sylvia Zanella. *Direito administrativo* cit., 23. ed., p. 801-802; BUENO, Cassio Scarpinella. *Curso sistematizado de direito processual civil*: direito processual coletivo e direito processual público cit., v. 2, t. III, p. 146.
13. ZAVASCKI, Teori Albino. *Processo coletivo*: tutela de direitos coletivos e tutela coletiva de direitos cit., 5. ed., p. 81.
14. MEIRELLES, Hely Lopes. *Mandado de segurança* cit., 31. ed. 2008. p. 131-133. STJ, 1ª T., REsp 984.167/RS, rel. Min. Luiz Fux, j. 05.06.2008; 1ª T., REsp 806.153/RS, rel. Min. Luiz Fux, j. 08.04.2008. 2ª T., REsp 719.548/PR, rel. Min. Eliana Calmon, j. 03.04.2008.
15. MEIRELLES, Hely Lopes. *Mandado de segurança* cit., 31. ed., p. 127.
16. ZAVASCKI, Teori Albino. *Processo coletivo*: tutela de direitos coletivos e tutela coletiva de direitos cit., 5. ed., p. 87.
17. MEIRELLES, Hely Lopes. *Mandado de segurança* cit., 31. ed., p. 138.

O objeto da ação popular é o **ato administrativo**,[18] **não** se admitindo ação popular contra ato de conteúdo jurisdicional, contra o qual as partes devem manejar os recursos processualmente admissíveis, como decidiu o STF em ação proposta contra liminar concedida estendendo o auxílio moradia aos juízes federais.[19] No entanto, já se admitiu ação popular como via própria para obstar acordo judicial, mesmo já passado em julgado, se o cidadão demonstrar dano ao erário resultante da transação.[20]

Por fim, é admissível na ação popular o pleito constitutivo, para anulação do ato lesivo, e condenatório, para o pagamento de perdas e danos ou restituição de bens ou valores (art. 14, § 4°, da LAP).

2.3 LEGITIMIDADE ATIVA E PASSIVA

A legitimidade ativa se dá na qualidade de **substituto processual**, pois o cidadão está em juízo em nome próprio, na defesa de direito alheio, de toda a coletividade.[21] Os **inalistáveis** ou **inalistados**, como os partidos políticos, entidades de classe ou qualquer outra pessoa jurídica (Enunciado 365 do STF[22]), não têm qualidade para propor ação popular.

A lei autoriza a formação de **litisconsórcio** ativo ou passivo facultativo posterior e unitário, bem como o ingresso de qualquer cidadão como assistente do autor da ação popular, nos termos do art. 6°, § 5°, da LAP.[23]

Na mesma linha, o **relativamente incapaz** que seja eleitor é parte legítima para propor ação popular, pois a legitimidade decorre de sua condição política, podendo atuar mesmo sem assistência dos pais ou representantes legais. A legislação processual deu-lhe capacidade processual plena, não obstante ser, perante o direito material, relativamente incapaz.[24]

Se o plano material aceita o voto do menor independentemente de qualquer assistência, não faria sentido que, no plano processual, o mesmo menor, para exercitar o mesmo direito, precisasse ver integrada a sua capacidade. Ademais, não é possível descartar que a assistência civil possa, de alguma forma, frustrar ou criar

---

18. BUENO, Cassio Scarpinella. *Curso sistematizado de direito processual civil: direito processual coletivo e direito processual público* cit., v. 2, t. III, p. 129.
19. STF, AOr 672/DF, rel. Min. Celso de Mello, Informativo 180.
20. STJ, REsp 906.400/SP, rel. Min. Castro Meira, *DJU* 01.06.2007.
21. BUENO, Cassio Scarpinella. *Curso sistematizado de direito processual civil: direito processual coletivo e direito processual público* cit., v. 2, t. III, p. 132; ZAVASCKI, Teori Albino. *Processo coletivo: tutela de direitos coletivos e tutela coletiva de direitos* cit., 5. ed., p. 80.
22. "Pessoa jurídica não tem legitimidade para propor ação popular."
23. MEIRELLES, Hely Lopes. *Mandado de segurança* cit., 31. ed., p. 141.
24. DIDIER JR. Fredie. *Curso de direito processual civil*. 11. ed. Salvador: JusPodivm. v. 1, p. 223; NERY JR., Nelson; NERY, Rosa Maria de Andrade. *Código de Processo Civil comentado e legislação extravagante*. 10. ed. rev. ampl. e atual. São Paulo: Ed. RT, 2007. p. 189.

algum tipo de embaraço ao pleno exercício de cidadania do eleitor, ainda que no plano processual.[25]

O cidadão eleitor deverá, ainda, comprovar **estar em dia com a justiça eleitoral**, não necessitando que tenha votado, desde que tenha **justificado** consoante exige a legislação sobre o tema. O **domicílio eleitoral** do cidadão eleitor é **irrelevante** sob todos os aspectos, como a competência ou o local do ato impugnado.[26]

De igual modo, poderá ocorrer **sucessão processual**, ou seja, qualquer cidadão ou o Ministério Público poderão dar prosseguimento à ação, se *"o autor desistir ou der motivo à absolvição da instância"* (art. 9º). Os casos de absolvição de instância eram previstos no CPC/1939 (art. 201), que correspondem, atualmente, aos arts. 485, II e III, do CPC/15. Na hipótese, impõe-se ao magistrado o dever de mandar publicar os editais a que se refere o art. 9º, para que qualquer cidadão ou o Ministério Público, querendo, assuma a condução do processo.[27]

A legitimidade **passiva** está disposta no art. 6º da LAP, incluindo três grupos de pessoas:

(i) As **pessoas jurídicas de direito público ou privado**, de que emanou o ato, o que abrange as entidades referidas no art. 1º da LAP; embora a ação popular seja meio de controle da Administração Pública, na realidade, esse conceito foi consideravelmente ampliado, porque foram consideradas como tal todas as entidades, de direito público ou privado, de que o Poder Público participe (art. 5º, LXXIII, da CR/1988);

(ii) As **autoridades, funcionários ou administradores** que houverem autorizado, aprovado, ratificado ou praticado o ato impugnado, ou que, por omissão, tiverem dado oportunidade à lesão;

(iii) E, ainda, os **beneficiários** diretos do ato impugnado, se houver.[28]

No polo **passivo**, faz necessário citar a pessoa jurídica de direito público ou privado, no caso de subvencionadas, funcionário ou administrador responsável pelo ato e os beneficiários diretos. Imagine-se que o Tribunal de Contas Municipal ratificou contas indevidamente, serão legitimados passivos o prefeito, o funcionário e os membros do TCM. O STJ já admitiu ação popular contra o SEBRAE, entidade paraestatal, constituída sob a forma de serviço social autônomo e mantida com contribuições parafiscais.[29]

---

25. BUENO, Cassio Scarpinella, *Curso sistematizado de direito processual civil*: direito processual coletivo e direito processual público cit., v. 2, t. III, p. 134-135.
26. Informativo 476: STJ, 2ª T., REsp 1.242.800/MS, rel. Min. Mauro Campbell Marques, j. 07.06.2011.
27. STJ, 2ª T., REsp 554.532/PR, rel. Min. Castro Meira, j. 11.03.2008.
28. DI PIETRO, Maria Sylvia Zanella. *Direito administrativo* cit., 23. ed., p. 804.
29. STJ, REsp 530.206/SC, rel. Min. José Delgado, *DJU* 19.12.2003.

Nesse sentido, temos a formação de um **litisconsórcio necessário simples**,[30] eis que há a possibilidade de a decisão ser diferente, podendo alcançar apenas parte dos legitimados, pois as responsabilidades serão apuradas individualmente.

O art. 7º, III, da LAP permite o ingresso de litisconsorte passivo ulterior, no curso do processo, com a suspensão da ação popular e citação do litisconsorte, dando-lhe oportunidade para se defender e produzir provas, permanecendo válidos todos os atos praticados.

2.4 INTERVENÇÃO MÓVEL

A pessoa jurídica lesada poderá figurar como ré no início da ação popular e, abstendo-se de contestar, pode passar a ocupar o polo ativo, desde que se afigure útil ao interesse público, a juízo do respectivo representante legal ou dirigente (art. 6º, § 3º, da LAP). Há semelhante previsão no art. 17, § 3º, da LIA – Improbidade Administrativa (Lei 8.429/92).

Maiores considerações sobre tal intervenção, remetemos o leitor para o capítulo "das partes" dessa obra.

2.5 INTERVENÇÃO DE TERCEIROS

Quanto às intervenções de terceiro, a princípio nenhuma pode ser afastada, no entanto, o chamamento ao processo que proporciona um litisconsórcio passivo facultativo ulterior deverá ser afastado, pois, como visto, todos os envolvidos devem ser réus em litisconsórcio necessário.

2.6 MINISTÉRIO PÚBLICO

O Ministério Público, se não for autor, será, necessariamente, órgão opinativo (fiscal da ordem jurídica), produzindo parecer. O art. 6º, § 4º, afirma que acompanhará a ação, cabendo-lhe apressar a produção da prova e promover a responsabilidade, civil ou criminal, dos que nela incidirem, contudo, proíbe, em qualquer hipótese, que ele assuma a defesa do ato impugnado ou dos seus autores.

Cremos que essa última parte do dispositivo **não foi recepcionada** pelo texto constitucional, por violar a independência funcional do MP.[31]

Pode o MP, ou outro cidadão, retomar a ação abandonada (art. 9º), bem como promover a execução da sentença condenatória quando o autor não o fizer, nos termos do art. 16, sob pena de falta grave. Trata-se, a rigor, de **legitimidade extraordinária**

---

30. STJ, 1ª T., REsp 879.999/MA, rel. Min. Luiz Fux, j. 02.09.2008.
31. Em sentido semelhante: ZAVASCKI, Teori Albino. *Processo coletivo*: tutela de direitos coletivos e tutela coletiva de direitos cit., 5. ed., p. 90.

subsidiária. Nada obsta que o cidadão desista da ação popular e o Ministério Público ratifique tal ato, fundamentando na inexistência de subsídios para a continuação da ação popular.[32]

Frise-se que, não obstante a pessoa jurídica poder aderir à posição ativa, não pode, isoladamente, conduzir a demanda (Enunciado 365 do STF), bem como não pode recorrer sozinha.[33]

2.7 COMPETÊNCIA. "JUÍZO UNIVERSAL"

No que se refere à competência, o art. 5º se insere no microssistema processual da tutela coletiva, sendo o artigo central o 93 do CDC. Alguns pontos merecem destaque:

(i) A competência para processar a julgar ação popular é determinada pela origem do ato a ser anulado. Se, praticado, autorizado ou ratificado o ato por órgão da União, entidade autárquica ou paraestatal da União ou por ela subvencionada, a competência é do **juiz federal**. Contudo, tendo sido praticado, autorizado ou ratificado por órgão do Estado ou por ele subvencionado, a competência é do **juiz estadual**;

(ii) Ainda que seja ajuizada contra o Presidente da República, do Senado, da Câmara de Deputados, o Governador ou o Prefeito, será processada e julgada perante a **justiça de primeiro grau**;[34]

(iii) Interessando o pleito, simultaneamente, à União e à qualquer outra pessoa ou entidade, será competente o **juiz federal**; do contrário, interessando, simultaneamente, ao Estado e ao Município, será competente o **juiz estadual**. Nesse sentido, sendo ré sociedade de economia mista, a competência é da justiça comum estadual, mesmo que o controle acionário seja da União, salvo se comprovado o interesse jurídico da União, autarquia ou empresa pública federal,[35] como se extrai do art. 5º, § 1º, da LAP;

(iv) De igual modo, compete à Justiça Federal processar e julgar prefeito municipal por desvio de verba sujeita a prestação de contas perante órgão federal (Enunciado 208 do STJ); bem como compete à Justiça Estadual processar e julgar prefeito por desvio de verba transferida e incorporada ao patrimônio municipal (Enunciado 209 do STJ);

---

32. STJ, REsp 556.368/SP, rel. Min. João Otávio Noronha, *DJU* 23.11.2007.
33. MEIRELLES, Hely Lopes. *Mandado de segurança* cit., 31. ed., p. 142, nota 36.
34. BUENO, Cassio Scarpinella. *Curso sistematizado de direito processual civil:* direito processual coletivo e direito processual público cit., v. 2, t. III, p. 130. STF, Pet 3152 AgR/PA, rel. Min. Sepúlveda Pertence, j. 23.06.2004: "Não é da competência originária do STF conhecer de ações populares, ainda que o réu seja autoridade que tenha na Corte o seu foro por prerrogativa de função para os processos previstos na Constituição".
35. STJ, CC 3.569-9, rel. Min. Garcia Vieira.

(v) Em caso de serviços sociais autônomos (sistema "S"), a competência é da justiça estadual, na dicção do Enunciado 516 do STF, a menos que haja recurso da União, caso em que se atrai a competência da Justiça Federal.

Enfim, o STJ tem adotado o critério de **prevenção** estabelecido pelo art. 2º, parágrafo único, da LACP (idêntico ao previsto no art. 5º, § 3º, da LAP e art. 17, § 5º, da LIA), como aplicado, por exemplo, na hipótese de várias ações coletivas, propostas em diferentes Estados, contra a mesma concessionária de telefonia fixa ou contra a ANATEL.[36]

Há um *leading case* no STJ,[37] envolvendo a privatização da Vale do Rio Doce, em que se entendeu que, pela presença dessas normas, estaríamos diante de um **juízo universal** nas ações populares, à semelhança do juízo falimentar.

Trata-se de expressão com forte impacto retórico, contudo, com pouco suporte jurídico, pois o juízo falimentar envolve todos os bens do devedor (universalidade objetiva) e todos os credores (universalidade subjetiva).[38]

2.8 ASPECTOS PROCESSUAIS

2.8.1 Petição inicial

A ação popular tramitará pelo rito ordinário (art. 7º LAP), devendo ser interpretado conforme o CPC/15, sendo, portanto, **rito comum**, devendo a petição inicial deverá observar os requisitos do arts. 319 e 320 do CPC/15 que delimitam os requisitos genéricos de qualquer petição inicial.

No que se refere a documentos essenciais a propositura da ação, não se pode afastar a necessidade de demonstração da cidadania, por meio do título de eleitor ou documento equivalente, como o comprovante de votação.

Há, ainda, a possibilidade de se requerer, nos termos do art. 1º §§ 4º a 7º c/c art. 7º, I, "b" da LAP, a exibição de certidões e informações que julgar necessárias, bastando para isso indicar a finalidade das mesmas, em sintonia com o art. 8º LACP, bem como com o art. 396 CPC/15.

O valor da causa será o valor correspondente ao dano a ser reparado, na forma do art. 292 do CPC/15.

---

36. STJ, 1ª Seção, CC 57558/DF, rel. Min. Luiz Fux, j. 12.09.2007. STJ, 1ª Seção, CC 45.297/DF, rel. Min. João Otávio de Noronha, j. 14.09.2005. Precedente do STJ: Conflito de Competência 39.590-RJ, 1ª Seção, rel. Min. Castro Meira, *DJ* 15.09.2003.
37. STJ, CC 19.686/DF, rel. Min. Demócrito Reinaldo, *RSTJ* 106/15. CC 22.123/MG, rel. Min. Demócrito Reinaldo, *DJU* 14.06.1999.
38. DIDIER JR., Fredie; ZANETI JR., Hermes. *Curso de direito processual civil*. Processo coletivo. 3. ed. Salvador: JusPodivm, 2008. v. 4, p. 191-192.

2.8.2 Posturas do magistrado. Tutelas provisórias

É possível o deferimento de medida liminar, podendo ter natureza de tutela provisória de urgência ou de evidência, desde que presentes os respectivos requisitos (art. 294 ao 311 CPC), na forma do art. 5° § 4° LAP e art. 12 da LACP.

O art. 2° da Lei 8.437/1992, determina que, *"no mandado de segurança coletivo e na ação civil pública, a liminar será concedida, quando cabível, após a audiência do representante judicial da pessoa jurídica de direito público, que deverá se pronunciar no prazo de setenta e duas horas"*, o qual foi reproduzido pelo art. 22 § 2° LMS.

Como se observa, os referidos dispositivos **não** restringem o deferimento de liminar em sede de ação popular, o que se mostra admissível[39], os quais foram preservados pelo art. 1059 do CPC/15.

Ao despachar a inicial, o magistrado determinará, além da citação dos réus, que será realizada pessoalmente, a intimação do Ministério Público, além de determinar a requisição de documentos (art. 7°, I). Não atendida tal exigência, caracterizar-se-á crime de desobediência (art. 8°), salvo se alegado um justo motivo para o descumprimento.

Afirma o art. 7°, II LACP que *"quando o autor preferir, a citação dos beneficiários far-se-á por edital com o prazo de 30 (trinta) dias, afixado na sede do juízo e publicado três vezes no jornal oficial do Distrito Federal, ou da Capital do Estado ou Território em que seja ajuizada a ação. A publicação será gratuita e deverá iniciar-se no máximo 3 (três) dias após a entrega, na repartição competente, sob protocolo, de uma via autenticada do mandado."*

Cremos que tal opção, ao alvedrio do autor, não se sustenta pela ótica do art. 5°, LV CF/88, bem como pelo modelo constitucional de processo (art. 1° CPC/15), devendo ser tomada de maneira sempre excepcional, somente sendo possível a citação por edital nas hipóteses dos art. 256 e 257 do CPC/15, ou seja, havendo réus com endereço certo e determinado a citação deverá ser pessoal.

2.8.3 Respostas. Prazo

O prazo de resposta será de **20 dias, prorrogáveis por mais 20 dias** (art. 7°, IV). As prerrogativas processuais de prazos (art. 180, 183, 186 e 229 do CPC/15) somente **não** se aplicam para a contestação, mas, de resto, aplica-se nas demais oportunidades de manifestação nos autos, inclusive para o sistema recursal.[40]

Eventuais alegações de suspeição e impedimento seguirão os prazos do CPC/15, art. 146.

---

39. STJ, 2ª T., REsp 147.869/SP, rel. Min. Adhemar Maciel, j. 20.10.1997.
40. BUENO, Cassio Scarpinella. *Curso sistematizado de direito processual civil:* direito processual coletivo e direito processual público cit., v. 2, t. III, p. 150.

Não se admite reconvenção, pois não há direito individual a ser tutelado[41]. Os efeitos da revelia são possíveis, com exceção sobre a pessoa jurídica lesada, vez que pode optar por não se manifestar.

2.8.4 Instrução processual

A instrução segue o CPC/15, sendo admissível todos os tipos de provas, as periciais e testemunhais deverão ser solicitadas antes do saneamento, para definir o rito a ser seguido (art. 7º, V).

Se não requeridas, o juiz dará vista às partes, por dez dias, para alegações, sendo-lhe os autos conclusos, para sentença, 48 horas após a expiração desse prazo.

Se requeridas, o processo seguirá o rito ordinário, lendo-se rito comum, nos termos do art. 318 do CPC/15.

2.8.5 Sentença

A sentença deverá ser prolatada com o término da AIJ, todavia, poderá ser em 15 dias do recebimento dos autos pelo juiz (art. 7º, VI). A inobservância de tal prazo pode redundar nas sanções estabelecidas no art. 7º, parágrafo único (perda, na promoção por antiguidade, de tantos dias quantos forem os do retardamento, além de privar o juiz de ser incluso em lista de merecimento para promoção pelo prazo de dois anos).

A sentença será **desconstitutiva e condenatória** (art. 11), admitindo-se ação regressiva contra os funcionários culpados pelo ato anulado. Para haver condenação dos beneficiários, é necessário averiguar se agiram de má-fé.[42]

Na sentença, haverá um **primeiro** capítulo dedicado ao reconhecimento da invalidade do ato impugnado e um **segundo** direcionado à imposição do dever dos responsáveis pela prática do ato inválido e seus respectivos beneficiários recomporem as perdas e danos. E, por fim, um **terceiro** capítulo no que se refere aos ônus sucumbenciais (arts. 12 e 13 da LAP).

A sentença condenatória nunca recairá sobre a pessoa jurídica lesada, porque é destinatária do produto da condenação, salvo na demanda ambiental, porque o dinheiro não reverte para a pessoa jurídica, mas para o fundo ou patrimônio histórico.

A ação popular não serve para condenar por improbidade, não havendo condenação político-administrativa,[43] eis que a interpretação que se realiza sobre as

---

41. STJ, 2ª T., REsp 72.065/RS, rel. Min. Castro Meira, j. 03.08.2004.
42. STJ, REsp 575.551/SP, rel. Min. José Delgado, *DJU* 12.04.2007.
43. STJ, 1ª T., REsp 879.360/SP, rel. Min. Luiz Fux, j. 17.06.2008; MEIRELLES, Hely Lopes. *Mandado de segurança* cit., 31. ed., p. 153.

sanções, no microssistema, é restritiva, não ampliativa. Havendo evidências de atos de improbidade, devem os mesmos ser remetidos ao MP.

Em regra, a sentença será líquida, admitindo-se, todavia, sentença ilíquida (art. 14), a ser apurada em liquidação e posterior cumprimento de sentença.

2.8.6 Reexame necessário

Ocorre reexame necessário na ação popular, porém, ele é "invertido", eis que seu objetivo é a proteção da coletividade e não do Poder Público.

Assim, ocorrerá reexame somente se o magistrado **extinguir o processo por falta de uma das condições da ação ou concluir pela improcedência da ação** (art. 19), devendo ser estendida para o microssistema das ações coletivas.

2.8.7 Meios de impugnação das decisões

A liminar está prevista no art. 5º § 4º da LAP, não havendo previsão recursal, devendo ser aplicado o **agravo de instrumento**.

Admite-se, ainda, o pedido de suspensão de liminar (art. 4º da Lei 8.437/1992), se presente o interesse público, inclusive por parte das sociedades de economia mista.[44]

A sentença sujeitar-se-á ao recurso de **apelação**, dotado de duplo efeito (art. 19, 2ª parte).[45]

Muito embora a legislação refira-se à sentença de procedência, a interpretação não pode ser literal, admitindo apelação quando a ação for extinta sem resolução de mérito ou julgada improcedente.

A legitimidade recursal é das partes, do Ministério Público ou de qualquer cidadão, devendo ser aplicado, na hipótese de litisconsórcio com advogados diferentes, o art. 229 do CPC/15[46], bem como todos os demais prazos diferenciados (art. 180, 183 e 186 CPC/15).

2.8.8 Execução

Em execução, não se observa o CDC, pois o valor da indenização relativo à condenação é, em regra, destinado a pessoa jurídica lesada. Repise-se, nas ações ambientais, esse valor vai para o fundo ou patrimônio histórico-cultural.

---

44. STJ, REsp 50.284/SP, rel. Min. Peçanha Martins, *RSTJ* 136/152.
45. BUENO, Cassio Scarpinella. *Curso sistematizado de direito processual civil*: direito processual coletivo e direito processual público cit., v. 2, t. III, p. 154.
46. STJ, REsp 230.142/RJ, rel. Min. Garcia Vieira, *DJU* 21.02.2000.

Quando o condenado for remunerado pela Administração, pode-se descontar, limitadamente, em folha (art. 14, § 3º, da LAP).

É aplicável, ainda, o regime do cumprimento de sentença previsto no CPC/15, sendo a legitimidade do Ministério Público subsidiária e condicionada.[47]

2.9 PRESCRIÇÃO

A pretensão da ação popular prescreve em **cinco anos**, na forma do art. 21 LAP, contando-se tal prazo da data da publicidade do ato lesivo ao patrimônio público.[48]

De igual modo, na hipótese de a ação popular atacar a omissão da administração, não estará sujeita ao prazo prescricional mencionado.[49]

2.10 DESPESAS PROCESSUAIS

Na forma do art. 10 da LAP as partes só pagarão custas e preparo a final, porém, devido a singeleza de tal dispositivo, cremos que deve ser aplicado, subsidiariamente, o art. 18 da LACP, o art. 87 CDC, bem como o art. 91 CPC/15, onde não haverá adiantamento de custas, emolumentos, honorários periciais e quaisquer outras despesas, bem como, não há condenação em honorários de advogado, salvo quando comprovada a má-fé[50-51].

2.11 SISTEMATIZAÇÃO GRÁFICA DO PROCEDIMENTO

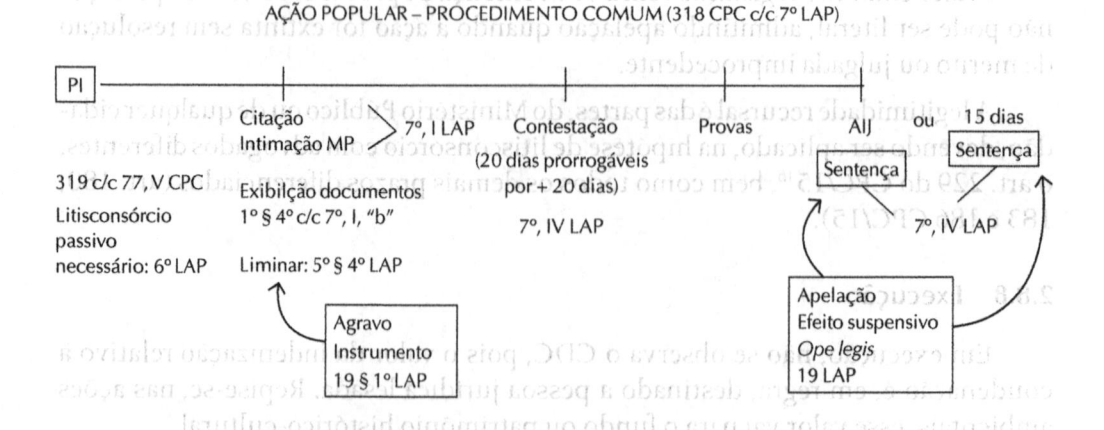

AÇÃO POPULAR – PROCEDIMENTO COMUM (318 CPC c/c 7º LAP)

PI — Citação / Intimação MP — 7º, I LAP — Contestação (20 dias prorrogáveis por + 20 dias) — Provas — AIJ ou 15 dias — Sentença

319 c/c 77, V CPC
Litisconsórcio passivo necessário: 6º LAP

Exibilção documentos 1º § 4º c/c 7º, I, "b"
Liminar: 5º § 4º LAP
7º, IV LAP
7º, IV LAP

Agravo Instrumento 19 § 1º LAP

Apelação Efeito suspensivo *Ope legis* 19 LAP

---

47. STJ, AgRg no EDiv no REsp 450.258/SP, rel. Min. Luiz Fux, *DJU* 07.08.2006.
48. STJ, AgRg AI 636.917/DF, rel. Min. João Otávio Noronha, *DJU* 09.11.2007.
49. STJ, REsp 36.490/SP, rel. Min. Ari Pargendler, RSTJ 90.107.
50. STJ, 2ª T., REsp 1.225.103/MG, rel. Min. Mauro Campbell Marques, j. 21.06.2011. Precedentes citados: AgRg no Ag 1.103.385-MG, *DJe* 08.05.2009; REsp 858.498-SP, *DJ* 04.10.2006.
51. Para maiores considerações, em especial ao adiantamento dos honorários periciais, remetemos o leitor ao capítulo da ação civil pública.

Capítulo 3
IMPROBIDADE ADMINISTRATIVA

3.1 NOÇÕES GERAIS. RELAÇÃO COM A AÇÃO CIVIL PÚBLICA E AÇÃO POPULAR

A ação de improbidade administrativa encontra-se prevista na Lei 8.429/92 (LIA) e no art. 37 § 4º da CF/88.

A mencionada lei foi questionada no STF[1], por se afirmar que ela foi aprovada com **vício formal** (violação ao princípio da bicameralidade, consagrado no art. 65 da CF/88), além de que alguns tipos de improbidade administrativa (arts. 9º a 11) e suas respectivas sanções (arts. 12 e 20) sofreriam de inconstitucionalidade material.

Há controvérsia na doutrina se a ação de improbidade seria ou não uma ação civil pública. Observe-se que a discussão que inaugura este capítulo não se mostra meramente acadêmica, refletindo, diretamente, na possibilidade de se obter as sanções inerentes à Lei de Improbidade Administrativa no bojo de uma ação popular ou de uma ação civil pública.

(i) É entendimento amplamente majoritário que a ação de improbidade administrativa **não** deixa de ser uma espécie de ação civil pública. Diante de tal premissa, pode ser proposta uma ação civil pública para tutelar a probidade administrativa, inclusive com a aplicação das respectivas sanções.[2] Não se pode, contudo, confundi-las. A ação de improbidade é eminentemente

---

1. ADI 2.182/DF, julgada como improcedente, Vejamos o acórdão: "Ação direta de inconstitucionalidade. 1. Questão de ordem: pedido único de declaração de inconstitucionalidade formal de lei. Impossibilidade de examinar a constitucionalidade material. 2. Mérito: art. 65 da constituição da república. Inconstitucionalidade formal da lei 8.429/1992 (lei de improbidade administrativa): inexistência. 1. Questão de ordem resolvida no sentido da impossibilidade de se examinar a constitucionalidade material dos dispositivos da Lei 8.429/1992 dada a circunstância de o pedido da ação direta de inconstitucionalidade se limitar única e exclusivamente à declaração de inconstitucionalidade formal da lei, sem qualquer argumentação relativa a eventuais vícios materiais de constitucionalidade da norma. 2. Iniciado o projeto de lei na Câmara de Deputados, cabia a esta o encaminhamento à sanção do Presidente da República depois de examinada a emenda apresentada pelo Senado da República. O substitutivo aprovado no Senado da República, atuando como Casa revisora, não caracterizou novo projeto de lei a exigir uma segunda revisão. 3. Ação direta de inconstitucionalidade improcedente. (ADI 2182, Relator(a): Min. Marco Aurélio, Relator(a) p/ Acórdão: Min. Cármen Lúcia, Tribunal Pleno, julgado em 12/05/2010). No que se refere ao julgamento da ADI 4.295/DF, que até o encerramento do presente trabalho, ainda não foi julgada.
2. STJ, 3ª T., REsp 1.003.179-RO, rel. Min. Teori Albino Zavascki, j. 05.08.2008. Precedente citado: REsp 82.576-SP, *DJ* 18.08.1997. PAZZAGLINI FILHO, Marino et al. *Improbidade administrativa, aspectos jurídicos da defesa do patrimônio público*. São Paulo: Atlas, 1999. p. 197.

repressiva,[3] já as ações de civil pública e popular podem ser preventivas e punitivas, apesar de a ação de improbidade possuir uma natureza híbrida, ou seja, há regras que dizem respeito à formatação repressivo-reparatória e repressivo-punitiva. Relativamente às pretensões reparatórias, nada há de significativo a diferenciar a ação de improbidade da ação civil pública e da ação popular com objeto idêntico, pois, sendo julgada improcedente a pretensão reparatória por falta de provas, não haverá coisa julgada. O ressarcimento de danos não se constitui na pretensão principal, mas pedido secundário (art. 17, § 2º, Lei 8.429/1992).[4] Esse é o posicionamento do STJ.[5] De igual modo, na dicção do art. 1º da Lei 7.347/1985 admite-se ação civil pública sem prejuízo da ação popular, sendo que tudo que seria admissível por meio da ação civil pública é admissível por meio da ação popular, bem como não se pode reduzir a abrangência do art. 5º, LXXIII, da CR/1988 que permite a tutela da moralidade administrativa, contida na probidade.

(ii) Há, contudo, entendimento em sentido contrário, inadmitindo a ação civil pública para o processamento e julgamento do ato de improbidade administrativa, pois haveria diversos óbices. O objeto da ação de improbidade é múltiplo, visando à reparação do dano, à decretação da perda dos bens havidos ilicitamente, bem como à aplicação das penas descritas na lei, enquanto o da ação civil pública e da ação popular é mais restrito. Nesse sentido, como existem vários instrumentos legais para proteção do patrimônio público, o objeto da ação de improbidade é mais amplo do que o da ação civil pública.[6] Também na ação popular a sentença de procedência julgará a invalidade do ato, condenará em perdas e danos os responsáveis e beneficiários do ato (art. 11 da Lei 4.717/1965). Diante do ato de improbidade, os legitimados devem propor a presente ação e não outras, ainda que em defesa do patrimônio público. De outra parte, nada impede a propositura daquelas ações (ação civil, ação popular) a título subsidiário (art. 17, § 2º, da Lei 8.429/1992). Diante de tal contexto, não se mostraria viável por meio da ação popular ou civil pública veicular pedido de ressarcimento do dano por ato de improbidade que cause dano ao erário público (art. 10), diante da previsão específica da presente lei, que contempla e inaugura uma nova ação, a "*ação civil de reparação de dano*" causado pela improbidade.[7] Deveras, se essa ação tem objeto bem

---

3. STJ, 1ª Seção, REsp 1.163.643, rel. Min. Teori Albino Zavascki, j. 30.03.2010.
4. ZAVASCKI, Teori Albino. *Processo coletivo*: tutela de direitos coletivos e tutela coletiva de direitos. 5. ed. atual. e ampl. São Paulo: Ed. RT, 2011. p. 121.
5. STJ, 1ª T., REsp 401.964/RO, rel. Min. Luiz Fux, j. 22.10.2002.
6. Art. 3º da Lei 7.347/1985: "A ação poderá ter por objeto a condenação em dinheiro ou o cumprimento de obrigação de fazer ou não fazer".
7. Há decisão do STJ inadmitindo sanções de improbidade no bojo da ação popular: STJ, 1ª T., REsp 879.360/SP, rel. Min. Luiz Fux, j. 17.06.2008.

mais amplo que aquelas, inclusive com penalidades mais graves, seria um contrassenso poder optar por escolher essa ou aquela via em detrimento da própria punição que se pretende garantir. É dizer, estar-se-ia obstaculizando de uma forma reflexa e impedindo o Poder Judiciário de soberanamente atender aos pedidos das sanções aplicáveis, como que dispondo da ação pelos legitimados.[8]

3.2 TIPOLOGIA DOS ATOS DE IMPROBIDADE

3.2.1 Noções gerais

Existem espécies de atos de improbidade, em grau **decrescente** de gravidade: (i) enriquecimento ilícito (art. 9º), dependendo sempre da ocorrência de **dolo**; (ii) prejuízo ao erário (art. 10), dependendo de **culpa ou dolo**; (iii) decorrentes de concessão ou aplicação indevida de benefício financeiro ou tributário, dependendo de **dolo ou culpa**; (iv) ofensa a princípios da administração (art. 11), dependendo de **dolo**.

Inicialmente, cumpre registrar que a tipologia dos atos de improbidade não está prevista somente na LIA, portanto, o rol é **exemplificativo**. Há atos de improbidade administrativa em outras leis, nos crimes funcionais e contra a administração ou no art. 9º da Lei 1.079/1950 (crimes de responsabilidade). Não há como sustentar que não há ato de improbidade subjacente, pois, ao se prevaricar, ocorreu, concomitantemente, um ato de improbidade.

Como dito, trata-se de rol exemplificativo[9], justamente por força dos arts. 9º, 10 e 11, afirmarem que constituem atos de improbidade, "**notadamente**", dando a transparecer que se trata de um rol exemplificativo, portanto, não se aplica a tipicidade estrita.

Todas essas espécies são **subsidiárias** entre si, assim, quem causa prejuízo ao erário, ofende princípio da administração, de igual modo, quem enriquece ilicitamente, causa prejuízo ao erário e ofende princípio da administração. Não se pode conceber um ato que acarrete enriquecimento ilícito ou prejuízo para o erário e que, ao mesmo tempo, não afete os princípios da Administração.[10]

As sanções encontram-se previstas no art. 12 LIA e dependerão do grau da improbidade, sendo possível a **cumulação** de sanções, por ofenderem objetos jurídicos distintos.[11] Assim, por exemplo, o juízo **não** está obrigado a aplicar todas as

---

8. FIGUEIREDO, Marcelo Figueiredo. *Probidade administrativa*: comentários à Lei 8.429/1992 e legislação complementar. São Paulo: Malheiros. p. 91.
9. BUENO, Cassio Scarpinella. *Curso sistematizado de direito processual civil*: direito processual coletivo e direito processual público. São Paulo: Saraiva, 2010. v. 2, t. III, p. 173; ZAVASCKI, Teori Albino. *Processo coletivo*: tutela de direitos coletivos e tutela coletiva de direitos. 5. ed. cit., 2011. p. 102.
10. DI PIETRO, Maria Sylvia Zanella. *Direito Administrativo*. 23. ed. São Paulo: Atlas, 2010. p. 839.
11. Idem, ibidem.

sanções do art. 12, podendo limitar-se a condenar em perda do cargo ou restituição ao erário, sempre obedecendo à proporcionalidade. Observe-se que tais sanções somente podem ser aplicadas na esfera judicial, por força da **reserva de jurisdição**.

Para a **perda** da função pública e **suspensão** dos direitos políticos é preciso a formação da **coisa julgada material**, na forma do art. 20[12], contudo, remetemos o leitor para a análise do afastamento cautelar do cargo.

Cumpre, nesse momento, nos reportarmos ao sistema sancionatório, ou seja, as sanções sob o prisma penal, político, administrativo e cível.

Nesse sentido, **nem** todo ato de improbidade administrativa é crime.

Um fato pode ser penalmente típico, bastando se reportar aos crimes contra a administração pública, havendo, então, atos de improbidade que repercutem na esfera penal, porém, o ato de improbidade em si não é crime. Por isso, a LIA (art. 2º) traz um conceito próprio de agente público, devendo ser afastado o art. 327 do CP. A improbidade administrativa é um ato de sanção político-administrativa.

De igual modo, a improbidade **não** pode ser tratada como sinônimo de ilegalidade, nulidade ou anulabilidade do ato jurídico.[13]

Como se verá adiante, exige-se conduta dolosa para a caracterização de um ato de improbidade administrativa, **ressalvado** o ato de improbidade por prejuízo ao erário ou o de concessão ou aplicação indevida de benefício financeiro ou tributário, para os quais é suficiente a culpa, porém, isso não quer dizer que a configuração de um ato de improbidade **não** pressuponha a consciência do seu agente quanto à prática de ato repudiado pelo sistema, pois a lei **não** busca sancionar o **agente inábil, mas o agente desonesto**.[14]

A má-fé, consoante cediço, é premissa do ato ilegal e ímprobo e a ilegalidade só adquire o *status* de improbidade quando a conduta antijurídica fere os princípios constitucionais da Administração Pública coadjuvados pela má-intenção do administrador.[15]

A probidade administrativa é uma forma de moralidade administrativa que mereceu consideração especial da Constituição, que pune o ímprobo com a suspensão de direitos políticos (art. 37, § 4º).

A probidade administrativa consiste no dever de o funcionário servir à Administração com honestidade, procedendo no exercício das suas funções, sem aproveitar os poderes ou facilidades delas decorrentes em proveito pessoal ou de outrem a

---

12. STJ decidiu não ser indispensável trânsito em julgado para afastamento do prefeito de Queimadas, por seu retorno configurar grave ameaça à ordem pública (STJ, CE, AgRg na SS 1.883/BA, rel. Min. Cesar Asfor rocha, j. 17.12.2008).
13. STJ, 1ª T., REsp 1.055.022/MT, rel. Min. Francisco Falcão, j. 26.08.2008. STJ, 1ª T., REsp 917.437/MG, rel. p/ Ac Min. Luiz Fux, j. 16.09.2008.
14. STJ, 1ª T., REsp 213.994/MG, rel. Min. Garcia Vieira, j. 17.08.1999.
15. STJ, 1ª T., EDcl no REsp 716.991/SP, rel. Min. Luiz Fux, j. 18.05.2010.

quem queira favorecer. O desrespeito a esse dever é que caracteriza a improbidade administrativa.

Cuida-se de uma **imoralidade administrativa qualificada**.

A improbidade administrativa é uma imoralidade qualificada pelo dano ao erário e correspondente vantagem ao ímprobo ou a outrem.[16]

3.2.2 Atos que importam enriquecimento ilícito (art. 9º)

Refere-se o dispositivo a enriquecimento ilícito, assim, o enriquecimento deve ser ilícito, ainda que **potencialmente**.

Observe-se a redação do art. 9º, I, que deixa claro que, para a configuração deste ato de improbidade, é **dispensável** a lesão ao erário.

Um bom exemplo é o agente que recebe propina de terceiro para intermediar a liberação de verba pública (art. 9º, IX). A análise do art. 9º revela que na grande maioria dos casos a vantagem indevida obtida pelo agente não é originária dos cofres públicos, mas sim de terceiros (incisos I, II, III, V, VI e IX, por exemplo).

Nesse sentido, exige-se o **dolo**, pois é impossível alguém enriquecer ilicitamente de maneira culposa. É uma atuação de forma **comissiva e não de maneira omissiva**.

Segundo Emerson Garcia e Rogério Pacheco,[17] são necessários **quatro** requisitos essenciais para a identificação do enriquecimento indevido: (i) o enriquecimento material, moral ou intelectual de alguém; (ii) o empobrecimento de outrem; (iii) ausência de justa causa para o enriquecimento; (iv) nexo de causalidade entre o enriquecimento e o empobrecimento.

Frise-se que, se o agente solicita a vantagem sem, contudo, lograr êxito, **não** haverá ato de improbidade gerador de enriquecimento ilícito (art. 9º), contudo, haverá violação a princípio da Administração Pública (art. 11º).

Não há ato de improbidade administrativa tentado.

No que se refere à ausência de justa causa, tal ponto gera polêmica na doutrina, pois, na dicção do art. 9º, VII, há ato de improbidade quando se *adquire, para si ou para outrem, no exercício de mandato, cargo, emprego ou função pública, bens de qualquer natureza cujo valor seja desproporcional à evolução do patrimônio ou à renda do agente público*.

Nesse sentido:

(i) Afirma a doutrina majoritária que, não obstante o projeto inicial da lei de improbidade ter previsto regra de inversão do ônus da prova em tais casos,

---

16. AFONSO DA SILVA, José. *Curso de direito constitucional positivo*. 24. ed. São Paulo: Malheiros, 2005. p-669.
17. GARCIA, Emerson; ALVES, Rogério Pacheco. *Improbidade administrativa*. 2. tir. Rio de Janeiro: Lumen Juris, 2002. p. 195.

apontando para o agente o ônus de provar a licitude das aquisições ou gastos, tal previsão foi extirpada do texto, contudo, a *mens legis* prevalece sobre a *legislatoris*, estando presente a **inversão do ônus da prova**.[18] Cabe ao autor da ação tão somente o dever de demonstrar a **discrepância** entre rendimentos e evolução patrimonial do agente. A opinião é compartilhada por Luiz Fabião Guasque[19] e Carlos Alberto Ortiz,[20] entre outros. Observe-se que o rol é exemplificativo e, assim, as hipóteses do art. 9º trazem uma presunção de enriquecimento ilícito, portanto, se o ato não estiver inserido em uma dessas hipóteses, a presunção se opera a favor do agente público. O autor da ação civil de improbidade vai se limitar à alegação de que o patrimônio é desproporcional, não precisando demonstrar que houve enriquecimento ilícito. Basta a prova de que o patrimônio não é compatível com a função que o agente exerce, para haver presunção relativa de que houve enriquecimento ilícito;

(ii) Há quem sustente que **não** basta a comprovação da desproporção patrimonial, sendo necessário que o autor da ação civil de improbidade demonstre que a obtenção do patrimônio ocorreu de maneira ilícita, negando haver presunção de enriquecimento ilícito, devendo o demandante comprovar que o enriquecimento decorreu de determinado ato de improbidade praticado no exercício de função pública.[21]

Não podemos, realmente, concordar com o pensamento minoritário.

Demonstrado pelo autor da ação a discrepância entre rendimentos e evolução patrimonial do agente, ou seja, o autor demonstrou de forma verossímil o que está alegando, não se pode exigir mais, pois seria praticamente impossível obter tal prova. Justamente para tais circunstâncias deve ser aplicada a teoria dinâmica.

Quem tem melhores condições de demonstrar a evolução patrimonial? Quem tem condições de demonstrar a origem do dinheiro? A resposta somente pode ser o réu da ação de improbidade. Nesse sentido, mediante fundamentação clara e inequívoca, respeitado o contraditório, o magistrado poderia apontar para o réu o ônus de provar tais fatos.[22]

---

18. FERRAZ, Antonio Augusto Mello de Camargo; BENJAMIN, Antonio Herman de Vasconcellos e. *A inversão do ônus da prova na Lei da Improbidade Administrativa* – Lei 8.429/1992. Teses aprovadas no Congresso Nacional do Ministério Público. Cadernos – Temas Institucionais. São Paulo: Associação Paulista do Ministério Público, 1995.
19. A responsabilidade da lei de enriquecimento ilícito. *RT* 712/359.
20. *Cadernos de Direito Constitucional e Eleitoral*. Imprensa Oficial do Estado de São Paulo. v. 28, p. 16.
21. PAZZAGLINI FILHO, Marino; ROSA, Marcio Fernando Elias; FAZZIO JUNIOR, Waldo. *Improbidade administrativa*: aspectos jurídicos da defesa do patrimônio público. 4. ed. São Paulo: Atlas, 1999. p. 69.
22. Nesse sentido: LOURENÇO, Haroldo. *Teoria dinâmica do ônus da prova e o novo CPC*. Rio de Janeiro: Forense, São Paulo: Método, 2015, p. 111-116.

3.2.3 Atos que causam lesão ao erário (art. 10)

Há, a rigor, lesão ao patrimônio público, por ser mais abrangente que o termo erário. Às vezes, o legislador usa a expressão erário (art. 10), outras, patrimônio público (art. 7º, 16, 21, I).

Para a configuração de tal ato de improbidade **não** é necessária a diminuição patrimonial. O termo erário, utilizado no art. 10, causa controvérsia na doutrina, surgindo duas concepções.

- **(i) Majoritariamente**, deve ser adotada uma concepção ampla ao termo, afirmando que erário deve ser visto como patrimônio público (artístico, estético, histórico, turístico etc.), e, assim, abarcaria a esfera patrimonial e não patrimonial;[23]

- (ii) Deve ser dada uma acepção restritiva ao termo, somente se aplicando aos atos causadores de prejuízos de ordem econômica e financeira, ou seja, aos bens e direitos de conteúdo econômico pertencentes ao Poder Público. O patrimônio público, por sua vez, é noção mais abrangente, incluindo não somente os valores econômicos, como também o estético, artístico, histórico e turístico.[24]

O ato de improbidade ora abordado pode ocorrer de forma omissiva ou comissiva, esta última de maneira **dolosa ou culposa**.[25] Observe-se que, se a vantagem indevida que causou dano ao erário gerou, ainda, enriquecimento ilícito ao agente público, houve a conduta do art. 9º da Lei 8.429/1992.

Há, atualmente, algumas vozes na doutrina que afirmam que o art. 28 LINDB, com a redação dada pela Lei 13.655/18, onde afirma que *"o agente público responderá pessoalmente por suas decisões ou opiniões técnicas em caso de dolo ou erro grosseiro"* teria derrogado o art. 10, *caput*, da LIA na parte em que este prevê que os atos de improbidade administrativa causadores de lesão ao erário podem ser praticados de forma culposa.

Assim, além da previsão legal, o STJ tem entendimento consolidado de que a improbidade lesiva aos cofres públicos prescinde da prova do dolo, bastando a demonstração de **culpa simples**, diferentemente das tipificações assentadas nos artigos 9º (enriquecimento ilícito), 10-A (concessão, aplicação ou manutenção ilegais de benefício financeiro ou tributário) e 11 (violação de princípios administrativos) da Lei 8.429/92, que exigem a vontade consciente para a prática do ato[26].

---

23. MARTINS JÚNIOR, Wallace Paiva. *Probidade administrativa*. São Paulo: Saraiva, 2001. p. 205.
24. PAZZAGLINI FILHO, Marino; ROSA, Marcio Fernando Elias; FAZZIO JUNIOR, Waldo. *Improbidade administrativa*: aspectos jurídicos da defesa do patrimônio público. São Paulo: Atlas, 1998. p. 73.
25. BUENO, Cassio Scarpinella. *Curso sistematizado de direito processual civil*: direito processual coletivo e direito processual público cit., v. 2, t. III, p. 176. ZAVASCKI, Teori Albino. *Processo coletivo*: tutela de direitos coletivos e tutela coletiva de direitos cit., 5. ed. 2011. p. 100.
26. STJ, 2ª T., REsp 1.637.839/MT, rel. Min. Herman Benjamin, julgado em 13.12.2016, DJe 19.12.2016. STJ, 2ª T., AgRg no AREsp 654.406/SE, Rel. Ministro Herman Benjamim, julgado em 17/11/2015, DJe 04/02/2016.

Destarte, o art. 28 LINDB teria revogado parcialmente a previsão da culpa simples, pois passa a exigir dolo ou erro grosseiro, sendo essa última expressão sinônimo de culpa grave, onde há uma conduta de imprudência ou imperícia extraordinária e inescusável, que consiste na omissão de um grau mínimo e elementar de diligência que todos observam[27].

Nessa linha de raciocínio o art. 10 LIA somente seria aplicável mediante prova de dolo ou culpa grave, com o que não concordamos, pois o art. 28 LINDB não é aplicável a qualquer agente público, mas somente àqueles que praticam atos decisórios ou emitem opiniões técnicas, quando assim agirem, sendo a literalidade do dispositivo legal, tutelando o gestor que atua baseado em conhecimentos e critérios técnicos, pois a mera diferença de opiniões não pode gerar punição[28].

3.2.4 Atos que violam os princípios regentes da Administração Pública (art. 11)

O rol de princípios estabelecido pelo art. 11 é meramente exemplificativo, com uma tipologia aberta, podendo ser usada para outros princípios. No caso da subsunção plúrima, cada inciso corresponderá a um ato de improbidade específico, o que não ocasionará, necessariamente, uma gradação entre as sanções.

O art. 12, parágrafo único, da Lei 8.429/1992, fundado no princípio da proporcionalidade, determina que a sanção por ato de improbidade seja fixada com base na *"extensão do dano causado"* bem como no *"proveito patrimonial obtido pelo agente"*. Nesse sentido, não devem ser cumuladas as sanções por ato de improbidade se for de pequena monta o dano causado ao erário e se o agente não obteve proveito patrimonial com o ato.[29]

O mencionado artigo não faz referência se a conduta será culposa ou dolosa, devendo ser interpretado no sentido de somente se admitir punição para a conduta **dolosa**, tanto do agente público, como do terceiro, pois o legislador somente falou em conduta culposa no art. 10, na dicção do art. 5º da Lei.

Assim, ressalvado o art. 10 e art. 10-A, todas as demais condutas devem ser dolosas[30], de igual modo, o ato do art. 11 somente se coaduna com a voluntariedade.

Observe-se que os princípios são mandados de otimização que se direcionam ao legislador, ao órgão jurisdicional e às próprias relações privadas. Nesse sentido, como a eficácia dos direitos fundamentais é irradiante, espelhando-se por todo o ordenamento,

---

27. FARIAS, Cristiano Chaves de. ROSENVALD, Nelson. NETTO, Felipe Peixoto Braga. *Novo Tratado de Responsabilidade Civil*. 3. ed. São Paulo: Saraiva.
28. ANDRADE, Landolfo. *A Repercussão do Artigo 28 da LINDB na Interpretação e Aplicação do Artigo 10 da Lei 8.429/92*. Fonte: https://genjuridico.jusbrasil.com.br/artigos/687668430/a-repercussao-do-artigo-28-da--lindb-na-interpretacao-e-aplicacao-do-artigo-10-da-lei-8429-92. Acesso em: 21.12.2020.
29. STJ, 2ª T., REsp 794.155/Sp, rel. Min. Castro Meira, j. 22.08.2006.
30. ZAVASCKI, Teori Albino. *Processo coletivo*: tutela de direitos coletivos e tutela coletiva de direitos cit., 5. ed. 2011, p. 100.

de forma vertical e horizontal,[31] o agente público pode praticar um ato de improbidade contra o particular, por meio de atos administrativos, ou um particular pode praticar um ato de improbidade administrativa, como um agente ativo (art. 3º da LIA).

De igual modo, podem ocorrer conflitos entre tais princípios, devendo ser solucionados por proporcionalidade e razoabilidade. A proporcionalidade e a razoabilidade serão o centro de gravitação, segundo as quais se concluirá que princípio deve prevalecer.[32]

3.2.5 Improbidade formal e improbidade material

Há improbidade **formal** quando há mera subsunção da conduta à norma, sendo insuficiente para aplicação de sanção. Há improbidade **material** quando ocorre violação dos comandos constitucionais e infraconstitucionais.

Como o art. 21, I afirma que a aplicação das sanções de improbidade independe da efetiva ocorrência do dano, basta a mera violação aos comandos, não necessariamente dano ao erário público.[33]

Nessa linha, a aplicação do **princípio da insignificância** aos atos de improbidade administrativa é controvertida no âmbito do **STJ**, ao argumento de que não existe lesão ínfima ou mínima à moralidade administrativa, ou há lesão ou não há, embora deva-se atentar ao princípio da proporcionalidade e da razoabilidade na aplicação das sanções[34], contudo, há julgados o aplicando[35].

Destarte, um prefeito que, por exemplo, utiliza um trator da prefeitura para uma obra na sua casa ofendeu a moralidade administrativa, contudo, **não** há necessidade de se aplicar a sanção de perda da função. Deve ser conjugado o art. 37 § 4º da CF/88, que afirma que os atos de improbidade administrativa importarão a suspensão dos direitos políticos, a perda da função pública, a indisponibilidade dos bens e o ressarcimento ao erário, **na forma e gradação previstas em lei**, sem prejuízo da ação penal cabível, o que deve ser conjugado com o art. 20, parágrafo único, da LIA.

Ainda, a lei não estabelece o prazo de afastamento do agente do cargo, devendo ser aplicado o critério da proporcionalidade,[36] não podendo, porém, extrapolar dez anos, como previsto no art. 12, I, da LIA.

---

31. MARINONI, Luiz Guilherme. *O direito à tutela jurisdicional efetiva na perspectiva da teoria dos direitos fundamentais*. Disponível em: http://www.marinoni.adv.br/artigos.php#. Acesso em: 17 maio 2016.
32. É como se a razoabilidade e a proporcionalidade fossem a balança, enquanto os princípios estão sendo colocados em cada um dos seus pratos.
33. STJ, 2ª T., REsp 737.279/PR, rel. Min. Castro Meira, j. 13.05.2008; REsp 917.437/MG, rel. Min. Luiz Fux, j. 16.09.2008.
34. BUENO, Cassio Scarpinella. *Curso sistematizado de direito processual civil*: direito processual coletivo e direito processual público cit., v. 2, t. III, p. 179. STJ, REsp 892.818/RS, rel. Min. Herman Benjamin, j. 11.11.2008. STJ, 1ª T., REsp 1.512.654/SP, rel. Min. Benedito Gonçalves, julgado 30.11.2017.
35. STJ, 1ª T., AgRg no REsp 968.447/PR, rel. Min. Napoleão Nunes Maia Filho, julgado 16.04.2015.
36. ZAVASCKI, Teori Albino. *Processo coletivo*: tutela de direitos coletivos e tutela coletiva de direitos cit., 5. ed. 2011. p. 115.

De igual modo, a proibição de contratar com o Poder Público pode ser restringida, consoante o caso, à localidade em que ocorreu o ato de improbidade.³⁷

3.3 LEGITIMIDADE

3.3.1 Ativa

A legitimidade **ativa** para a Ação de Improbidade encontra-se disciplinada no art. 17, segundo o qual o **Ministério Público** ou a **pessoa jurídica interessada** poderão propor a ação de improbidade. Trata-se de **legitimidade concorrente e disjuntiva**.³⁸

Entende-se como pessoa jurídica interessada a Administração Direta (entes públicos e autarquias), justamente por terem interesse na restituição ao erário, excluída, portanto, a Defensoria, entre outros.

Por pessoa jurídica interessada deve ser entendida a **pessoa ou ente que, no plano material, pode ser alvo do ato de improbidade administrativa**, isto é, agente passivo de um daqueles atos, ou seja, a administração direta ou indireta de qualquer dos entes federados e, mais amplamente, toda pessoa que receba algum tipo de subvenção, benefício ou incentivo dos cofres públicos na exata proporção da contribuição que tenha origem nesses cofres.³⁹

3.3.2 Passiva. Agentes políticos

Podem ser réus na ação de improbidade administrativa todos aqueles que, de acordo com os arts. 2º e 3º, podem cometer atos repudiados pelo diploma legal.

Assim, todo aquele que exerce, ainda que transitoriamente ou sem remuneração, por eleição, nomeação, designação, contratação ou qualquer outra forma de investidura ou vínculo, mandato, cargo, emprego ou função nas entidades mencionadas no art. 1º da Lei. De igual modo, aplicam-se as disposições da Lei de Improbidade Administrativa àquele que, mesmo não sendo agente público, induza ou concorra para a prática do ato de improbidade ou dele se beneficie sob qualquer forma direta ou indireta.

Nesse sentido, o art. 3º da LIA, similarmente ao que se dá com o art. 6º da LAP, deixa claro que há **litisconsórcio necessário**, na hipótese de sua incidência,⁴⁰ não obstante serem hipóteses de litisconsórcio **simples**.⁴¹

---

37. STJ, 1ª T., REsp 1.003.179/RO, rel. Min. Teori Albino Zavascki, j. 05.08.2008.
38. BUENO, Cassio Scarpinella. *Curso sistematizado de direito processual civil*: direito processual coletivo e direito processual público cit., v. 2, t. III, p. 167.
39. BUENO, Cassio Scarpinella. *Curso sistematizado de direito processual civil*: direito processual coletivo e direito processual público cit., v. 2, t. III, p. 168.
40. STJ, 2ª T., REsp 401.437/SP, rel. Min. João Paulo de Noronha, j. 09.11.2007.
41. STJ, 2ª T., Edcl no REsp 1.021.851/SP, rel. Min. Eliana Calmon, j. 23.06.2009.

Questão interessante refere-se à possibilidade de os **agentes políticos** serem réus em ações de improbidade administrativa, ou se estariam sujeitos a outras sanções esparsas no ordenamento jurídico.

No dizer de Celso Antonio Bandeira de Mello, agentes políticos são os titulares de cargos estruturais à organização política do País, ou seja, ocupantes dos que integram o arcabouço constitucional do Estado, o esquema fundamental do Poder. Daí se constituírem nos formadores da vontade superior do Estado. São agentes políticos apenas o Presidente da República, os Governadores, Prefeitos e respectivos vices, os auxiliares imediatos dos Chefes do Executivo, isto é, Ministros e Secretários das diversas Pastas, bem como os Senadores, Deputados federais e estaduais e Vereadores. O vínculo que tais agentes detêm com o Estado não é de natureza profissional, mas de natureza política, exercendo um múnus público.[42]

O STF foi provocado sobre o tema quando do julgamento da Reclamação[43] ajuizada pelo ex-ministro Ronaldo Sardenberg, contra sentença de condenação por improbidade, na qual se sustentou que havia dois regimes para agentes políticos: (a) DL 201/1967 e Lei 1.079/1950 (*impeachment*), que preveem crimes de responsabilidade, com perda de cargo e suspensão de direitos políticos como sanção. Essas ações são processadas perante foro específico, encarregado de julgamento político; (b) Lei 8.429/1992 (LIP), que prevê atos de improbidade administrativa, a serem sancionados com perda de cargo e suspensão de direitos políticos.

Nesse sentido, por força do processo de improbidade administrativa, o reclamante estaria sendo alvo de *bis in idem*. O STF, por 6 votos a 5, acatou a argumentação, entendendo **não** caber aplicação da LIA aos agentes políticos, mas lei própria.

Ocorre que, dos cinco ministros vencidos, apenas o Ministro Carlos Velloso está aposentado. De igual modo, dos seis ministros vencedores, três já não compõem mais a Corte. No mesmo dia, logo em seguida, o STF[44] ao julgar uma ação de improbidade administrativa proposta contra um prefeito, os Ministros Lewandowski, Carlos Britto e Celso de Mello afirmaram suas posições favoráveis à incidência da lei de improbidade aos agentes políticos. Assim, a nova composição do tribunal parece ser favorável à revisão do posicionamento adotado na Rcl 2138.

Nessa linha, diante da falta de estabilidade idônea para efeito de persuasão nas instâncias inferiores, tal precedente não pode ser utilizado como paradigma. Nesse sentido, a melhor resposta é admitir a legitimidade passiva dos agentes políticos e não apenas das autoridades administrativas.[45]

---

42. MELLO, Celso Antônio Bandeira de. *Curso de direito administrativo*. 17. ed. São Paulo: Malheiros. p. 230.
43. Rcl 2.138, Pleno, publicada no informativo 471, jun. 2007.
44. STF, Plenário, Pet-QO 3.923/SP, rel. Min. Joaquim Barbosa, j. 13.06.2007.
45. BUENO, Cassio Scarpinella. *Curso sistematizado de direito processual civil*: direito processual coletivo e direito processual público cit., v. 2, t. III, p. 169; DIDIER JR., Fredie; ZANETI JR., Hermes. *Curso de direito processual civil*. Processo coletivo. 3. ed. Salvador: JusPodivm, 2008. v. 4, p. 172-173.

Destarte, de regra, a lei de improbidade administrativa **não** tem incidência sobre agentes políticos, ressalvados os agentes que não são abrangidos pela lei do *impeachment* ou DL 201/1967.

3.4 COMPETÊNCIA. AGENTES POLÍTICOS

No que se refere à competência da tutela coletiva, o tema já foi objeto de análise na parte geral, para a qual remetemos o leitor. Chamamos a atenção para a análise realizada quanto à competência no concernente aos atos de improbidade administrativa.

3.5 ASPECTOS PROCESSUAIS

3.5.1 Rito. Petição inicial. Pedido. Custas

A ação de improbidade administrativa seguirá o rito ordinário (art. 17), contudo, a rigor, há o **rito comum** previsto no art. 318 do CPC/15, devendo a inicial observar os requisitos genéricos de qualquer petição inicial (art. 319 e 320 CPC/15).

Além disso, deverão ser observados os parágrafos do art. 17 LIA, sendo instruída com documentos ou justificação que contenham indícios suficientes da existência do ato de improbidade, ou seja, a **justa causa**[46], ou com razões fundamentadas da impossibilidade de apresentação de qualquer dessas provas, observada a legislação vigente, inclusive as disposições inscritas nos arts. 79 a 81 do CPC/15 que regulamentam a responsabilidade por dano processual, como litigância de má-fé.

Nada obsta que seja realizado pedido **genérico** (art. 324 § 1º CPC/15) em sede de ação de improbidade administrativa, além de poder ser formulado pedido para pagamento de danos **morais**.[47]

Admite-se, ainda, a cumulação de pedidos (art. 327 CPC/15)[48], como, por exemplo, por meio de uma cumulação subsidiária ou eventual (art. 326 CPC/15), para a hipótese de o magistrado entender não estar configurado um tipo de ato de improbidade, analisando, imediatamente, sua subsunção à luz de outro tipo.

A ação de improbidade é eminentemente **repressiva**, já a ação civil pública e a ação popular podem ser também **preventivas e punitivas**.

Há, a rigor, um caráter híbrido. Existem regras repressivo-reparatórias e repressivo-punitivas. Nessa linha, no que se refere às **pretensões reparatórias**, tanto na ação de improbidade, como na ação civil pública ou popular, havendo improcedência por falta de provas **não** haverá coisa julgada (art. 103 do CDC).

---

46. STJ, 2ª Sç., REsp 952.351-RJ, Rel. Min. Napoleão Nunes Maia Filho, julgado em 4/10/2012 (Informativo 506).
47. STJ, 2ª T., REsp 960.926/MG, rel. Min. Castro Meira, j. 18.03.2008.
48. STJ, 2ª T., REsp 1.021.851/SP, rel. Min. Eliana Calmon, j. 12.08.2008.

Tratando-se de **pretensão punitiva**, o regime da coisa julgada aplicável é o comum do processo civil individual, ou seja, *pro et contra* (art. 507 e 508 CPC).

Nesse sentido, exemplificativamente, caso se conclua pela atipicidade da conduta, ou que não há prova do fato, ou que o réu dele não participou, ou de que não há provas de sua participação, ou ocorrendo a prescrição, serão prolatadas decisões de mérito, fazendo, portanto, coisa julgada material (*pro et contra*).

Por outro lado, afirma a doutrina que a decisão que indefere a inicial por falta de substrato probatório será terminativa (art. 485, I CPC/15), por não atender o exigido pelo art. 17 § 6º LIA, portanto, para haver coisa julgada nessa hipótese, será necessário um esgotamento da fase instrutória.[49]

A reparação dos danos é um **pedido secundário**, não um pedido principal, nos termos do art. 17, § 2º LIA.

O STJ já aplicou o princípio de que não há nulidade sem prejuízo, negando provimento a recurso que buscava o reconhecimento de flagrante irregularidade processual, qual seja, ausência de intimação do recorrente para acompanhar a audiência da testemunha. Mesmo tendo sido reconhecida tal irregularidade, não houve prejuízo, pois a prova produzida sem o contraditório não foi determinante na fundamentação da sentença, pois o fato sobre o qual a testemunha foi interrogada era incontroverso ante a ausência de impugnação.[50]

No que se refere ao regime da sucumbência, deve ser observado o art. 18 da LAP, ou seja, os legitimados não ficam sujeitos a ônus sucumbenciais, salvo em caso de comprovada má-fé[51]

3.5.2 Notificação do demandado

Devidamente instruída a inicial, o juiz mandará autuá-la e ordenará a **notificação** do requerido, para oferecer manifestação por escrito, que poderá ser instruída com documentos e justificações, dentro do prazo de quinze dias.

Trata-se de notificação, não citação, porque não há processo ainda. A lei cria uma oportunidade para **defesa preliminar**, em nítida inspiração com o processo para apuração de crimes de responsabilidade dos funcionários públicos (arts. 513 ao 518 do CPP).

Trata-se, a rigor, de um **juízo de admissibilidade** para recebimento da petição inicial (art. 17, §§ 8º e 9º da LIA), precedido de notificação do demandado, como

---

49. ZAVASCKI, Teori Albino. *Processo coletivo:* tutela de direitos coletivos e tutela coletiva de direitos cit., 5. ed. 2011. p. 125.
50. Informativo 477: STJ, 2ª T., REsp 1.201.317/GO, rel. Min. Humberto Martins, j. 16.06.2011.
51. STJ, 2ª T., REsp 250.980/SP, rel. Min. João Otávio de Noronha, *DJ* 06.03.2006. 2ª T., REsp 403.599/PR, rel. Min. Eliana Calmon, *DJ* 12.05.2003. Remetemos o leitor para o capítulo sobre ação civil pública, onde o tema é mais profundado.

disposto no art. 17 § 7º. Essa notificação prévia só é aplicável às **ações de improbidade administrativa típicas**, ou seja, nas quais se busca aplicação ao infrator de quaisquer **sanções político-civis de caráter punitivo**. Enfim, tratando-se de ação de ressarcimento ao erário, **não** há necessidade de tal defesa prévia.[52]

Cumpre registrar que o STJ entende que nessa fase, após a notificação e a defesa preliminar, deve o magistrado, na hipótese de dúvida, receber a ação de improbidade, aplicando o *in dubio pro societate*[53].

De igual modo, ainda que recebida a ação de improbidade, em qualquer fase do processo, reconhecida a sua inadequação, o juiz extinguirá o processo sem julgamento do mérito, na forma do art. 17 § 11º LIA.

3.5.3 Posturas do juiz após a notificação

Apresentada a defesa preliminar, o magistrado poderá, conforme art. 17, §§ 8º e 9º: (i) No prazo de 30 dias, indeferir a ação sem exame de mérito (na hipótese de inadequação da via eleita) ou julgar improcedente o pedido (hipótese de inexistência do ato de improbidade); (ii) receber a demanda, determinando a citação do réu (ou réus) para apresentação de contestação.

Da decisão que extingue a ação, com ou sem resolução de mérito, é oponível recurso de **apelação**.

Da decisão que admite a demanda, cabe recurso de **agravo de instrumento** (art. 17 § 10º) e, conforme art. 17 § 9º, o ente público deverá ser citado, podendo escolher o polo em que deseja atuar ou se recusar até mesmo a participar (art. 17 § 3º LIA), em verdadeira intervenção móvel ou migração de polo[54].

Superada tal fase, deverá ser observado, **subsidiariamente**, o microssistema da tutela coletiva (art. 90 do CDC c/c 21 da LACP) e, havendo omissão, deverá ser aplicado, de forma **residual**, o CPC.

Ressalte-se que a aplicação do CPC/15 é residual, não subsidiária, naquilo que não conflitar com o microssistema da tutela coletiva.

Nesse sentido, como já afirmado, havendo desistência ou abandono da AIA (ação de improbidade administrativa), não deve ser aplicado o CPC (art. 485), mas, sim, o art. 9º LAP e art. 5º § 3º LACP.

3.5.4 Das decisões interlocutórias em geral

Como cediço, ao longo do processo de conhecimento, somente será admissível agravo de instrumento sobre decisões interlocutórias previstas no art. 1015 do CPC,

---

52. STJ, REsp 1.163.643/SP, rel. Min. Teori Albino Zavascki, j. 24.03.2010.
53. STJ, 2ª T., AgInt no AREsp 782.095/MG, Rel. Ministro Francisco Falcão, DJe 26.06.2017.
54. Sobre migração de polo na tutela coletiva remetemos o leitor para o capítulo "das partes".

ressalvada a tese da taxatividade mitigada, onde se admite agravo de instrumento em outras hipóteses quando verificada a urgência decorrente da inutilidade do julgamento da questão no recurso de apelação[55].

Ocorre, contudo, que há o art. 19, § 1º da LAP que, genericamente, afirma que na ação popular *"Das decisões interlocutórias cabe agravo de instrumento."*, gerando dificuldades interpretativas frente ao art. 1015 do CPC.

O CPC deve ser aplicado sempre de forma residual às leis da tutela coletiva, sob pena de violação ao microssistema da tutela coletiva, principalmente no que se refere a lei de improbidade, que tem um sistema processual peculiar[56].

O microssistema (art. 21 LACP c/c 90 CDC) deve ser interpretado com o fim de assegurar maior efetividade da jurisdição no trato dos direitos coletivos, devendo o art. 19, § 1º LAP se sobrepor a previsão restritiva do art. 1015 do CPC, portanto, toda interlocutória proferida na IA desafia agravo de instrumento, como consagrado pelo STJ em hipótese de indeferimento de depoimento pessoal[57].

3.5.5 Reexame necessário

A LIA é silente sobre o tema, nesse sentido, há controvérsias sobre a sua aplicabilidade ou não aplicando o art. 19 LAP analogicamente para hipóteses de improcedência em primeiro grau.

Apesar da ação popular não ser uma ação punitiva, mas para se anular atos administrativos e obter o ressarcimento do dano correspondente, o STJ (Tema 1042)[58] irá definir se o dispositivo da LAP é ou não aplicável, não tendo sido definido até o fechamento da presente obra.

3.5.6 Atipicidade das medidas executivas

O art. 139, IV CPC consagrou a propalada atipicidade dos meios executivos ou poder geral de efetivação, buscando garantir maior celeridade e efetividade ao processo, incumbindo ao juiz determinar todas as medidas indutivas, coercitivas, mandamentais ou sub-rogatórias necessárias para assegurar o cumprimento de ordem judicial, inclusive nas ações que tenham por objeto prestação pecuniária, o que já foi convalidado pelo STJ[59].

Na decisão acima citada, o STJ preconizou que para a adoção de meios executivos atípicos exige-se a existência de indícios de que o devedor possua patrimônio

---

55. STJ, CE, REsp 1.696.396/MT, rel. Min. Nancy Andrighi, julgado em 05.12.2018.
56. Nessa linha: STJ, 2ª T., REsp 1.217.554/SP, Rel. Ministra Eliana Calmon, DJe 22.08.2013.
57. STJ, 2ª T., REsp 1.925.492-RJ, Rel. Min. Herman Benjamin, julgado em 04.05.2021.
58. STJ, REsp n. 1.553.124/SC, REsp n. 1.601.804/TO, REsp n. 1.605.586/DF e REsp n. 1.502.635/PI, Relator Min. Napoleão Nunes Maia Filho.
59. STJ, 3ª T., REsp 1.788.950/MT, Rel. Ministra Nancy Andrighi, DJe 26.04.2019.

expropriável, sendo a atipicidade adotada de modo subsidiário, por meio de decisão que contenha fundamentação adequada às especificidades da hipótese concreta, com observância do contraditório substancial e do postulado da proporcionalidade.

Sendo assim, tendo como norte a tutela coletiva, em especial a tutela da moralidade administrativa e do patrimônio público, não resta outra conclusão, se não as admitir na ação de improbidade administrativa[60].

3.6 TUTELAS CAUTELARES TÍPICAS E ATÍPICAS

3.6.1 Noções gerais

Prevê o art. 17, de maneira indireta, que são admissíveis medidas cautelares, inclusive, preparatórias[61], devendo a ação de improbidade ser proposta no prazo de trinta dias, a contar da efetivação da medida cautelar.

Há, no decorrer da lei, algumas cautelares tipicamente previstas, como: **sequestro** (art. 16 LIA), **indisponibilidade** (art. 7º LIA) e o **afastamento cautelar da função** (art. 20, parágrafo único LIA). Esse rol é meramente **exemplificativo**, admitindo-se, por exemplo, tutelas provisórias cautelares em geral[62], bem como qualquer outra tutela provisória, seja de urgência ou de evidência (art. 294 ao 311 CPC/15).

Ocorre, porém, que a LIA é silente no que se refere às consequências do não ajuizamento da ação no mencionado prazo. Como visto, sendo omisso o diploma coletivo específico, será aplicado de maneira subsidiária o microssistema das causas coletivas e, caso também seja omisso, deve ser aplicado o CPC/15. O problema é que o microssistema do Processo Coletivo também não regulamenta o tema, devendo ser aplicado o **art. 308 do CPC/15 e a Súmula 482 STJ**, segundo o qual, a tutela concedida em caráter antecedente perderá sua eficácia se não apresentada a ação principal.[63]

De igual modo, a concessão da medida cautelar guarda, em seu bojo, a chamada **cláusula *rebus sic stantibus***, ou seja, a decisão judicial será mantida enquanto se mantiver a situação fática que a ensejou, ressaltando a característica da provisoriedade inerente às cautelares.

Outro ponto omisso da LIA que gera embaraços é a incidência da responsabilidade objetiva prevista no art. 302 do CPC/15, para a hipótese de não ser ajuizada a ação principal, depois da efetivação da medida cautelar.

---

60. STJ, 2ª T., REsp 1.929.230-MT, Rel. Min. Herman Benjamin, Segunda Turma, por unanimidade, julgado em 04.05.2021.
61. Admitindo cautelares preparatórias ou incidentais: STJ, 1ª T., REsp 206.222/SP, rel. Min. Teori Albino Zavascki, j. 13.12.2005.
62. Entendendo que o rol não é taxativo: BUENO, Cassio Scarpinella. *Curso sistematizado de direito processual civil*: direito processual coletivo e direito processual público cit., v. 2, t. III, p. 191.
63. STJ, 1ª T., REsp 1.115.370/SP, rel. Min. Benedito Gonçalves, j. 16.03.2010.

Ao nos reportarmos ao microssistema da tutela coletiva, percebemos, nitidamente, que há isenção no que se refere às custas e aos ônus sucumbenciais, ressalvada a hipótese de má-fé (art. 5°, LXXIII, da CF/88, art. 10 da LAP, art. 18 LACP e art. 87 CDC), nesse sentido, somente haveria responsabilização se comprovada a má-fé.

Ao se prever o prazo de trinta dias para a propositura da ação principal, está o legislador visando ao prejuízo que pode se gerar com a cautelar preparatória. Sendo uma cautelar que não tem a potencialidade de gerar prejuízos, a inobservância de tal prazo **não** conduz, necessariamente, à perda da eficácia da cautelar.

Sobre a possibilidade de **concessão da liminar** *inaudita altera pars*, o ponto encontra dificuldades a partir do momento que o legislador exige, na forma do art. 17 §§ 7° e 8° LIA, a notificação do requerido para se manifestar sobre a inicial, contudo, a interpretação não pode ser no sentido da inadmissibilidade, pois, do contrário, a cautelar **não será efetiva**, devendo ser aplicado o art. 9°, parágrafo único, I c/c art. 311, parágrafo único do CPC.[64]

Na hipótese de serem concedidas várias medidas cautelares, no bojo do mesmo processo cautelar preparatório, o prazo de trinta dias se inicia com a **efetivação do primeiro ato executivo** da medida cautelar.[65]

3.6.2 Cautelares típicas: afastamento do cargo (art. 20, parágrafo único)

Afirma o art. 20 da LIA que a perda da função pública e a suspensão dos direitos políticos só se efetivam com o trânsito em julgado da sentença condenatória[66], em sintonia com a **presunção de não culpabilidade** (art. 5°, LVII).

Contudo, o próprio art. 20, em seu parágrafo único, excepciona a regra afirmando que a autoridade judicial ou administrativa competente poderá determinar o afastamento do agente público do exercício do cargo, emprego ou função, sem prejuízo da remuneração, quando a medida se fizer necessária à instrução processual, portanto, uma **tutela provisória cautelar**.

Observe-se que há um afastamento cautelar, mantendo-se hígido os seus vencimentos, como determina a legislação.

De igual modo, tal medida somente pode ser tomada quando for necessária para a instrução processual, bem como para fazer cessar o ato de improbidade. Por essa trilha caminha o STJ:

> (...) *exegese do art. 20 da Lei 8.249/1992 impõe cautela e temperamento, especialmente porque a perda da função pública, bem assim a suspensão dos direitos políticos, porquanto modalidades*

---

64. BUENO, Cassio Scarpinella. *Curso sistematizado de direito processual civil:* direito processual coletivo e direito processual público cit., v. 2, t. III, p. 191. STJ, 1ª T., REsp 895.415/BA, rel. Min. Luiz Fux, j. 02.12.2008.
65. STJ, 3ª T., REsp 757.625/SC, rel. Min. Nancy Andrighi, j. 19.10.2006.
66. BUENO, Cassio Scarpinella. *Curso sistematizado de direito processual civil:* direito processual coletivo e direito processual público cit., v. 2, t. III, p. 188.

de sanção, carecem da observância do princípio da garantia de defesa, assegurado no art. 5º, LV, da CF, juntamente com a obrigatoriedade do contraditório, como decorrência do devido processo legal (CF, art. 5º, LIV), requisitos que, em princípio, não se harmonizam com o deferimento de liminar inaudita altera pars, exceto se efetivamente comprovado que a permanência do agente público no exercício de suas funções públicas importará em ameaça à instrução do processo."[67]

O parágrafo único do art. 20 da LIA, a seu turno, prevê medida tipicamente cautelar, cuja inspiração, ao que parece, remonta ao CPP no concernente à prisão preventiva (art. 312).

Por intermédio do afastamento provisório do agente, busca o legislador fornecer ao juiz um importantíssimo instrumento com vistas à busca da verdade real, garantindo a verossimilhança da instrução processual de modo a evitar que a dolosa atuação do agente, ameaçando testemunhas, destruindo documentos, dificultando a realização de perícias etc., deturpe ou dificulte a produção dos elementos necessários à formação do convencimento judicial.

Busca-se, enfim, propiciar um clima de franco e irrestrito acesso ao material probatório, afastando possíveis óbices que a continuidade do agente no exercício do cargo, emprego, função ou mandato eletivo poderia proporcionar.[68] Há quem associe a medida à conveniência da instrução criminal, prevista no art. 312 do CPP.[69]

Há, ainda, outra questão a ser enfrentada. O legislador é omisso quanto ao prazo de afastamento, seja na LIA, no microssistema, ou CPC.

Nesse sentido, a doutrina sustenta que o afastamento deve perdurar pelo *"tempo necessário à investigação; prazo determinado, que deve coincidir com as investigações, cessando após sua conclusão. O excesso ou a delonga nas investigações poderão ser objeto de impugnação pelo interessado, pois atritarão seus direitos"*.[70]

O prazo deve ser o **indispensável** para a produção da prova que esteja sob ameaça, sendo incompatível a sua manutenção quando já encerrada a fase de instrução do processo.[71] Esse é o posicionamento do STJ.[72] Assim, o afastamento cautelar do agente de seu cargo, previsto no parágrafo único do art. 20, somente se legitima como medida **excepcional**, quando for manifesta sua **indispensabilidade**.

A observância dessas exigências se mostra ainda mais pertinente em casos de mandato eletivo, cuja suspensão, considerada a temporariedade do cargo e a natural

---

67. STJ, 1ª T., REsp 929.483/BA, rel. Min. Luiz Fux, j. 02.12.2008.
68. GARCIA, Emerson; ALVES, Rogério. *Improbidade administrativa*. Rio de Janeiro: Lumen Juris, 2002. p. 625-626.
69. ZAVASCKI, Teori Albino. *Processo coletivo*: tutela de direitos coletivos e tutela coletiva de direitos cit., 5. ed., 2011, p. 119.
70. FIGUEIREDO, Marcelo. Ação de improbidade administrativa e suas peculiaridades e inovações. *Improbidade administrativa*. Questões polêmicas e atuais. 2. ed. São Paulo: Malheiros: 2003. p. 309.
71. ZAVASCKI, Teori Albino. *Processo coletivo*: tutela de direitos coletivos e tutela coletiva de direitos cit., 5. ed., 2011, p. 120.
72. STJ, CE, AgRg no SLS 867/CE, rel. Min. Ari Pargendler, j. 05.11.2008.

demora na instrução de ações de improbidade, pode, na prática, acarretar a própria perda definitiva.[73]

Noutro giro, não obstante o art. 20, parágrafo único, da LIA, referir-se à *"instrução processual"*, ensejando interpretação de que o afastamento somente seria admissível judicialmente, o próprio dispositivo menciona que a **autoridade administrativa** pode determinar o afastamento cautelar.

Em sede de inquérito civil, o **MP** deverá requerer o afastamento ao magistrado. Em sede de processo administrativo, a **autoridade administrativa** poderá fazê-lo, em decisão fundamentada.

No que se refere ao afastamento cautelar de titular de mandato **eletivo**, há forte embate doutrinário e jurisprudencial:

(i) Majoritariamente, segundo o art. 20, *caput*, da LIA, a perda da função pública e a suspensão dos direitos políticos, como sanção por improbidade administrativa, só se efetivam com o trânsito em julgado da sentença condenatória, pois o afastamento cautelar do agente público sujeito a mandato eletivo pode ocasionar, devido à demora do processo, uma perda do cargo.[74]

(ii) Há, contudo, quem entenda que as *"restrições de direito não comportam interpretações ampliativas, e o parágrafo único do art. 20 menciona apenas a possibilidade do afastamento do exercício de 'cargo, emprego ou função', tendo deliberadamente (...) omitido o exercício de 'mandato'. Este é um outro eloquente silêncio da lei. Essa exclusão faz sentido. O tempo indevidamente subtraído ao exercício de cargo, emprego ou função sempre pode, em princípio, ser reparado, bastando que o período de afastamento seja computado como tempo de exercício, pelo menos para efeitos administrativos e econômicos. Já, o tempo indevidamente subtraído ao exercício de um mandato político é absolutamente irreparável"*.[75]

Por fim, mas não de menor importância, o art. 20, parágrafo único, somente deve ser aplicado quando houver prova inequívoca de que o acusado está influindo na apuração dos fatos ou embaraçando a instrução de modo relevante. Assim acontecendo é que deve o agente ser afastado liminarmente.[76]

---

73. STJ, 1ª T., MC 5.214/MG, rel. Min. Francisco Falcão, j. 10.06.2003. ZAVASCKI, Teori Albino. *Processo coletivo*: tutela de direitos coletivos e tutela coletiva de direitos cit., 5. ed., 2011, p. 121.
74. STJ, 1ª T., REsp 993.065/ES, rel. Min. Teori Albino Zavascki, j. 26.02.2008; GARCIA, Emerson; ALVES, Rogério. *Improbidade administrativa* cit., 2002. p. 625-628.
75. DALLARI, Adilson Abreu. Limitações a atuação do Ministério Público na ação civil pública. In: Obra coletiva. *Improbidade administrativa*. Questões polêmicas e atuais. 2. ed. São Paulo: Malheiros, 2003. p. 44.
76. DELGADO, José Augusto. Improbidade administrativa: algumas controvérsias doutrinárias e jurisprudenciais sobre a Lei de Improbidade Administrativo. *Improbidade administrativa*. Questões polêmicas e atuais. 2. ed. São Paulo: Malheiros, 2003. p. 276.

3.6.3 Cautelares típicas: indisponibilidade (art. 7°)

Trata-se de cautelar de constrição patrimonial que importa em impedimento imposto ao agente público supostamente ímprobo, impedindo de efetuar alienação de bens com expressão econômica, visando a garantir a finalidade de futura execução da sentença de procedência na ação de improbidade.

Algumas indisponibilidades são muito utilizadas, como bloqueio de contas, bloqueio de aplicações financeiras, registro no registro geral de imóveis de inalienabilidade dos bens, muito se aproximando da cautelar típica de arresto que existia no CPC/73.

A indisponibilidade recairá sobre o acréscimo patrimonial resultante do ato, como também poderá recair sobre os bens do agente, com a finalidade de assegurar o ressarcimento integral do dano. Onde se lê *"ressarcimento integral"*, deve ser observado o art. 5° LIA, bem como o art. 37 § 5° da CF/88, que afirma que a pretensão de ressarcimento ao erário é **imprescritível**, além do art. 37 § 4°, CF/88.

Interpretando-se literalmente o preceito legal supracitado, poder-se-ia concluir que somente nos casos de enriquecimento ilícito ou prejuízo ao erário seria possível decretar a indisponibilidade de bens do agente ímprobo.

Caso a ação de improbidade fosse calcada exclusivamente em violação a princípios, não se poderia efetivar tal medida assecuratória, todavia, como bem colocam Emerson Garcia e Rogério Pacheco Alves, *"embora de rara ocorrência, nada impede, de lege lata, a decretação da medida quanto aos atos de improbidade de que cuida o art. 11 da Lei 8.429/1992 ('violação de princípios'), mormente no que diz respeito à garantia de reparação do dano moral"*.[77]

Há outros casos de indisponibilidade previstos, por exemplo, no **art. 185-A do CTN e art. 14 § 4° da LAP**, não obstante a legislação referir-se somente a sequestro e penhora. De igual modo, há o art. 36 § 1° Lei 6.024/74 que permite indisponibilidade dos bens dos administradores das instituições financeiras que estejam sofrendo liquidação extrajudicial.

Como se trata de medida cautelar, como cediço pelo CPC/15, seria exigível probabilidade do direito afirmado e risco de lesão (art. 300), porém, em sede de ação civil pública por improbidade administrativa o periculum in mora seria presumido, pois a medida constritiva assenta-se no art. 37 § 4° da CF/88, do qual se extrairia o risco de dano.[78]

Nessa ordem de ideias, *"exigir a prova, mesmo que indiciária, da intenção do agente de furtar-se à efetividade da condenação representaria, do ponto de vista prático, o*

---

77. GARCIA, Emerson; ALVES, Rogério Pacheco. *Improbidade administrativa* cit., 2002. p. 639.
78. ZAVASCKI, Teori Albino. *Processo coletivo*: tutela de direitos coletivos e tutela coletiva de direitos cit., 5. ed., 2011, p. 118; OSÓRIO, Fábio Medina. *Improbidade administrativa*. 2. ed. Porto Alegre: Síntese, 1998. p. 240-241.

irremediável esvaziamento da indisponibilidade perseguida em nível constitucional e legal"[79], o que é adotado pelo STJ na sistemática de recursos repetitivos[80].

3.6.4 Cautelares típicas: sequestro (art. 16) e bloqueio (art. 16, § 2º)

O art. 16 e seus parágrafos da LIA afirmam que havendo fundados indícios de responsabilidade, a comissão representará ao Ministério Público ou à procuradoria do órgão para que requeira ao juízo competente a decretação do sequestro dos bens do agente ou terceiro que tenha enriquecido ilicitamente ou causado dano ao patrimônio público, aplicando-se o art. 209 ao 302 e 305 ao 310 do CPC/15.

Nesse contexto, o STJ tem admitido o deferimento de medidas que visem assegurar o resultado útil do processo no que diz respeito à aplicação das penas monetárias,[81] desde que limitadas aos bens suficientes para o ressarcimento integral do dano.[82]

Observe-se que o legislador afirma que serão necessários fundados indícios, ou seja, exige expressamente probabilidade do direito afirmado.

De igual modo, nos termos do art. 5º da LIA, ocorrendo lesão ao patrimônio público por ação ou omissão, dolosa ou culposa, do agente ou de terceiro, dar-se-á o integral ressarcimento do dano.

3.6.5 Impenhorabilidades

As cautelares de indisponibilidade, sequestro e bloqueio referem-se, naturalmente, a constrições patrimoniais do agente público. Assim, discute a doutrina e a jurisprudência sobre a incidência das normas sobre impenhorabilidades nesses casos:

(i) Há quem afirme que, por tais medidas buscarem assegurar o resultado útil do processo de execução de uma decisão que imponha o dever de pagar ou ressarcir, as restrições à penhora devem ser observadas (como as relativas ao bem de família – Lei 8.009/1990) e, consequentemente, ao arresto ou o sequestro que incidem sobre determinadas parcelas do patrimônio do devedor.[83] No STJ[84] admite-se a indisponibilidade sobre bens adquiridos antes ou depois do ato de improbidade, assim como sobre bens de família;

(ii) Há quem defenda uma diferenciação: tratando-se de medida cautelar de indisponibilidade, somente pode recair sobre bens penhoráveis, até o valor

---
79. GARCIA, Emerson; ALVES, Rogério Pacheco. *Improbidade administrativa* cit., 2002. p. 641.
80. STJ, REsp. 1.366.721/BA, Rel. p/acórdão Min. Og Fernandes, DJe 19.09.2014.
81. STJ, 2ª T., REsp 1.023.182/SC, rel. Min. Castro Meira, j. 23.09.2008. STJ, 2ª T., REsp 811.979/SP, rel. Min. Eliana Calmon, j. 16.09.2008.
82. STJ, 1ª T., REsp 963.642/SP, rel. Min. Denise Arruda, j. 26.05.2009.
83. BUENO, Cassio Scarpinella. *Curso sistematizado de direito processual civil*: direito processual coletivo e direito processual público cit., v. 2, t. III, p. 189-190.
84. STJ, 1ª T., AgInt no AgInt no AREsp 1.556.270/PR, rel. Min. Napoleão Nunes Maia Filho, julgado em 17.11.2020.

suficiente para cobrir o cálculo estimado da condenação (tem-se, a rigor, um arresto, não sequestro); contudo, tratando-se de bens que constituam produto específico da ilicitude cometida, haverá um sequestro, que poderá recair sobre bens impenhoráveis;[85]

(iii) Noutro sentido, há quem defenda a penhorabilidade, mesmo quando os bens forem considerados pelo CPC impenhoráveis, tratando-se de ação de improbidade administrativa. A 1ª Turma do STJ segue esse entendimento.[86]

A justificativa seria no sentido de que as impenhorabilidades possuem um viés ético, como se extrai do arts. 833, 834 do CPC/15 e da Lei 8.009/90, com vistas a assegurar uma dignidade mínima. Logo, tendo o agente público cometido um ato de improbidade, violando o conteúdo ético das normas, não pode, contraditoriamente, alegar em sua defesa uma norma que protege a ética e a boa-fé objetiva.

Cremos ser insuperável tal fundamento. Nosso ordenamento, como cediço, consagra o *venire contra factum proprium*, como decorrente da boa-fé objetiva, o que proibiria a alegação de impenhorabilidade. De igual modo, seria inócua tal alegação de impenhorabilidade em razão da finalidade do sequestro, pois, ao final da ação de improbidade, os bens adquiridos por meio de atos ilícitos serão atingidos.

Também é possível em ação civil de improbidade haver o bloqueio das contas do investigado, como aplicações e investimentos (art. 16 § 2º LIA). Observe-se que o bloqueio tem duas vertentes: bloqueio de contas, aplicações e investimentos e bloqueio de bens.

A determinação do bloqueio de bens do agente público tem por finalidade impedir a alienação de determinados bens fazendo, inclusive, constar no registro imobiliário, todavia, tal bloqueio não se confunde com as demais medidas constritivas, pois seria autônomo, não obstante a redação do § 2º transmitir tal impressão. O bloqueio de bens só atinge bens imóveis, gerando impedimento à alienação destes bens.

Ao se usar o termo indisponibilidade, atingem-se bens móveis ou imóveis, por ser uma medida semelhante ao arresto. A finalidade é de impedir a alienação, servindo como garantia e impedindo à fruição dos bens.

Sequestro atinge bens móveis e imóveis. Deve-se salientar que a legislação parece vincular o conteúdo do sequestro ao ato de improbidade, limitando o objeto do sequestro àqueles bens adquiridos em razão do ato de improbidade. A interpretação não pode ser nesse sentido, devendo o sequestro alcançar todo o patrimônio do agente público.

---

85. ZAVASCKI, Teori Albino. *Processo coletivo: tutela de direitos coletivos e tutela coletiva de direitos*. 5. ed. cit., 2011. p. 118.
86. STJ, 1ª T., AgRg no REsp 956.039/PR, rel. Min. Francisco Falcão, j. 03.06.2008.

3.6.6 Cautelares atípicas

As cautelares atípicas ou inominadas originam-se do **poder geral de cautela do juiz** (art. 301 CPC/15),[87] que é inerente à função jurisdicional, com base na **teoria dos poderes implícitos** (*impled power*), permitindo-se a concessão de ofício de cautelares não previstas no direito positivo, bem como a sua modificação ou substituição (arts. 297, parágrafo único c/c 301 do CPC/15). Frise-se que a concessão de cautelares, *ex officio*, sempre ocorrerá de modo incidental.

Na ação civil de improbidade administrativa, admite-se a concessão de cautelares atípicas, desde que observados os seguintes requisitos: (i) a cautelar atípica não pode ter cunho satisfativo, pois seria uma tutela antecipada; (ii) a cautelar atípica não pode ter como objetivo substituir uma cautelar típica; (iii) a concessão da cautelar atípica não pode gerar resultado mais amplo que o da ação principal, por nítida contradição, pois a cautelar sempre é acessória em relação à ação principal.

3.6.7 Suspensão da liminar ou agravo de instrumento?

Os arts. 4º da Lei 8.437/1992, art. 25 §§ 2º e 3º e art. 39 da Lei 8.038/90, art. 12 da LACP, art. 16 da Lei 9.507/97 e o art. 15 da LMS regulamentam o incidente da suspensão da segurança.

Assim, a finalidade é sustar a eficácia de uma liminar ou de uma sentença que, de alguma forma, acarreta prejuízos ao Poder Público, seja do ponto de vista da saúde pública, economia, segurança, mas sempre quando ensejar grave dano.

Ocorre, contudo, que, na ação civil de improbidade, a pretensão veiculada é para **favorecer** o poder público e não contra o seu interesse, não obstante o agente público estar no polo passivo, pois se busca, por exemplo, o ressarcimento ao erário ou a reversão dos bens que estão em poder do agente público.

Nesse sentido, cremos ser **incabível** tal mecanismo na ação de improbidade administrativa, restando ao demandado somente o agravo de instrumento.

3.7 TERMO DE AJUSTAMENTO DE CONDUTA

Como analisado no capítulo sobre ação civil pública, admite-se a celebração de um termo de ajustamento de conduta, organizando-se a forma de reparação dos danos coletivos.

Havia, contudo, na redação do art. 17 § 1º LIA uma proibição de transação, acordo ou conciliação, que foi superada com a redação dada pela Lei 13.964/19,

---

87. Admitindo a concessão de outras medidas cautelares, mesmo que não previstas na lei de improbidade: ZAVASCKI, Teori Albino. *Processo coletivo*: tutela de direitos coletivos e tutela coletiva de direitos cit., 5. ed., 2011, p. 117. Enunciado 31 FPPC: O poder geral de cautela está mantido no CPC. *Enunciado 31 FPPC: O poder geral de cautela está mantido no CPC.*

autorizando a celebração de acordo de não persecução cível no bojo de uma ação de improbidade.

Diante de tal redação, muito já controverteu a doutrina sobre a admissibilidade de celebração de TAC no bojo de uma ação de improbidade administrativa:

(i) Classicamente se sustenta-se a **inadmissibilidade**, pois as sanções são irrenunciáveis e indisponíveis, não admitindo transação, composição ou acordo, que, se realizados, são absolutamente nulos.[88]

(ii) Atualmente, de maneira **majoritária**, o ajustamento de conduta busca a tutela da coletividade, podendo ocorrer tanto no plano judicial, como extrajudicial, em qualquer tutela coletiva, podendo, inclusive, ser extraído do art. 17 § 1º da LIA, que autoriza a celebração de acordo de não persecução cível e a consensualidade na tutela coletiva[89].

Nesse sentido, **não** cremos que tal dispositivo tenha o condão, ou até mesmo a intenção, de proibir o TAC em ação de improbidade administrativa. O dispositivo legal não impede a celebração do TAC, embora seu objeto não possa afastar as sanções da lei de improbidade, entretanto, é possível regular a forma de cumprimento de tais sanções, como o ressarcimento ao erário, contanto que tal ajuste seja para o ressarcimento integral, para não se violar o art. 5º da LIA.[90]

Temos que concordar com o segundo entendimento, pois se interpretando o microssistema da tutela coletiva, o TAC está previsto na ação civil pública e, como visto, a ação de improbidade nada mais é do que uma ação civil pública.

Além disso, o mencionado dispositivo não proíbe expressamente a celebração de TAC, eis que seria o mesmo que se afirmar que o art. 841 do CC/02 veda TAC na ação civil pública, interpretação já superada.[91]

Registre-se que tal indigitado parágrafo já foi revogado pela MP 703/15 (de constitucionalidade duvidosa por força do art. 62 § 1º, I, "b", CR/88), porém não foi convertida em lei, de igual modo, o art. 17 § 1º em sua versão proibitiva original estaria tacitamente revogado pelo art. 36 § 4º Lei 13.140/15, bem como em contradição com soluções negociadas (art. 76 e 89 Lei 9.099/95) e colaboração premiada (Lei nº 12.850/13), vindo por fim a ser revogado expressamente pela Lei 13.964/19 que deu a última redação ao art. 17 § 1º LIA.

---

88. MARTINS JUNIOR, Wallace Paiva. *Probidade administrativa*. 2. ed. São Paulo: Saraiva, 2002. p. 362-363. PAZZAGLINI FILHO, Marino. *Lei de Improbidade Administrativa comentada*. 3. ed. São Paulo: Atlas, 2007. p. 214.
89. Maiores considerações sobre o assunto vide capítulo primeiro.
90. RODRIGUES, Geisa de Assis. *Ação civil pública e termo de ajustamento de conduta: teoria e prática*. 2. ed. Rio de Janeiro: Forense, 2006. p. 184-185.
91. DIDIER JR., Fredie. ZANETI JR., Hermes. *Curso de direito processual civil*. 3. ed. cit., v. 4, p. 328; GARCIA, Emerson; ALVES, Rogério Pacheco. *Improbidade administrativa*. 4. ed. cit., 2008. p. 595-597.

Por fim, os mais modernos ditames do processo civil consensual e negocial, estimulam tal solução, como é possível se observar de alguns enunciados do FPPC[92].

3.8 ACORDO DE NÃO PERSECUÇÃO CÍVEL

Como demonstrado no primeiro capítulo dessa obra, a proposta de maior consensualidade na tutela coletiva tem sido cada vez mais ampliada e fomentada, todavia, o art. 17 § 1º LIA não o regulamenta (considerável falha[93]), já havendo algumas regulamentações administrativas[94], com base nas quais se farão os comentários adiante.

O legislador estabeleceu um paralelo com o acordo de não persecução penal (ANPP), previsto na Lei 13.964/19, no âmbito do CPP, principalmente por levar em conta que as sanções penais e as de improbidade forma o denominado Direito Sancionador, padronizando as terminologias.

Interessante se perceber que o agente infrator **não** precisa colaborar com as investigações, diferente do que se encontra no Direito Penal Premial.

O ANPC nos parece ter natureza jurídica de **transação especial**, semelhante ao TAC, havendo consensualidade bilateral, mesmo havendo discricionariedade de ambos os lados, ou seja, para que seja proposto, bem como para que seja aceito.

No que toca a **legitimidade**, a míngua de previsão legislativa, entendemos que todos os legitimados à propositura da ação de improbidade administrativa estão autorizados a buscar uma solução negociada, ou seja, o Ministério Público ou as pessoas jurídicas interessadas.

Assim, quando verificada a incidência de circunstâncias que demonstrem o pleno atendimento do interesse público, respeitando-se a independência funcional para análise do caso concreto, poderá ser celebrado ANPC.

O interesse público poderá ser aferido, dentre outros fatores, pela possibilidade de duração razoável do processo, da efetividade de aplicação de sanções proporcionais a gravidade dos fatos, da adequada responsabilização de agentes públicos e terceiros envolvidos, bem como o ressarcimento célere e integral de valores aos cofres públicos.

O ANPC pode ser firmado com pessoas físicas ou jurídica processadas por atos de improbidade, podendo, inclusive, ser requerido pelas próprias, devendo ser instaurando, por exemplo, um processo administrativo perante o Ministério Público referenciado ao processo judicial, onde deverão ser documentados os atos negociais.

---

92. Enunciado 617 FPPC: A mediação e a conciliação são compatíveis com o processo judicial de improbidade administrativa. Enunciado 255 FPPC: É admissível a celebração de convenção processual coletiva.
93. Tais regulamentações foram vetadas pela Presidência no momento da publicação da lei alteradora.
94. No âmbito do MPF da 1ª Região há a "Orientação sobre a celebração de acordo de não persecução cível no âmbito do NIDCIN/PRR 1A. REGIÃO", fonte: http://www.mpf.mp.br/regiao1/sala-de-imprensa/docs/normativo-anpc. Acesso em: 19.12.2020. Há, ainda, a previsão na Resolução 179/2017 do CNMP, em especial no art. 1º, § 2º.

O objeto do ANPC é ajustar com o interessado a imposição de sanções previstas em lei, assegurando o benefício da atenuação do sancionamento, visando prevenir, reprimir ou dissuadir atos de improbidade, além de assegurar o ressarcimento de danos e a cessação da prática de improbidade, dando ensejo ao fim do processo judicial.

Assim, por exemplo, as sanções do art. 12 LIA podem ser isentas parcialmente ou reduzidas, porém o ressarcimento do dano ao erário deve ser total, bem como o perdimento de bens, direitos ou valores que representem vantagem ou proveito direto ou indiretamente obtidos da infração, revertendo-se tais valores a pessoa jurídica interessada, que deverá ser previamente ouvida.

No que se refere aos **limites**, nos parece que as partes estão autorizadas a convencionarem a aplicação de toda e qualquer sanção prevista no artigo 12 da LIA, muito embora a **perda da função pública** e a **suspensão dos direitos políticos** possam parecer incompatíveis com o instituto em exame, pois somente poderiam produzir efeitos após o trânsito em julgado de uma sentença condenatória prolatada numa ação de improbidade administrativa (artigo 20 LIA), interpretação contrária seria contraditória a manifestação de vontade agente infrator em firmar o ANPC.

Assim, podemos sistematizar, os seguintes **requisitos cumulativos**: (i) confissão da prática pelo infrator do ato de improbidade; (ii) compromisso de reparação integral do dano eventualmente sofrido pelo erário; (iii) compromisso de transferência não onerosa, em favor da entidade lesada, da propriedade dos bens, direitos e/ou valores que representem vantagem ou proveito direto ou indiretamente obtido da infração, quando for o caso; e (iv) aplicação de uma ou algumas das sanções previstas no artigo 12 da LIA.

Nada obsta a sua formação extrajudicial, em um TAC, passando ter a natureza de **título executivo extrajudicial**, salvo se homologados judicialmente (art. 515, III CPC/15), onde dependerá de oitiva do MP.

Celebrado extrajudicialmente ocorrerão as mesmas **restrições** quando a legitimidade ativa existentes no TAC, ou seja, por exemplo, uma sociedade de economia mista não pode firmar um TAC, então não pode firmar um ANPC.

O compromisso previsto no art. 26 da Lei de Introdução às Normas do Direito Brasileiro (Decreto-Lei 4.657/1942) **não** é um TAC, tampouco é aplicável na esfera de improbidade administrativa, eis que não envolve interesses indisponíveis, limitando-se aos disponíveis e patrimoniais, não sendo, sequer, título executivo extrajudicial.

3.9 PRESCRIÇÃO

Dispõe o art. 23 da LIA sobre a prescrição no que se refere às ações de improbidade administrativa. Há, contudo, divergência entre a interpretação jurisprudencial e doutrinária no que se refere à conjugação do mencionado dispositivo e o art. 37 § 5º da CF/88.

(i) Prevalece na jurisprudência o entendimento de que os prazos esculpidos no art. 23 da LIA não se referem ao ressarcimento de dano ao erário, pois, nessa hipótese, haveria uma **imprescritibilidade**.⁹⁵ As ações de ressarcimento ao erário são imprescritíveis, portanto, ações perpétuas.⁹⁶

(ii) Há, contudo, no próprio STJ, entendimento no sentido de os prazos previstos no art. 23 da LIA regulamentam somente a primeira parte do art. 37, § 5º, da CF/88 e que, diante da ausência de regra expressa, o prazo de prescrição para as ações de ressarcimento ao erário seria de vinte anos, por aplicação do art. 117 do CC/16, ou se já praticado sob a égide do CC/02 (art. 205), seria de dez anos;⁹⁷

(iii) Há, ainda, quem defenda uma aplicação ampla do art. 23 da LIA, sendo que seus prazos alcançariam, inclusive, as ações de ressarcimento de danos ao erário⁹⁸.

3.10 SISTEMATIZAÇÃO GRÁFICA DO PROCEDIMENTO

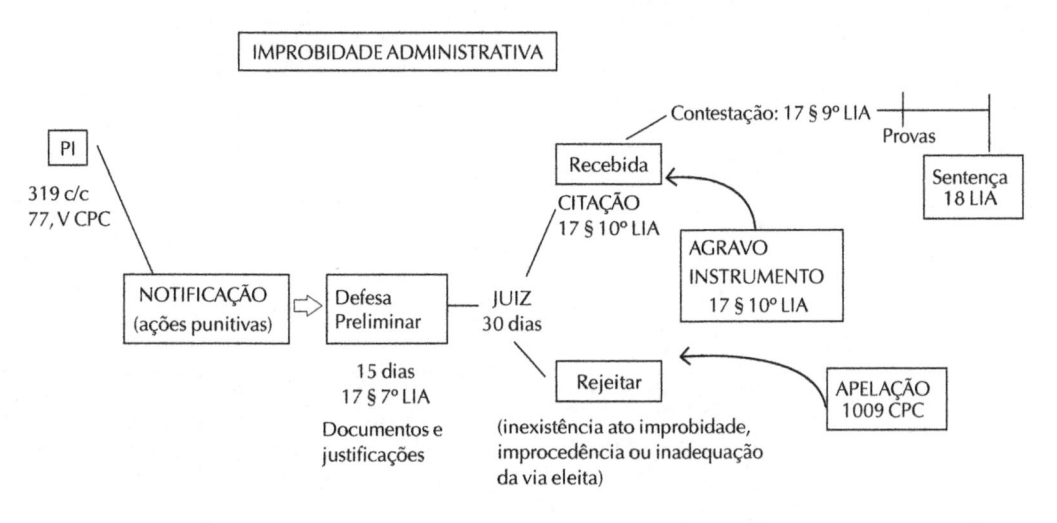

---

95. STJ, 2ª T., REsp 1.069.723/SP, rel. Min. Humberto Martins, j. 19.02.2009. STJ, 2ª T., REsp 1.069.779/SP, rel. Min. Herman Benjamin, j. 18.09.2008. STJ, 1ª T., REsp 705.715/SP, rel. Min. Francisco Falcão, j. 02.10.2007. Precedentes do STJ: AgRg no REsp 1.038.103/SP, rel. Min. Humberto Martins, 2ª T., *DJ* 04.05.2009; REsp 1.067.561/AM, rel. Min. Eliana Calmon, 2ª T., *DJ* 27.02.2009; REsp 801846/AM, rel. Min. Denise Arruda, 1ª T., *DJ* 12.02.2009; REsp 902.166/SP, rel. Min. Humberto Martins, 2ª T., *DJ* 04.05.2009; REsp 1107833/SP, rel. Min. Mauro Campbell Marques, 2ª T., *DJ* 18.09.2009.
96. DIDIER JR., Fredie. ZANETI JR., Hermes. *Curso de direito processual civil*. 3. ed. cit., 2008. p. 287.
97. STJ, 2ª T., AgRg no Ag 993.527/SC, rel. Min. Castro Meira, j. 19.08.2008. 2ª T., REsp 601.961, rel. Min. João Otávio de Noronha, j. 07.08.2007.
98. BUENO, Cassio Scarpinella. *Curso sistematizado de direito processual civil*: direito processual coletivo e direito processual público cit., v. 2, t. III, p. 194.

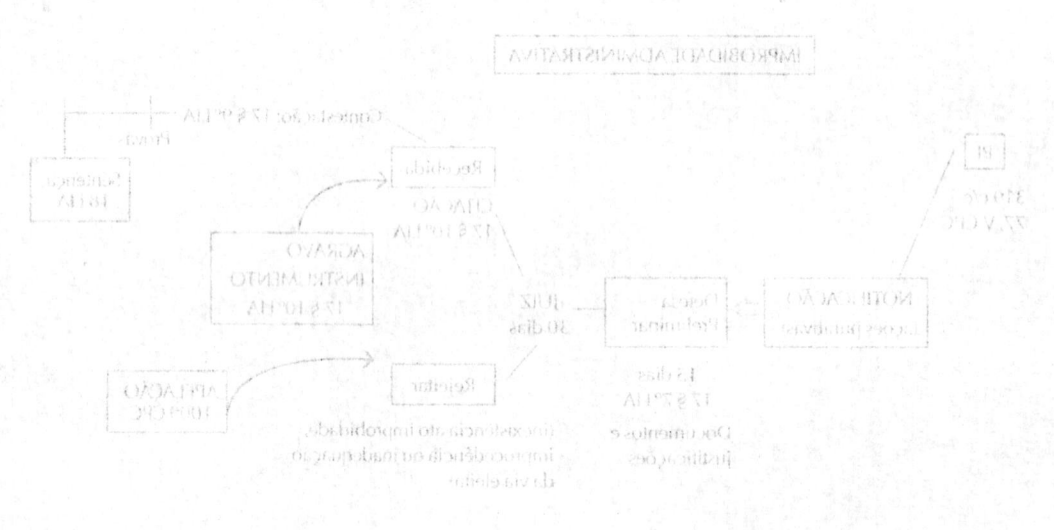

Capítulo 4
MANDADO DE SEGURANÇA COLETIVO

4.1 INTRODUÇÃO

Com a entrada em vigor da Lei 12.016 de 07 de agosto de 2009 (LMS), disciplinando o mandado de segurança individual e coletivo, com vigência imediata, revogou-se as vetustas Leis 1.533, de 31 de dezembro de 1951; 4.166, de 4 de dezembro de 1962; 4.348, de 26 de junho de 1964, 5.021, de 9 de junho de 1966; o art. 3º da Lei 6.014, de 27 de dezembro de 1973; o art. 1º da Lei 6.071, de 3 de julho de 1974; o art. 12 da Lei 6.978, de 19 de janeiro de 1982 e o art. 2º da Lei 9.259, de 9 de janeiro de 1996.

Analisando a Exposição de Motivos da LMS, observa-se que um dos seus objetivos foi incorporar avanços e consolidações doutrinárias e jurisprudenciais, fato este que não se pode negar, porém, algumas inovações foram implementadas.

O mandado de segurança coletivo não possuía regulamentação específica em lei, o que gerava uma aplicação subsidiária das regras existentes sobre o mandado de segurança individual, principalmente no que se refere à caracterização do direito como líquido e certo[1], contudo, com a Lei 12.016/09 (LMS) estabeleceram-se as regras do mandado de segurança coletivo (arts. 21 e 22).

Nessa linha, a LMS regulamenta o mandado de segurança coletivo somente no que se diferencia do individual, portanto, se mostra importante a compreensão de algumas premissas do mandado de segurança individual, para melhor compreender o coletivo.

4.2 ORIGEM HISTÓRICA

O mandado de segurança, no ordenamento brasileiro, inspirou-se no *juicio de amparo* mexicano e no *judicial review* norte-americano, todavia, foi uma criação tipicamente brasileira, tendo sido o nome proposto por João Mangabeira[2] e, ainda, com origem luso-brasileira.[3]

---

1. STF, 1ª T., RE 196.184/AM, rel. Min. Ellen Gracie, j. 27.10.2004. Precedentes citados: STF, MS 21.615/RJ e MS 21.098/DF. No mesmo sentido: DI PIETRO, Maria Sylvia Zanella. *Direito administrativo*. 23. ed. São Paulo: Atlas, 2010. p. 795.
2. DIREITO, Carlos Alberto Menezes. *Manual do mandado de segurança*. 4. ed. ampl. e atual. Rio de Janeiro: Renovar, 2003. p. 7.
3. CAETANO, Marcelo. As origens luso-brasileiras do mandado de segurança. *Revista Forense*. a. 71. v. 252. p. 30. Rio de Janeiro: Forense, out.-dez. 1975.

No Brasil do Império, preponderava o entendimento de que os atos do Poder Público não podiam ser questionados perante o Judiciário, em nome da separação dos poderes.

Partindo-se de uma análise de todas as nossas constituições, aqui incluindo a Emenda Constitucional de 69, podemos ter uma visão ampla do mandado de segurança.

Na Constituição de 1824, continuou-se não sendo possível a revisão judicial dos atos do Poder Público. O único instrumento jurídico existente à época era a ação sumária especial (ação anulatória de atos da administração), prevista na Lei 221 de 20 de novembro de 1894.

A mencionada Lei afirmava que o Judiciário deveria se abster de apreciar o merecimento dos atos administrativos sob o ponto de vista de sua conveniência ou oportunidade. Por esse instrumento normativo, contemporâneo ao início da Primeira República, ficava vedado o controle jurisdicional do mérito administrativo, sendo que as medidas administrativas tomadas em virtude de faculdades discricionárias somente poderiam ser controladas por ilegalidade em razão da incompetência da autoridade respectiva ou de excesso de poder.

Com a Constituição de 1891, em seu art. 72, § 22, permitiu-se a utilização do *habeas corpus*, sempre que o indivíduo sofrer ou se achar em iminente perigo de sofrer violência ou coação por ilegalidade ou abuso de poder, não fazendo restrição à liberdade de locomoção.[4]

A reforma constitucional de 1926, cautela do Governo contra a aplicação da *"teoria brasileira do habeas corpus"*, fez retornar ao padrão clássico de *habeas corpus*, admitindo-o somente para retirar alguém da prisão ilegal ou para evitar ameaça ilegal de prisão.

Logo, a partir dessa reforma constitucional, o *writ of habeas corpus* não mais poderia ser instrumento tutelador de todos os direitos líquidos, certos e incontestáveis, mas passou a ficar restrito às hipóteses de liberdade de locomoção.

Com a Constituição de 1934, foi instituído o Mandado de Segurança no ordenamento jurídico brasileiro, no art. 113, n. 33, com a seguinte redação:

Dar-se-á mandado de segurança para defesa do direito, certo e incontestável, ameaçado ou violado por ato manifestamente inconstitucional ou ilegal de qualquer autoridade. O processo será o mesmo do *habeas corpus*, devendo ser sempre ouvida a pessoa de direito público interessada. O mandado não prejudica as ações petitórias competentes.

---

4. Inclusive esse era o entendimento do STF, tendo como grande defensor de tal tese Ruy Barbosa. Franco opositor desse entendimento foi o Ministro Pedro Lessa, o qual aceitava o HC apenas para a proteção da liberdade de locomoção.

Posteriormente, tal dispositivo foi regulamentado pela Lei 191/1936, primeira legislação infraconstitucional sobre mandado de segurança; frise-se que editada sob a primeira presidência de Vargas, logo, tal previsão legislativa teve vida efêmera; pereceu, com a Constituição de 1937, pois um Estado forte e ditatorial não tolerava tamanha limitação a seus poderes.

Merece comentário que, em 1939, o Código de Processo Civil, em seu art. 319, incluiu o *mandamus* entre os processos especiais, para a defesa de direito certo e incontestável, ameaçado ou violado por ato manifestamente inconstitucional, ou ilegal de qualquer autoridade, salvo do Presidente da República, dos Ministros de Estado, Governadores e Interventores.

Com a Constituição de 1946, em seu art. 141, inaugurador do capítulo dos *"direitos e garantias individuais"*, parágrafo 24, informando que para proteger direito líquido e certo, não amparado por *habeas corpus*, conceder-se-á mandado de segurança, seja qual for a autoridade responsável pela ilegalidade ou abuso de poder, reinseriu-se em nosso ordenamento o nobre instituto.

Em 31 de dezembro de 1951, surge a Lei 1.533, que regula o Mandado de Segurança tanto no caráter processual como no caráter material. Posteriormente, diversas foram as modificações (Lei 2.770 de 04.05.1956; Lei 4.166 de 04.12.1962; Lei 4.348 de 26.06.1964; Lei 4.862 de 29.11.1965; Lei 5.021 de 09.06.1966).

Em todas as demais Constituições Brasileiras, o mandado de segurança encontrou abrigo (no artigo 50, § 20, da Constituição Federal de 1967; art. 153, § 21, da Constituição de 1969, e art. 5º, LXIX, da Constituição Federal de 1988).

Uma importante evolução foi concernente à substituição processual. Antes, só a parte lesada poderia impetrar o mandado de segurança; hoje, a Constituição tem previsão expressa do mandado de segurança coletivo.

No CPC de 1939, encontramos um esboço de tal previsão, no § 1º, do art. 319, no qual se assegurava que, na hipótese do direito ameaçado ou violado de uma categoria de pessoas indeterminadas, qualquer delas poderá requerer mandado de segurança.

Nosso ordenamento carece de regulamentação sobre tal demanda coletiva. Para sanar tal *déficit*, a Lei 12.016/2009, nos arts. 21 e 22, disciplinou o tema, todavia, tangenciou, em alguns momentos, uma constitucionalidade duvidosa.

O elemento histórico está a nos indicar, no estudo dos direitos do século XXI, principalmente ao analisarmos as dimensões dos diretos fundamentais, que o mandado de segurança integra a categoria dos direitos de primeira dimensão,[5] os quais, de modo pioneiro constaram na Constituição Federal em 1988, assegurando a possibilidade de defesa do indivíduo contra o Estado, à semelhança do *habeas corpus*.

---

5. FIGUEIREDO CRUZ, Luana Pedrosa et al. *Comentários à nova Lei do Mandado de Segurança*: Lei n. 12.016/09, de 7 de agosto de 2009. São Paulo: Ed. RT, 2009. p. 23.

Cremos que este deve ser o raciocínio inicial do estudo do mandado de segurança.[6] Basta lembrarmos que partimos de um Estado Absolutista, em que o poder estava concentrado na mão do monarca, para, superado tal momento, surgir o Estado de Direito, no qual a lei subordina o próprio criador das leis.

No Estado de Direito, em que o exercício do Poder do Estado é limitado pelos direitos individuais dos cidadãos, esculpidos em normas de maior hierarquia, o mandado de segurança ganha contornos importantíssimos.

4.3 CONCEITO

Mandado de segurança é uma ação de rito sumaríssimo,[7] com *status* de remédio constitucional, pelo qual a pessoa que sofrer ilegalidade ou abuso de poder ou tiver receio de sofrê-los, por ato de autoridade pública, ou de terceiro a quem foi delegado exercício de atribuições do poder público, poderá proteger seu direito "líquido, certo e incontestável", não amparado por *habeas corpus* ou *habeas data*.

Maria Sylvia Zanella Di Pietro assim conceitua:

> Mandado de segurança é a ação civil de rito sumaríssimo pela qual a pessoa pode provocar o controle jurisdicional quando sofrer lesão ou ameaça de lesão a direito líquido e certo, não amparado por habeas corpus nem habeas data, em decorrência de ato de autoridade, praticado com ilegalidade ou abuso de poder.[8]

4.4 NATUREZA PROCESSUAL, RITO E PRIORIDADE

O mandado de segurança distingue-se das demais ações pela especificidade de seu objeto e pela sumariedade de seu procedimento, que é próprio e, subsidiariamente, aceita as regras do Código de Processo Civil.

Importante salientarmos que o mandado de segurança será sempre processado e julgado pelo juízo competente como uma ação **civil**, independentemente da origem ou do ato impugnado (administrativo, judicial, penal, policial, militar, eleitoral, trabalhista etc.).[9]

Outro ponto relevante e característico do rito do mandado de segurança é a sumariedade de seu procedimento. A celeridade sempre foi ressaltada pela legislação anterior (art. 17), porém, o art. 20 da atual legislação preceitua que, ressalvado sobre o *habeas corpus*, os processos de mandado de segurança e seus respectivos recursos terão prioridade sobre todos os atos judiciais, sendo que o prazo para a conclusão

---

6. No mesmo sentido: TAVARES, André Ramos. *Manual do mandado de segurança*: Lei n. 12.016/09. Rio de Janeiro: Forense, 2009. p. 50.
7. FAGUNDES, Seabra. *O controle dos atos administrativos pelo Poder Judiciário*. 4. ed. Forense: Rio de Janeiro, 1957. p. 261-262.
8. DI PIETRO, Maria Sylvia Zanella. *Direito administrativo*, 1999. p. 612.
9. MEIRELLES, Hely Lopes. *Mandado de segurança*. 31. ed. São Paulo: Malheiros. p. 35-36.

dos autos não pode superar cinco dias (§ 2º); portanto, foi aumentado o prazo para a conclusão - de inexequíveis vinte e quatro horas, para cinco dias.

O art. 7º, § 4º, da Lei 12.016/2009, dispõe que "deferida a liminar, o processo terá prioridade para julgamento". Esse dispositivo urge por uma interpretação conjunta com o art. 20, ou seja, com ou sem deferimento da liminar, o mandado de segurança haverá de ter prioridade processual.[10] Todavia, dentre os mandados de segurança, terá prioridade aquele em que a liminar tiver sido deferida. Alguns, inclusive, prestigiam tal dispositivo, entendendo que a norma protege o Estado, não o impetrante, pois esse já estaria protegido pelo deferimento da liminar e enquanto essa permanecer vigente. O Estado é que estaria sofrendo os efeitos deletérios da tutela concedida com base em cognição não exauriente, portanto, não haveria qualquer inconstitucionalidade.[11] Scarpinella Bueno afirma que o mencionado dispositivo transmite falsa impressão, no sentido de reduzir a sua abrangência, somente havendo prioridade nos casos de concessão da liminar, o que não é verdade. Impõe-se a conjugação do art. 7º, § 4º, e do art. 20.[12]

Observe-se que o § 1º, do art. 20, da LMS não distingue o mandado de segurança impetrado originariamente nos Tribunais (art. 16), ou aquele julgado em grau recursal, ou em reexame necessário. Nesse sentido, a prioridade deve ser assegurada, sempre com a ressalva de preferência da tramitação e do julgamento do *habeas corpus*.

O art. 1.038, § 2º, do CPC/15, ao disciplinar os chamados recursos especiais repetitivos, informa que tais julgamentos terão preferência sobre os demais feitos, ressalvados os que envolvam réu preso e *habeas corpus*. No mesmo sentido, encontramos o art. 4º, *caput*, da Resolução 8/2008, da Presidência do STJ, que procedimentaliza a referido dispositivo legal, ratificando a diretriz sobre a prioridade.

Em uma análise conjunta dos arts. 19 e 20, da Lei 12.016, bem como da natureza constitucional de tal remédio constitucional, sendo um ato de exercício da cidadania, em eventual confronto entre o julgamento de um recurso especial repetitivo e um mandado de segurança, individual ou coletivo, este último terá prioridade.[13]

4.5 "DIREITO" LÍQUIDO E CERTO

O rito do mandado de segurança não permite dilação probatória, tratando-se de uma ação exclusivamente documental,[14] ou seja, documentalmente acertado é o comprovado de plano.

---

10. THEODORO JR., Humberto. *O mandado de segurança segundo a Lei 12.016, de 07 de agosto de 2009*. Rio de Janeiro: Forense, 2009. p. 29-30.
11. GARCIA REDONDO, Bruno; OLIVEIRA, Guilherme Peres; CRAMER, Ronaldo. *Mandado de segurança: comentários à Lei n. 12.016/09*. Rio de Janeiro: Método, 2009, p. 109-110.
12. BUENO, Cássio Scarpinella. *A nova Lei do Mandado de Segurança*. São Paulo: Saraiva, 2009. p. 54.
13. Nesse sentido, BUENO, Cassio Scarpinella. *A nova Lei do Mandado de Segurança* cit., 2009, p. 118-120.
14. FERRARESI, Eurico. *Do mandado de segurança*: comentários à Lei n. 12.016, de 07 de agosto de 2009. Rio de Janeiro: Forense, 2010. p. 6.

Nesse sentido, a rigor, não é o **direito** que é líquido e certo,[15] mas os **fatos** alegados que são líquidos e certos, comprováveis de plano. A jurisprudência já se atentou a isso, como se observa do Enunciado 625 do STF, o qual afirma que a complexidade do direito não impede a concessão do mandado de segurança, pois o que não podem ser complexos são os fatos, não o direito.

A concepção de direito líquido e certo migrou da análise da tese jurídica para os fatos sendo, portanto, aquele direito titularizado pelo impetrante embasado em situação fática perfeitamente delineada e comprovada de plano por meio de prova pré-constituída, cuja existência e extensão são claras e passíveis de demonstração documental.

Cumpre registrar que não vemos óbice na utilização de prova documentada, como o depoimento pessoal ou prova testemunhal realizada em outro processo.

Destarte, o conceito de direito líquido e certo é tipicamente processual, pois atende ao modo de ser de um direito subjetivo no processo. A circunstância de determinado direito subjetivo realmente existir não lhe dá a caracterização de liquidez e certeza, pois esta só se caracteriza se os fatos puderem ser provados de forma incontestável, certa, no processo. E isto normalmente só se dá quando a prova for documental, porque é adequada a uma demonstração imediata e segura dos fatos.

Ressalte-se que, conforme estabelecido no art. 425, IV, do CPC/15, é possível a autenticação dos documentos pelo advogado, responsabilizando-se pessoalmente por tal ato.

A rigor, a expressão de que o direito deve ser líquido e certo se mostra arraigado em nosso ordenamento, pois, desde a primeira previsão do mandado de segurança (Constituição de 1934) utilizava-se expressão semelhante (direito certo e incontestável).

Não são a liquidez e certeza atributos do direito subjetivo alegado pelo impetrante. A expressão é equívoca. A questão jurídica pode ser altamente complexa e o juiz não pode eximir-se de julgar.[16]

Observe-se que, diante das conclusões acima, o mandado de segurança sempre é um caminho opcional, nunca afastando a possibilidade de utilização da ação comum, ainda que o demandante possua direito líquido e certo. Trata-se de típico exemplo de concurso ou cumulação de ações, onde há um direito potestativo do autor escolher qual via pretende utilizar, com a única restrição que para o MS é necessário direito líquido e certo.

Por fim, vejamos a análise de algumas situações para ilustrar o anteriormente afirmado:

---

15. A rigor, trata-se de uma infeliz expressão, que se mostra inclusive redundante, pois, para ser direito deve ser líquido e certo, do contrário não seria direito.
16. GRECO, Leonardo. Natureza jurídica do mandado de segurança. *Revista Arquivos do Ministério da Justiça*. Rio de Janeiro: Departamento de Imprensa Nacional, n. 129, p.79, jan.-mar. 1974.

(i) O candidato foi reprovado em exame psicotécnico,[17] tendo a Administração Pública exarado decisão em que constava, simplesmente, *"inapto"*. Seria admissível mandado de segurança? Totalmente admissível, justamente pela falta de fundamentação do ato administrativo praticado (art. 50 da Lei 9.784/1999), infringindo a ampla defesa, por impossibilitar que o candidato conheça os motivos que ensejaram a sua desclassificação no certame;[18]

(ii) O candidato foi reprovado no exame psicotécnico, em um ato administrativo escorreitamente fundamentado, contudo, não há previsão em lei para se exigir exame psicotécnico, somente previsão editalícia. Admite-se mandado de segurança? Admite-se, pois só por lei se pode sujeitar a exame psicotécnico a habilitação de candidato a cargo público, como preceitua o Enunciado 686 do STF;

(iii) O candidato foi reprovado em exame psicotécnico em decisão corretamente fundamentada, havendo previsão legislativa para tal exigência. É admissível mandado de segurança? Nessa hipótese, não será admissível mandado de segurança, pois se mostrará necessária a realização de prova pericial. Há de se cogitar na utilização de uma ação comum cumulada com pedido de tutela antecipada;

(iv) O edital do certame não apontou os critérios de correção da prova de redação a que se submeteu, pois esses se mostram amplos a ponto de não permitir qualquer controle por parte dos candidatos: não se sabe qual peso ou faixa de valores para cada quesito, o conteúdo de cada um deles ou o valor de cada erro. Isso é agravado pela constatação de que não há sequer uma anotação na folha da redação do candidato que seja apta a embasar os pontos obtidos, salvo alguns apontamentos quanto a erros de português. Admite-se MS? Será admissível, pois é patente que o ato administrativo em questão se revela sem motivação idônea, razão para considerá-lo inválido.[19]

4.5.1 Uma primeira exceção à comprovação de plano

Sendo o mandado de segurança ação sumária documental,[20] é vedado o *"protesto"* pela produção de provas durante o curso do processo, como, por exemplo,

---

17. Vale a transcrição de um julgado do STJ: "A Turma negou provimento ao recurso, reiterando que a realização de exames psicotécnicos em concursos públicos é legítima, desde que haja previsão legal e editalícia, que os critérios adotados para a avaliação sejam objetivos e que caiba a interposição de recurso contra o resultado, que deve ser público". Informativo 462: STJ, 2ª T., REsp 1.221.968/DF, rel. Min. Mauro Campbell Marques, j. 22.02.2011. Precedentes citados: AgRg nos EDcl no REsp 1.163.858-RJ, *DJe* 16.08.2010; AgRg no Ag 1.291.819-DF, *DJe* 21.06.2010; AgRg no RMS 29.811-PR, *DJe* 08.03.2010.
18. Nesse sentido: STJ, 6ª T., RMS 26.927/RO, rel. Min. Maria Thereza de Assis Moura, j. 04.08.2011. Precedente citado: RMS 25.703-MS, *DJe* 03.08.2009.
19. Informativo 476: STJ, 2ª T., RMS 33.825/SC, rel. Min. Mauro Campbell Marques, j. 07.06.2011.
20. BARBI, Celso Agrícola. *Do mandado de segurança*. 3. ed., 3. tir. Rio de Janeiro: Forense, 1979. p.73.

a realização de oitiva de testemunha, tampouco, a juntada posterior de eventual documento,[21] seja pelo impetrante, seja pela autoridade coatora depois da apresentação das informações.[22]

A necessidade de comprovação imediata de elementos fáticos, contudo, não impede que se reconheça hipótese em que a produção probatória é admitida posteriormente ao ingresso em juízo.

Quando o documento, ou um dos documentos, imprescindível à comprovação das alegações esteja em repartição do estabelecimento público, ou, ainda, em poder de autoridade que se recusa a fornecê-la ou, por fim, em poder de terceiro, o impetrante poderá requerer que seja determinado à autoridade, entidade, departamento público ou terceiro que apresentem os documentos que se encontram em seu poder e que ostentam pertinência direta com a causa.

Não poderia o impetrante ver tolhida a possibilidade de valer-se do mandado de segurança somente porque determinada prova está em poder de outra parte ou de um terceiro e estes se recusam a exibi-la.

Essa possibilidade, no entanto, está diretamente ligada à recusa da Administração em fornecer os documentos necessários à impetração. A comprovação da negativa da Administração é premissa para o deferimento do pedido de requisição.[23]

Frise-se que o STJ já se posicionou no sentido de que deve o impetrante demonstrar a eventual recusa por parte da autoridade coatora.[24] Cremos que um idôneo pedido de exibição, devidamente comprovado nos autos, já se mostra suficiente, desde que transcorrido razoável prazo e a autoridade coatora tenha se quedado inerte. Tal regra decorre da garantia constitucional de receber dos órgãos públicos todas as informações de interesse particular dos administrados (art. 5º, XXXIII, da Constituição).

Nessa situação, o magistrado, preliminarmente, mediante ofício, ordenará a exibição que deverá ser cumprida em 10 (dez) dias (art. 6º, § 1º, da LMS). O legislador repetiu o sentido do já existente na Lei 1.533/1951, bem como do CPC/15 (arts. 396 a 405 e 425).

A lei inovou somente em relação à inclusão do *"terceiro"*, ou seja, o estranho à causa, mas que possui, em seu poder, documento do interesse do autor, para fins do alegado na petição inicial.

---

21. AgRg na MC 15389/AC, Min. Benedito Gonçalves, 1ª T., j. 28.04.2009.
22. AgRg no REsp 897719/PR, Min. Humberto Martins, 2ª T., j. 13.02.2009.
23. POMBO, Rodrigo Goulart de Freitas. A requisição de documentos necessários à impetração e a necessidade de emenda à inicial do mandado de segurança. Informativo Justen, Pereira, Oliveira e Talamini, Curitiba, n. 33, nov. 2009. Disponível em: http://www.justen.com.br/informativo. Acesso em: 04 mar. 2010.
24. AgRg no MS 10314/DF, Min. Gilson Dipp, 3ª S., j. 28.09.2005.

4.5.2 Uma segunda exceção à comprovação de plano

Outra hipótese em que teríamos uma pequena dilação probatória é apresentada por André Ramos Tavares,[25] afirmando que pode ocorrer, ainda, que a autoridade coatora abra margem à juntada de outros documentos em função das informações que preste. Ou seja, o autor admite que, diante dos documentos apresentados pela autoridade coatora, seja franqueado ao impetrante a oportunidade de acrescer documentos aos adunados à inicial.

Por outro lado, é assente na jurisprudência do STJ a impossibilidade de alteração dos pedidos formulados pelo impetrante após apresentação das informações pela autoridade coatora. Entende-se que, "com a inicial e as informações, são fixados os pontos controvertidos do processo, de modo que é vedada a alteração do pedido ou dos seus fundamentos",[26] entendimento esse que tem o condão de preservar a garantia ao contraditório.[27]

Não obstante o entendimento do STJ, reputa-se que a impossibilidade de alteração ou adequação dos fundamentos e pedidos formulados inicialmente não se aplica aos casos em que o impetrante, justificadamente, mediante a comprovação da negativa à obtenção dos documentos, bem como do art. 403 do CPC/15, requisita a apresentação dos documentos por quem os detenha.

Seria legítimo o aditamento à inicial para que se promova a alteração ou adequação dos fundamentos e pedidos veiculados num primeiro momento, pois ao se verificar que a superveniência dos documentos altera as circunstâncias que permearam a impetração, deve o juiz conferir oportunidade para que o impetrante adite a inicial, adequando seus fundamentos e pedidos, se for o caso.

De igual modo, os precedentes do STJ que impedem a possibilidade de aditamento à inicial posteriormente à apresentação das informações não foram proferidos à luz do parágrafo único do art. 6º da Lei 1.533/1951, atual § 1º, do art. 6º da LMS.

Leonardo Greco[28] com a clareza que lhe é peculiar, discorrendo sobre o *distinguishing* e o *overruling*, informa que o próprio tribunal que construiu o precedente ou qualquer outro juízo ou tribunal, sempre que, em cuidadosa comparação entre o precedente e o novo caso, visualizar existir alguma circunstância fundamental que caracterize este último como um caso diverso do anterior (*distinguishing*), pode deixar de aplicá-lo.[29]

---

25. TAVARES, André Ramos. *Manual do mandado de segurança*: Lei n. 12.016/09 cit., 2009, p. 35.
26. STJ, 3ª S., MS 4196, rel. Min. Felix Fisher, j. 17.08.1998. No mesmo sentido: 1ª S., MS 7.253/DF, rel. Min. Laurita Vaz. *DJU* 19.12.2002. STJ, 2ª T., RMS 22.801/SP, rel. Min. Castro Meira, j. 08.05.2007.
27. POMBO, Rodrigo Goulart de Freitas. A requisição de documentos necessários à impetração e a necessidade de emenda à inicial do mandado de segurança cit., n. 33, p. 3.
28. GRECO, Leonardo. *Novas súmulas do STF e alguns reflexos sobre o mandado de segurança*. Disponível em: http://www.mundojuridico.adv.br. Acesso em: 03 mar. 2010. p. 3-4.
29. Sobre as técnicas de superação e confronto dos precedentes remetemos o leitor ao capítulo sobre teoria dos precedentes.

Ocorre que os documentos apresentados pela Administração ou pelo terceiro, por vezes não conhecidos pelo impetrante, podem demonstrar a inadequação dos fundamentos invocados ou dos pedidos formulados no mandado de segurança, o que não pode prejudicar o impetrante. A recusa da Administração (ou de terceiro) em apresentar os documentos que comprovam o direito líquido e certo do impetrante não pode beneficiá-la.

Solução em sentido inverso – que defenda a possibilidade de extinção do mandado de segurança nessas hipóteses – atentaria contra os princípios processuais, notadamente o do contraditório e o da economia processual. Mais do que isso, constituiria ofensa à essência constitucional do mandado de segurança.[30]

Não se afigura razoável, portanto, que o impetrante fique vinculado aos fundamentos e pedidos formulados antes do acesso às provas, nem mesmo a possibilidade de impetração de novo *writ* com base nos novos elementos probatórios, pois, assim, se ofenderia a economia processual e, em algumas situações, poderia acarretar repercussões no que se refere ao prazo decadencial para a impetração.

4.5.3 Exibição de documentos no mandado de segurança e no CPC

Enquanto o pedido de exibição de documento em face da Administração tem base no direito de informação (art. 5º, XXXIII, da Constituição), a requisição de documentos em face de terceiro (alheio à Administração), tem por base o procedimento de exibição de documentos, que mesmo antes da nova legislação já se mostrava possível no âmbito do mandado de segurança, com base no CPC.

Temos, a rigor, uma medida cautelar de exibição de documentos, que pode se apresentar de modo antecedente (art. 386 do CPC/15) ou incidental (arts. 396 e 404 do CPC/15).[31]

Nesse sentido, com base no art. 397 do CPC/15, o pedido de exibição formulado no mandado de segurança, seja contra a Administração ou terceiro, obrigatoriamente, deverá conter a individualização, tão completa quanto possível, do documento ou coisa, a finalidade da prova, indicando os fatos que se relacionam com o documento e as circunstâncias em que se funda o requerente para afirmar que o documento existe e se acha em poder da parte contrária ou do terceiro.

No CPC, encontrando-se o documento com a parte adversária ou com terceiro, o procedimento será distinto. Sendo o pedido realizado contra a parte adversária, será um *incidente processual*; todavia, contra um terceiro, será um *processo incidente*.[32]

---

30. POMBO, Rodrigo Goulart de Freitas. A requisição de documentos necessários à impetração e a necessidade de emenda à inicial do mandado de segurança cit., n. 33, p. 4.
31. CÂMARA, Alexandre Freitas. *Lições de direito processual civil*. 17. ed. inteiramente revista. Rio de Janeiro: Lumen Juris, 2008. v. 1, p. 394-395.
32. Nesse sentido: DIDIER JR., Fredie. *Curso de direito processual civil*. Direito probatório, decisão judicial, cumprimento e liquidação da sentença e coisa julgada. Salvador: JusPodivm, 2007. v. 2, p. 142.

No mandado de segurança, tanto a formação do incidente processual, como do processo incidente é inviável, pois atentariam contra o procedimento sumário do *writ*. Assim, bastará a mera expedição de ofício, como determina o art. 6º da LMS, podendo, inclusive, restar caracterizado o crime de desobediência em caso de não cumprimento da determinação judicial (art. 26 da LMS).

A intenção do legislador ao inovar, permitindo a exibição de documento por parte do terceiro, realmente foi salutar. Todavia, complexa é a sua concretização e, pior, sua compatibilização com o rito do mandado de segurança.

Como dito pelo CPC, na exibição em face de terceiro, teremos a formação de um processo incidente, com a formulação de uma petição autônoma, devendo ser autuada em apartado, sendo o terceiro citado para responder em 15 dias (art. 401 do CPC/15), sendo, ao final, tal processo resolvido por meio de sentença, impugnável por apelação.[33]

Tal procedimento (arts. 401 e 402, do CPC/15), *a priori*, mostra-se incompatível com a Lei 12.016/2009, pois esta afirma que o *"magistrado ordenará, preliminarmente, por ofício, a exibição"*.

Nesse sentido, poderia o magistrado expedir ordem de exibição para um terceiro, sem um respaldo mínimo de garantias processuais, tudo em nome da efetividade do mandado de segurança? Ou seja, expede a ordem para cumprimento no prazo de 15 (quinze) dias e, como o art. 6º enfatiza que é uma ordem, sendo descumprida, caracteriza crime de desobediência (art. 26)?

Cremos que não seria prejudicial à aplicação dos arts. 401 e 402, do CPC/15 na hipótese de exibição em face de terceiro, pois, ordenar, preliminarmente, por ofício, a exibição, sem assegurar ao terceiro a possibilidade de defender-se, é reduzir demasiadamente a ampla defesa e o contraditório em nome da efetividade do mandado de segurança. De igual modo, como a exibição tem natureza cautelar, pois está assegurando a efetividade do mandado de segurança, deverá ser comprovado o *fumus boni iuris*, pela observância do art. 397 do CPC/15, bem como o *periculum in mora*.

4.6 DAS CUSTAS

Pelo texto constitucional, ações constitucionais como o *habeas corpus* e o *habeas data*, gozam de imunidade tributária, na forma do art. 5º, LXXVII, CR/1988, não necessitando, portanto, do pagamento de taxa judiciária.

Nos dispositivos constitucionais sobre o mandado de segurança (art. 5º, LXIX e LXX, CR/1988), o constituinte foi silente quanto à imunidade tributária, de igual modo quanto ao mandado de injunção (art. 5º, LXXI, CF/1988).

---

33. Nesse sentido: DIDIER JR., Fredie. *Curso de direito processual civil*. Direito probatório, decisão judicial, cumprimento e liquidação da sentença e coisa julgada cit., p. 145-146.

Assim, literalmente, constata-se que o constituinte somente quis imunizar o *habeas corpus* e o *habeas data*, todavia, deveria haver imunidade para o mandado de segurança, eis que o mesmo é um remédio necessário ao exercício da cidadania, expressão imunizante empregada no dispositivo constitucional do art. 5º, LXXVII, CF/1988.[34]

Tal tese é maciçamente rejeitada pela jurisprudência, afirmando que há uma natureza de taxa nas custas judiciais, inclusive, na Justiça Federal, o mandado de segurança deverá ser enquadrado na tabela de custas inserta pela Lei 9.289/1996, como uma das ações civis em geral, a que se refere a alínea "a", sendo cobrada a taxa judiciária na base de 1% sobre o valor da causa, tendo como limites mínimo e máximo as quantias equivalentes a 10 (dez) Ufirs e a 1800 (um mil e oitocentos) Ufirs.[35]

4.7 VALOR DA CAUSA

Sendo o mandado de segurança uma ação civil, observará os requisitos inerentes a qualquer petição inicial (art. 6º), indicando o valor da causa, submetendo-se ao CPC/15, art. 291, devendo ser atribuído um valor certo, ainda que não tenha conteúdo econômico imediatamente aferível.

O valor da causa tem influência direta para a quantificação da taxa judiciária, bem como é parâmetro para a fixação da multa correspondente ao ato atentatório à dignidade da justiça, pelo não cumprimento, com exatidão, das decisões jurisdicionais, na forma do art. 77, inciso IV, e §§ 1º e 2º, do CPC/15.

4.8 MINISTÉRIO PÚBLICO

Nesse sentido, por exemplo, é obrigatória a intimação do **Ministério Público** para participar do feito, na dicção do determinado pelo art. 12, parágrafo único, LMS c/c art. 180 § 1º CPC/15, podendo, contudo, não ocorrer a sua efetiva intervenção.

Consoante a lei, transcorrido o prazo de informações da autoridade coatora, o magistrado abrirá vista ao representante do Ministério Público para que este emita seu parecer, no prazo improrrogável de 10 (dez) dias (art. 12, *caput*, da Lei 12.016/2009).

A lei racionalizou o prazo, pois, o antigo, de 5 (cinco) dias, mostrava-se impraticável; além disso, foi acrescentada a expressão **improrrogável**, tentando fazer superar a ideia de prazo "impróprio". A lei deixou bem claro que tal prazo é próprio, pois, caso decorrido *in albis*, os autos seguirão conclusos ao juiz, independentemente do parecer ministerial, para decisão, que deverá, **necessariamente**, ser proferida em 30 (trinta) dias.

---

34. BUENO, Cassio Scarpinella. *Mandado de segurança*: comentários às Leis n. 1.533/51, 4.348/64 e 5.022/66. 5. ed. rev. atual. e ampl. São Paulo: Saraiva, 2009. p. 80.
35. LOPES, Mauro Luis Rocha. *Comentários à nova Lei do Mandado de Segurança*. Niterói: Impetus, 2009. p. 3.

A lei tocou em questão que sempre foi de extrema tensão na doutrina. Um ponto, realmente, é digno de aplauso, a postura do legislador foi corajosa e de vanguarda.

A jurisprudência do STJ controverte se a não manifestação do MP atrairia a sanção de nulidade quando a lei a impõe. Em certos momentos, entende ser imprescindível a manifestação, além de entender que o prazo para sua ocorrência é impróprio.[36] Em outros momentos, o STJ entende que a intervenção do Ministério Público no tribunal supre a falta na primeira instância, nos processos em que a lei obriga a sua atuação;[37] todavia, em outra linha, mais acertada, adotou-se que a ausência de manifestação do *Parquet*, desde que devidamente intimado, não gera nulidade do processo.[38]

Como se pode notar, a legislação adotou a segunda orientação, dispensando a manifestação, desde que devidamente intimado o MP.

Nos quadros do Ministério Público, prevalece o entendimento de que a norma que exige a manifestação nos autos do mandado de segurança somente se aplica para hipótese de evidência de um interesse público primário.

Modernamente, encontram-se na jurisprudência do STJ alguns precedentes em que se afirma que cabe ao membro do *Parquet*, na análise do caso concreto, definir se é ou não obrigatória a sua manifestação. Vejamos:[39]

> *Processual civil. Mandado de segurança. Ausência de manifestação do Ministério Público. Nulidade caracterizada. Art. 10 da Lei 1.533/1951. 1. Nos termos do art. 10 da Lei 1.533/1951, em Mandado de Segurança, sob pena de nulidade insanável do processo, é obrigatória a intimação do Ministério Público, cabendo-lhe, no caso concreto, verificar a existência de interesse público que justifique a sua intervenção como fiscal da lei. 2. Recurso Especial provido.*

Por fim, o Ministério Público desfruta, para interpor os recursos cabíveis, de prazos duplicados, nos expressos termos do art. 180 do CPC/15.[40] Indeferida a petição inicial do mandado de segurança, por falta das condições da ação ou dos pressupostos processuais, não há necessidade de oitiva do MP.[41] Impetrado mandado de segurança contra ato do membro do Ministério Público, este será a autoridade coatora e prestará informações, todavia, outro representante do MP atuará como fiscal da ordem jurídica.

---

36. REsp 88.471/AM, rel. Min. Francisco Peçanha Martins, 2ª T., j. 06.04.1999. EREsp 26.709/AM, rel. Min. Francisco Peçanha Martins, 1ª S., j. 30.05.1995.
37. REsp 146.668/SP, rel. Min. Peçanha Martins, 2ª T., j. 02.03.2000.
38. REsp 9.159/AM, rel. Min. Milton Luiz Pereira, rel. p/acórdão Min. Demócrito Reinaldo, 1ª T., j. 20.08.1992.
39. REsp 602.849/RJ, rel. Min. Herman Benjamin, 2ª T., j. 27.11.2007, DJe 11.11.2009.
40. MEIRELLES, Hely Lopes. *Mandado de segurança* cit., 31. ed., p. 70.
41. TRF 1ª R., MAS 38000341001/MG, 6ª T., Des. Fed. Antonio Prudente, DJ 23.10.2002, p. 221.

4.9 REEXAME NECESSÁRIO

No que se refere ao **reexame necessário**, não deve ser aplicado o art. 14, § 1°, da LMS, devendo prevalecer as regras inerentes à tutela coletiva, cabendo a remessa obrigatória, conforme dispõe o art. 19 da LAP, nas hipóteses de improcedência ou de extinção do processo sem resolução de mérito[42], contudo, tal artigo é interpretado pelo STJ[43] no sentido de não ser aplicável às ACP que envolvam direitos individuais homogêneos e, por conseguinte, não deve ser aplicado ao MS sobre direitos individuais homogêneos.

4.10 LEGITIMIDADE ATIVA

4.10.1 Ministério Público e Defensoria Pública

Ao tratar da legitimidade para o MS coletivo, foi feita uma regulação da sua amplitude, tendo o art. 21 apontado como legitimados os entes previstos no Texto Constitucional. A legitimidade no MS coletivo é extraordinária, conforme prevista no art. 5°, LXX, da CF e no art. 18 do CPC/15. Como o legislador é silente no que se refere à legitimidade do Ministério Público e da Defensoria, há controvérsia em tal ponto:

(i) A jurisprudência parece tender a uma interpretação restritiva, somente admitindo MS coletivo pelos legitimados no Texto Constitucional, proibindo, inclusive, que um Estado-Membro maneje o *writ* coletivo;[44]

(ii) Contudo, a doutrina majoritária atribui legitimidade para o Ministério Público, extraída das finalidades institucionais do mencionado órgão, definidas pelos arts. 127 e 129, III, da CR/1988 e, infraconstitucionalmente, pelo art. 6°, VI, da LC 75/1993, para o MPU, e art. 32, I, da Lei 8.625/1993, para o MPE.[45]

(iii) No que tange à Defensoria, a Lei Complementar n° 80/94, nos arts. 1°, 4°, 15-A, 106-A, incisos VII, VIII, IX, X e XI do referido art. 4°, atribui legitimidade para tutela coletiva, inclusive, o mandado de segurança sempre que o resultado da demanda puder beneficiar grupo de pessoas hipossuficientes, com redação dada pela LC 132/09.

4.10.2 Partidos políticos

Segundo o art. 21 da LMS, os partidos políticos têm legitimidade ativa para o mandado de segurança coletivo, desde que atuem na defesa dos integrantes de seus

---

42. TAVARES, André Ramos. *Manual do novo mandado de segurança:* Lei 12.016/2009. Rio de Janeiro: Forense, 2009. p. 165.
43. STJ, 3ª T., REsp 1.374.232-ES, Rel. Min. Nancy Andrighi, julg. 02.10.2017.
44. O STF já afirmou que o Estado-membro não pode impetrar MS coletivo: STF, Pleno, MS 21.059/RJ, rel. Min. Sepúlveda Pertence, *DJ* 19.10.1990.
45. BUENO, Cassio Scarpinella. *A nova Lei do Mandado de Segurança.* São Paulo: Saraiva, 2009. p. 127.

quadros ou em matéria relativa às finalidades partidárias. Nesse sentido, estaria sendo exigido pertinência temática entre o pedido do MS coletivo e as finalidades partidárias.

Assim, instigou-se, ainda mais, a controvérsia existente:

(i) O art. 21 consagrou o que já entendia o STF, afirmando que o partido político necessita de pertinência temática;[46]

(ii) Esse, contudo, não é o entendimento da doutrina majoritária, segundo a qual **não** se poderia exigir pertinência temática do partido político, pois o texto constitucional não a exigiu, bem como o próprio STF não exige para ADIn.[47] A única exigência legítima seria a representação no Congresso Nacional;[48]

De igual modo, exige-se que o partido político tenha representação no Congresso Nacional, ou seja, o partido deve ter ao menos um representante na Câmara dos Deputados ou no Senado Federal para a exigência estar satisfeita.

4.10.3 Organizações sindicais, entidades de classe e associações

Para as organizações sindicais (sindicatos), entidades de classes (OAB e conselhos) e associações sindicais, também se exige pertinência temática, porque devem ser defendidos interesses da totalidade ou de parte daqueles associados, necessariamente, conforme já previsto no Enunciado 630 do STF.

De igual modo, o art. 21 da LMS deixou claro que, em mandado de segurança coletivo, não é necessária a autorização especial dos associados ou membros dessas organizações, tampouco relação nominal dos substituídos, como já era estampado no Enunciado 629 do STF.[49]

O sindicato não precisa estar constituído há mais de um ano a fim de impetrar mandado de segurança coletivo, pois a ressalva se prende às associações,[50] as quais deverão estar constituídas há pelo menos um ano, requisito a ser analisado na data

---

46. STF, 1ª T., RE 196184/AM, rel. Min. Ellen Gracie, j. 27.10.2004. VELLOSO, Carlos Mário da Silva. *Temas de direito público*. Belo Horizonte: Del Rey, 1994. p. 217.
47. STF, Pleno, ADI 1.963 MC/PR, rel. Min. Maurício Corrêa, j. 18.03.1999. Entendendo não ser legítima a exigência de pertinência temática: BUENO, Cassio Scarpinella. *Mandado de segurança*. 5. ed. São Paulo: Saraiva, 2009. p. 39. THEODORO JR., Humberto. *O Mandado de segurança segundo a Lei 12.016/2009*. Rio de Janeiro: Forense, 2009. p. 51.
48. BUENO, Cassio Scarpinella. *A nova Lei do Mandado de Segurança* cit., 2009. p. 124. No mesmo sentido: NERY JR., Nelson; NERY, Rosa Maria de Andrade. *Constituição Federal comentada e legislação constitucional*. 2. ed. São Paulo: Ed. RT, 2009. p. 196. DANTAS, Marcelo Navarro Ribeiro. *Mandado de segurança coletivo: legitimação ativa*. São Paulo: Saraiva, 2000. p. 105-106. ZAVASCKI, Teori Albino. *Processo Coletivo: tutela de direitos coletivos e tutela coletiva de direitos*. 5. ed. atual. e ampl. São Paulo: Ed. RT, 2011. p. 196.
49. "A impetração de mandado de segurança coletivo por entidade de classe em favor dos associados independe da autorização destes." Nesse sentido: STJ, 2ª T., REsp 72.028/RJ, rel. Min. Peçanha Martins, *DJ* 08.03.1999.
50. STF, 1ª T., RE 198.919/DF, rel. Min. Ilmar Galvão, *DJ* 24.09.1999. TAVARES, André Ramos. *Manual do novo mandado de segurança*: Lei 12.016/2009 cit., p. 175.

da impetração do MS coletivo, não podendo ser dispensado judicialmente, como é possível em ACP (art. 5º, § 4º, da Lei 7.347/1985).⁵¹

Cumpre, por fim, analisarmos algumas hipóteses de mandado de segurança impetrados pelos referidos entes:

(i) Mandado de segurança individual, em defesa de direito próprio da impetrante, como pessoa jurídica quando, por exemplo, o sindicato de trabalhadores impugna ato de autoridade fiscal que não reconhece imunidade tributária;

(ii) Mandado de segurança individual, com fundamento no art. 5º, XXI, da CR/1988, atuando as entidades associativas como representante de seus associados identificados na inicial, devidamente autorizada, para defender interesses individuais desses como, por exemplo, o MS impetrado por associação de servidores públicos representando cinco associados que foram preteridos na escala de férias;

(iii) Mandado de segurança coletivo, em nome próprio, para defender interesse de toda a classe ou categoria, ou de parte dela, como na hipótese de associação de empresas para que estas se vejam livres de exigência tributária dita indevida; ou, ainda, mandado segurança impetrado pelo OAB contra ato que viola o exercício de prerrogativas da classe dos advogados.⁵²

A decisão do MS Coletivo impetrado por associação beneficia todos os associados, sendo irrelevante a filiação ter ocorrido após a sua impetração⁵³.

4.11 LEGITIMIDADE PASSIVA

A análise do polo passivo do mandado de segurança sempre foi extremamente controvertida, tanto na doutrina, como na jurisprudência, e a nova legislação não foi expressa em sanar tal questão. Vejamos uma síntese das controvérsias existentes:

(i) Cumpre, inicialmente, registrar a posição de Botelho de Mesquita,⁵⁴ o qual afirma que o mandado de segurança seria uma ação política, um instrumento de garantia da sociedade contra atos ilegais e abusivos do poder público, portanto, seria um **processo sem réu**, sem parte passiva, não tendo, sequer, natureza jurisdicional. Enfim, seria um instrumento de intervenção política do Judiciário no controle dos atos estatais;

---

51. Nesse sentido: BUENO, Cassio Scarpinella. *A nova Lei do Mandado de Segurança* cit., 2009. p. 125.
52. Hipóteses extraídas de: LOPES, Mauro Luís Rocha. *Comentários a nova Lei do Mandado de Segurança*. Niterói: Impetus, 2009. p. 151-152.
53. STJ, 2ª T., AgInt no REsp 1.841.604/RJ, rel. Min. Mauro Campbell Marques, julgado em 22.04.2020.
54. BOTELHO DE MESQUITA, José Ignácio. Mandado de segurança: contribuição para o seu estudo. *RePro*. n. 66. p. 125. São Paulo: Ed. RT, abr.-jun. 1992.

(ii) Classicamente, Hely Lopes Meirelles sempre defendeu que a legitimidade passiva do MS seria da **autoridade coatora**, devido às peculiaridades procedimentais do MS[55], posicionamento adotado pelo STJ[56];

(iii) Noutro giro, haveria um **litisconsórcio** no polo passivo do MS, entre a autoridade coatora e a pessoa jurídica a que ela pertence, defendida por Luís Eulálio Bueno Vidigal,[57] autor clássico nos manuais de mandado de segurança.

Atualmente, esses dois últimos entendimentos são minoritários ao afirmarem que autoridade coatora ocupa o polo passivo da demanda, pois essa não responde pelos efeitos do julgado, assim, quem deve ocupar o polo passivo é quem responderá pelas consequências da demanda, não simplesmente aquele que praticou o ato que está sendo questionado.

(iv) Em outra linha doutrinária,[58] a parte ré seria apenas a pessoa jurídica de que a autoridade coatora é agente. Essa, por sua vez, apenas seria chamada a prestar informações, não teria nenhuma outra função no processo, senão a de colaborar com o Juízo, mediante a apresentação de subsídios instrutórios. Por isso, além da notificação da autoridade coatora, seria necessária a citação da pessoa jurídica; além da prestação de informações pela autoridade, a própria pessoa jurídica teria de receber uma oportunidade específica e própria para contestar – e assim por diante. Haveria assim uma duplicação de atividades processuais, já que os atos praticados junto à – ou pela – autoridade coatora não vinculariam a – nem expressariam manifestação da – pessoa jurídica. Poderia aqui se invocar os arts. 6º, *caput*, 7º, I e II, e 13, *caput*, da Lei 12.016/2009, todavia, essa concepção acarreta óbvias complicações procedimentais, incompatíveis com a necessidade de celeridade e simplicidade do rito do mandado de segurança. E isso é o que basta para que seja desaprovada.

(v) Com supedâneo nessa concepção, surge outro entendimento que melhor se coaduna com a envergadura constitucional do mandado de segurança, portanto, majoritária na doutrina,[59] segundo o qual a parte ré seria somente a

---

55. MEIRELLES, Hely Lopes. *Mandado de segurança* cit., 31. ed., p. 64. No mesmo sentido: GRECO FILHO, Vicente. *O novo mandado de segurança*: comentários à Lei 12.016, de 7 de agosto de 2009. São Paulo: Saraiva, 2010. p. 13. Na atualização do livro do Professor Hely Lopes, já se reconhece que o STJ não adota tal posicionamento.
56. STJ, 2ª T., REsp 1.200.802/DF, rel. Min. Mauro Campbell, julgado 12.04.2011.
57. BUENO DE VIDIGAL, Luís Eulálio. Do mandado de segurança. *Direito processual civil*. São Paulo: Saraiva, 1965. p. 102-103.
58. FERRAZ, Sérgio. *Mandado de segurança*. São Paulo: Malheiros, 2006. n. 9, p. 92-93.
59. ARRUDA ALVIM, Eduardo. *Mandado de segurança no direito tributário*. São Paulo: Ed. RT, 1998. n. 4.1 e 4.2, p. 64-72; ASSIS, Carlos Augusto de. *Sujeito passivo no mandado de segurança*. São Paulo: Malheiros, 1997. n. 4, p. 56-57, n. 8, p. 89. STJ, AgRg-REsp 1.098.520, 1ª T., v.u., rel. Min. Francisco Falcão, j. 19.02.2009, DJe 11.03.2009 – com referência a precedentes.

pessoa jurídica de que a autoridade coatora é agente – mas essa, por sua vez, representaria aquela, no recebimento da citação ("notificação"), na apresentação da defesa ("informações"), na intimação da liminar e da sentença, e seria destinatária das ordens expedidas pelo juiz. Nesse sentido, o regime jurídico do mandado de segurança constituiria uma hipótese excepcional de (re)presentação legal da pessoa jurídica em juízo. A autoridade coatora atuaria como (re)presentante da pessoa jurídica, para os fins do mandado de segurança (p. ex., no mandado de segurança contra decisão proferida em processo licitatório municipal, o presidente da comissão de licitação, como autoridade coatora, (re)presentaria judicialmente o Município, em vez do procurador-geral municipal). O regime jurídico do mandado de segurança implicaria também uma excepcional atribuição de capacidade postulatória à autoridade coatora – que não necessitaria de advogado para contestar (na "prestação de informações"). Nesse sentido, encontramos, inclusive, o Enunciado 114 do TJ/RJ.[60]

Essa é a posição adotada pela lei, pelo menos de modo implícito. Vejamos como se extrai tal conclusão: o art. 7º, inciso I, estabelece a notificação da autoridade coatora para simplesmente prestar informações, ou seja, não será citada, apenas notificada para prestar informações (esclarecimento sobre a dinâmica do ato impugnado); o mesmo artigo, porém, no inciso II, determina a ciência do órgão de representação judicial da pessoa jurídica da existência do MS para, querendo, ingressar no feito, ou seja, quem estaria sendo "citada" seria a pessoa jurídica; o art. 9º traz a previsão de que tais representantes judiciais defendam eventual liminar deferida; e, por fim, o art. 6º (*in fine*) exige indicação da autoridade coatora, bem como da pessoa jurídica que esta integra. Portanto, obviamente, não existe litisconsórcio na hipótese de somente haver uma parte, eis que a lei afirma que a autoridade é parte integrante da pessoa jurídica – somente esta é parte, a autoridade coatora é somente um *longa manus* ou "presentante" da pessoa jurídica.

Observe-se que sendo impetrado um mandado de segurança, o polo passivo será preenchido pela autoridade coatora, contudo, sendo ajuizada uma ação comum, o polo passivo será composto pela pessoa jurídica e, não obstante essa diferença, o STJ reconhece litispendência no ajuizamento concomitante das duas ações.[61]

4.12 AUTORIDADE COATORA

O art. 6º, *caput*, e o seu § 3º, delimitam o conceito de autoridade coatora, sendo ela o agente que tem o poder decisório sobre o ato ou aquele que o praticou.

Agora, diante de tal previsão, urge atenção sobre a hipótese daquele agente que somente pratica o ato, ou seja, aquele que é apenas o responsável pela sua execução.

---

60. "Legitimado passivo do mandado de segurança é o ente público a que está vinculada a autoridade coatora."
61. STJ, 2ª T., RMS 29.729/DF, rel. Min. Castro Meira, julgado 09.02.2010.

Sendo mero executor, não tendo qualquer tipo de deliberação sobre o mesmo, não exerceu qualquer poder decisório, em tese, não pode ser considerado autoridade coatora. Esse, inclusive, é o conceito de autoridade adotado pelo art. 1º, § 2º, III, da Lei 9.784/1999, que disciplina o processo administrativo no âmbito federal, e do art. 1º, § 1º, III, da Lei 5.427/2009, que disciplina o processo administrativo no âmbito do estado do Rio de Janeiro. Assim, por exemplo, impetrado mandado de segurança contra um ato realizado em licitação, a autoridade coatora será o presidente da comissão (art. 38, III, da Lei 8.666/1993).

Ocorre que o STJ,[62] depois da publicação da legislação em comento, enfrentou o tema e consagrou uma interpretação literal do dispositivo, considerando autoridade quem executa o ato, praticando-o em concreto, conforme o disposto no art. 6º, § 3º, da lei. Já a segunda parte do dispositivo não enseja grande dúvida, porque fala da autoridade da qual emanou o ato, ou seja, que expediu aquela ordem.

4.12.1 Indicação errônea da autoridade coatora. Posições do STJ

Como visto acima, autoridade coatora e legitimado passivo não se confundem. De igual modo, a indicação equivocada da autoridade coatora, em tese, tem o condão de gerar a extinção do processo sem resolução do mérito.

Ocorre que, diante da complexidade, no caso concreto, da localização da correta autoridade coatora, em razão dos inúmeros fracionamentos existentes na Administração Pública, como órgãos e secretarias, cada uma com inúmeros agentes, o STJ criou duas soluções, evitando-se, assim, a extinção anômala do feito.

4.12.2 Teoria da encampação

Quando a autoridade coatora indicada equivocadamente venha no processo e defenda o ato impugnado, ou seja, não alegue somente a sua ilegitimidade, ocorreria a encampação do ato impugnado pela autoridade superior.

Assim, para a aplicação de tal teoria, fazem-se necessários alguns requisitos[63]:

(i) Existência de vínculo hierárquico entre a autoridade que prestou as informações e a que ordenou a prática do ato impugnado;

(ii) Ausência de modificação de competência estabelecida na Constituição Federal; e

(iii) Manifestação a respeito do mérito nas informações prestadas.

---

62. STJ, RMS 29.630/DF, rel. Min. Napoleão Nunes Maia Filho, j. 06.10.2009, publicado no Informativo 410.
63. Súmula 628 STJ: A teoria da encampação é aplicada no mandado de segurança quando presentes, cumulativamente, os seguintes requisitos: a) existência de vínculo hierárquico entre a autoridade que prestou informações e a que ordenou a prática do ato impugnado; b) manifestação a respeito do mérito nas informações prestadas; e c) ausência de modificação de competência estabelecida na Constituição Federal.

4.12.3 "Emenda" à autoridade coatora

A segunda hipótese se dá nos casos em que a autoridade coatora correta pertence a mesma pessoa jurídica que a autoridade coatora equivocada. Nesses casos, deve ocorrer uma atuação oficiosa e a realização da correção por parte do próprio magistrado. Já que a autoridade coatora correta faz parte da mesma pessoa jurídica que a equivocada, não haverá, a rigor, uma alteração subjetiva da demanda, porque a pessoa jurídica continua a ser a mesma, não havendo modificação de réus.

O novo diploma legal sobre mandado de segurança trazia previsão expressa de tal correção, devendo ser realizada pela parte, no prazo de 10 (dez) dias, porém, tal previsão foi vetada (artigo 6°, § 4°). Em tese, seria possível a emenda da petição inicial, na hipótese de a autoridade coatora alegar somente ilegitimidade.

Nesse sentido, em açodada interpretação, poder-se-ia concluir pela inadmissão de tal emenda, todavia, compulsando as razões do veto, nitidamente percebe-se que o problema foi o prazo estabelecido, em confronto com o prazo decadencial do MS. Assim, o óbice foi somente o prazo, não o sendo a sua realização, ainda restando possível referida emenda.

Cumpre registrar que o mencionado dispositivo vetado afirmava que a emenda somente poderia ser oportunizada na hipótese da autoridade coatora ilegítima suscitar sua ilegitimidade. Assim, percebe-se que o legislador também pretendeu positivar a teoria da encampação, como acima explanado.

No próprio STJ, a admissibilidade de tal correção é controvertida,[64] mas a intenção legislativa mostrou-se clara e acertada. Recentemente, sendo hipótese de litisconsórcio passivo necessário, o STJ determinou a aplicação do art. 115, parágrafo único, do CPC/15 para que seja determinada a citação do litisconsorte faltante.[65]

Por fim, cabe ressaltar que com o princípio da primazia de mérito, o art. 338 e 339 do CPC/15 deve ser aplicável a todos os procedimentos em espécie, como afirmado no Enunciado 551 do FPPC[66].

4.12.4 Informações e defesa técnica

A legislação estabelece a notificação da autoridade coatora para prestar informações ao julgador (art. 7°, inciso I), bem como a ciência ao órgão de representação judicial da pessoa jurídica para, querendo, ingressar no feito (art. 7°, inciso II).

---

64. No sentido da inadmissibilidade: RMS 27.666-RJ, rel. Min. Og Fernandes, j. 06.08.2009, Informativo 401, período: 29 jun. a 7 ago. 2009. Em magistral voto, admitindo, AgRg no Ag 1076626/MA, rel. Min. Luiz Fux, Órgão Julgador T1, 1ª T., j. 21.05.2009.
65. Informativo 467: STJ, 6ª T., RMS 24.082/GO, rel. Min. Maria Thereza de Assis Moura, j. 22.03.2011. Precedentes citados: RMS 19.096-MG, DJ 12.04.2007; REsp 782.655-MG, DJe 29.10.2008.
66. A técnica processual prevista nos arts. 338 e 339 pode ser usada, no que couber, para possibilitar a correção da autoridade coatora, bem como da pessoa jurídica, no processo de mandado de segurança.

Essa regra do inciso II, do art. 7º, da lei do mandado de segurança espelha a alteração sofrida em 2004 pela Lei 4.348/1974, em que seu art. 3[67] passou exigir a ciência dos órgãos de representação judicial da existência do MS para fins utilização da suspensão de liminar ou outro meio impugnativo.

Frise-se que o artigo 7º, II, não prevê um prazo para a efetivação dessa notificação, porém, a intimação deve ser feita juntamente com a expedição da notificação, porque o dispositivo coloca no *caput* que essas providências dos incisos serão tomadas quando o juiz despachar a inicial.

A Fazenda, querendo, vai se manifestar no feito, todavia, é uma faculdade, pois, a própria lei enfatiza: *"querendo"*. Porém, como há a indisponibilidade do interesse público por parte dos órgãos de representação judicial, fatalmente, a manifestação sempre irá ocorrer.

Na ótica do legislador, esse ingressar tem o sentido de manifestação jurídica, porque, visa a lei que a autoridade coatora apresente esclarecimentos, informações. O órgão de representação judicial trará eventuais alegações de caráter jurídico, já que a autoridade coatora não está obrigada a ter tais conhecimentos.

Nesse sentido, a autoridade coatora **não** necessita de capacidade postulatória, pois, não está praticando ato postulatório, apenas trazendo informações, que não têm caráter de contestação. Tais informações têm caráter de esclarecimento, não de defesa técnica. Alguns entes públicos estabelecem que essas informações sejam assinadas por membros do órgão de representação judicial, porém, é uma questão de autonomia.

A despeito do prazo de 10 dias para a prestação de informações (artigo 7º), não se efetivará o efeito material da revelia. Revelia, espécie de contumácia, em nosso ordenamento é falta de contestação; como as informações têm caráter de esclarecimento, deve haver a intimação do representante judicial da pessoa jurídica para que, na forma do arts. 7º, II, e 9º, faça a defesa técnica do ato e, para tal defesa, a lei não exige prazo. Existe prazo, a contar da notificação do órgão de representação da pessoa jurídica da medida liminar, para que este remeta cópia autenticada do mandado notificatório ao Ministério Público ou ao órgão de representação jurídica, para que este sim defenda o ato (art. 9º).

Exige-se, ainda, que as autoridades administrativas remetam ao órgão, ao qual esteja vinculada, a cópia do mandado e os elementos que entendam necessários para que este faça a eventual defesa e, caso entenda cabível, peça a suspensão da eventual

---

67. "Os representantes judiciais da União, dos Estados, do Distrito Federal, dos Municípios ou de suas respectivas autarquias e fundações serão intimados pessoalmente pelo juiz, no prazo de 48 (quarenta e oito) horas, das decisões judiciais em que suas autoridades administrativas figurem como coatoras, com a entrega de cópias dos documentos nelas mencionados, para eventual suspensão da decisão e defesa do ato apontado como ilegal ou abusivo de poder" (Redação dada pela Lei 10.910/2004).

liminar (art. 9º). Então, é possível que o próprio órgão de representação já faça esse pedido de suspensão (art. 15).

O artigo 9º prevê o prazo de 48 horas para a autoridade fazer essa comunicação, mas não previu qualquer sanção. Assim, somente pode ocorrer punição de caráter administrativo para essa autoridade coatora, jamais revelia, consoante a previsão de cada ente federativo, no âmbito da sua autonomia.

Na hipótese de deferimento da liminar, vai haver essa comunicação para que o órgão de representação judicial possa requerer a suspensão e defender judicialmente a pessoa jurídica. Mas, não havendo deferimento de liminar, o artigo 7º, II, já prevê que vai haver a intimação do órgão de representação judicial para que possa fazer uma defesa técnica. Assim, a autoridade, no caso do artigo 9º, não terá o ônus da comunicação.

4.12.5 Legitimidade recursal

A jurisprudência do STJ[68] há muito tempo já havia se posicionado no sentido de que a legitimidade recursal em sede de mandado de segurança pertenceria à pessoa jurídica, não à autoridade coatora.

Com a nova legislação, ocorreu uma extensão à autoridade coatora (art. 14, § 2º), em virtude do interesse recursal que ela pode possuir, em virtude de poder vir a ser responsabilizada em regresso pela pessoa jurídica.

No caso de um MS impetrado contra ato disciplinar, praticado em processo administrativo disciplinar, restando estabelecida a extrema abusividade do ato, a administração pode instaurar um processo disciplinar para apurar a conduta dessa autoridade coatora. Destarte, a autoridade coatora tem interesse recursal na decisão final, resguardando eventual responsabilidade que ela venha a sofrer.

Nesse sentido, já havia alguns precedentes permitindo que a autoridade coatora interponha recurso, na condição de terceiro (art. 996 do CPC/15), com a demonstração da "possibilidade de a decisão sobre a relação jurídica submetida à apreciação judicial atingir direito de que se afirme titular ou que possa discutir em juízo como substituto processual" (art. 996, parágrafo único, do CPC/15).[69]

Frise-se que a legislação somente cria tal legitimidade para a apelação e ainda ressalta que está estendendo o direito de recorrer à autoridade coatora. Nesse sentido, controverte-se sobre a possibilidade de ser estendida:

(i) Cremos que a legitimidade da autoridade coatora é excepcional, devendo a interpretação ser restritiva, ou seja, somente para a apelação da sentença, até porque os recursos são regidos pelo princípio da taxatividade;

---

68. STJ, 5ª T., REsp 1.047.037/MG, rel. Min. Arnaldo Esteves Lima, j. 15.10.2009.
69. STJ, AgRg no REsp 901.794/PR, 5ª T., rel. Min. Arnaldo Esteves Lima, j. 18.09.2008. REsp 264.632/SP, rel. Min. Maria Thereza Assis Moura, j. 04.09.2007.

(ii) Todavia, há quem sustente aplicação analógica ao agravo de instrumento;[70]

(iii) Ainda, há entendimento no sentido de que tal previsão geraria um desequilíbrio no contraditório, pois, o impetrado, naturalmente, como polo mais forte, ganha mais prestígio com tal medida.[71] Em recente decisão, o STJ já afirmou que a autoridade coatora é notificada somente para prestar informações.[72]

Na hipótese de a autoridade coatora interpor recurso, estará praticando ato de postulação, visando à reforma ou anulação da sentença, logo, precisará de advogado. Querendo recorrer, sendo o órgão de representação judicial pertencente à pessoa jurídica, necessitará a autoridade coatora de um advogado privado, contudo, nada impede que a lei orgânica de cada ente traga a previsão de poder o representante judicial da pessoa jurídica fazer a representação também do agente público.

Saliente-se, ainda, que a Fazenda Pública e o Ministério Público gozam de isenção de preparo recursal (art. 1.007, § 1º, do CPC/15), todavia, como o CPC criou uma exceção, bem como a legitimidade da autoridade coatora é uma extensão, essa deverá recolher preparo para o manejo do recurso.[73]

É possível mandado de segurança contra ato de pessoa jurídica de direito privado, exercendo atividade típica de poder público (art. 1º, § 1º). Assim, tal pessoa jurídica de direito privado será a legitimada passiva, tendo legitimidade primária para o recurso, devendo, para tanto, contratar advogado ou possuir capacidade postulatória. O agente coator, para prestar informações, não precisará de capacidade postulatória, todavia, para eventual recurso, esta será imprescindível.

4.12.6 Da competência

Ainda no que concerne à autoridade coatora, algumas considerações sobre a competência do mandado de segurança devem ser feitas, pois aquela a definirá.[74]

A nova legislação trouxe o artigo 2º, o qual deve ser interpretado em sintonia com o art. 109, I e VIII, da CF/1988. Pelo mencionado artigo (2º da LMS), considera-se federal a autoridade coatora se as consequências de **ordem patrimonial** do ato contra o qual se requer o mandado houverem de ser suportadas pela União ou entidade por ela controlada.

---

70. LOPES, Mauro Luis Rocha. *Comentários à nova Lei do Mandado de Segurança* cit., 2009. p. 130. BUENO, Cassio Scarpinella. *A nova Lei do Mandado de Segurança* cit., 2009. p. 81.
71. FERRARESI, Eurico. *Do mandado de segurança*: comentários à Lei 12.016 cit., p. 65.
72. AgRg no Ag 695.045/PR, rel. Min. Maria Thereza Assis Moura, 6ª T., j. 28.04.2009.
73. No sentido do ora defendido: FIGUEIREDO CRUZ, Luana Pedrosa et al. *Comentários à nova Lei do Mandado de Segurança*: Lei 12.016/2009 cit., p. 126.
74. STJ, 1ª S., Ag RG no CC 101.148/SP, rel. Min. Herman Benjamin, j. 22.04.2009.

O artigo, infelizmente, não tem uma redação clara e objetiva, gerando confusa interpretação. Inicialmente, impetrado MS questionando-se ato praticado por Empresa Pública Federal, pela literalidade do art. 109, I, da CF, a competência será da Justiça Federal.

Agora, a participação de Sociedades de Economia Mista no processo não gera deslocamento da competência para a Justiça Federal, como se observa dos seguintes enunciados, combinados com o art. 109, I, da CF (o qual não menciona as Sociedades de Economia Mista):

> *SÚMULA STJ 42: Compete à Justiça Comum Estadual processar e julgar as causas cíveis em que é parte sociedade de economia mista e os crimes praticados em seu detrimento.*
>
> *SÚMULA STF 508: Compete à justiça estadual, em ambas as instâncias, processar e julgar as causas em que for parte o Banco do Brasil S.A.*
>
> *SÚMULA STF 517: As sociedades de economia mista só têm foro na justiça federal, quando a união intervém como assistente ou opoente.*
>
> *SÚMULA STF 556: É competente a justiça comum para julgar as causas em que é parte sociedade de economia mista.*

Pela literalidade do art. 2º da LMS, sendo impugnado, por meio de mandado de segurança, ato praticado por dirigente de Sociedade de Economia Mista Federal, portanto, *"controlada"* pela União, tal ato estaria *"federalizado"*, em virtude da relevância patrimonial (econômica) envolvida. Ocorre que, como cediço, as competências fixadas pela CF, como a do art. 109, I, seguem o princípio da tipicidade da competência,[75] ou seja, não podem ser ampliadas pelo legislador infraconstitucional, como pretendeu o art. 2º da Lei 12.016/2009.

Além do mais, interesse econômico não pode ser confundido com interesse jurídico. A CF, no art. 109, I, informa que atuando no feito a União, autarquias e empresas públicas federais, como autoras, rés, assistentes ou opoentes, a competência será da Justiça Federal.

A assistência e a oposição encontram-se expressamente previstas no CPC/15, arts. 119 e 682. Para se cogitar na assistência, urge o chamado interesse jurídico, que não se confunde com interesse econômico ou patrimonial.

Ocorre que existe, em legislações esparsas, a previsão de intervenções, principalmente pela União, em que o legislador se contenta com o interesse meramente econômico. Com isso, cria-se uma celeuma, subvertendo o sistema processual do CPC/15. Tais intervenções são nominadas pela doutrina de "anômala/anódina/atípica ou *sui generis*".

---

75. CANOTILHO, José Joaquim Gomes. *Direito constitucional e teoria da Constituição*. 6. ed. Lisboa: Almedina, 2002. p. 542-543. O STJ já entendeu que esse princípio foi adotado pelo nosso ordenamento, inclusive o da indisponibilidade das competências: REsp 28.848-8, rel. Min. Adhemar Maciel, j. 01.06.1993.

Para não perdermos o foco do presente trabalho, tais previsões não são inéditas e sempre geraram muitas polêmicas na doutrina e na jurisprudência. Atualmente, com sua aplicação, encontramos o art. 5º, parágrafo único, da Lei 9.469/1997, todavia, outros dispositivos já trouxeram tal previsão (art. 70 da Lei 5.010/1966; art. 7º da Lei 6.825/1980-revogada; art. 2º da Lei 8.197/1991-revogada).

Diante dessa manifesta incongruência, doutrinadores de peso veem nesse dispositivo um *"abandono de princípios processuais básicos"*[76] e uma violação *"grosseira e rasa"*[77] do direito processual.

Luiz Guilherme Marinoni e Sérgio Cruz Arenhart[78] prelecionam que:

> De todo modo, insta deixar registrado, com tristeza, que o direito processual (...) não pode ser violado de maneira tão grosseira e rasa, com intuitos como este, feitos sem a menor preocupação com a técnica processual ou as consequências que podem causar aos processos, apenas para que possam ser atendidos casos determinados e circunstâncias específicas. É importante sublinhar, apesar de óbvio, que os princípios e garantias processuais objetivam estabelecer um processo democrático, capaz de conferir aos cidadãos uma justiça imparcial. Ora, o art. 5º da Lei 9.467/1997, exatamente por desconsiderar os princípios processuais, atenta contra o direito que todo cidadão possui de ir ao Poder Judiciário em busca de uma solução imparcial, justa e estável para o seu conflito de interesses.

Enfim, por disposição literal, o art. 5º da Lei 9.469/1997 prevê essa intervenção *"atípica"* da União sem demonstração de interesse jurídico. Porém, como a mencionada legislação não estabelece qual a modalidade de intervenção é a prevista, resta à jurisprudência a delimitação de seus contornos.

Nesse sentido, o STJ[79] afirma que, pelo fato de a legislação definir de maneira muito tortuosa tal intervenção, permite-se somente a prestação de esclarecimentos de questões de fato e de direito reputadas úteis, sempre de maneira circunstancial e transitória, na condição de *amicus curiae*, não gerando deslocamento em virtude de tal ingresso para a Justiça Federal.

Inclusive, antes da égide da Lei 9.469/1997, quando o STF[80] enfrentou tal intervenção, com base nas vetustas legislações, já havia se posicionado no sentido de que a simples manifestação de interesse na causa, feita pela união, sem a assunção precisa da posição de autora, ou ré, ou assistente, ou opoente, não desloca a competência para a Justiça Federal.

De igual modo, o Tribunal Federal de Recursos (TFR) já havia sumulado o tema, vejamos:

---

76. CARNEIRO, Athos Gusmão. *Intervenção de terceiros.* 18. ed. São Paulo: Saraiva, 2009. p. 203.
77. MARINONI, Luiz Guilherme; ARENHART, Sérgio Cruz. *Manual de processo de conhecimento.* 3. ed. São Paulo: Ed. RT, 2004, p. 227.
78. Idem, ibidem.
79. REsp 1.097.759-BA e no AgRg na Pet 4.861-AL, j. 01.06.2009 e 13.02.2007.
80. RE 91698, rel. Min. Xavier de Albuquerque, 1ª T., j. 05.02.1980.

SÚMULA TFR 60: Compete à Justiça Federal decidir da admissibilidade de mandado de segurança impetrado contra atos de dirigentes de pessoas jurídicas privadas, ao argumento de estarem agindo por delegação do poder público federal.

SÚMULA TFR 61: Para configurar a competência da Justiça Federal, é necessário que a União, entidade autárquica ou empresa pública federal, ao intervir como assistente, demonstre legítimo interesse jurídico no deslinde da demanda, não bastando a simples alegação de interesse na causa.

Nesse sentido, podemos perceber, nitidamente, que não é o mero ingresso da União no feito que gera um deslocamento da causa para a justiça federal. Para a ocorrência de tal fato, o interesse não basta ser econômico, deve ser jurídico.[81]

Então, se tivermos como réu em mandado de segurança, por exemplo, sociedade de economia mista federal, com participação da União, se a repercussão nesse ente for somente patrimonial, por obediência ao art. 109, I, da CF, não será possível a federalização do ato da autoridade coatora, sob pena de inconstitucionalidade.

Agora, não se pode afastar do art. 109, VIII, da CF, pois, caso a entidade, federal atue no exercício de atribuições do Poder Público Federal o mandado de segurança será da competência da Justiça Federal; em sentido contrário, atuando na atribuição do Poder Público Estadual, será da competência da Justiça Estadual. Registre-se que, nessa hipótese, o que "federaliza" o atuar não é a relevância econômica, mas sim o exercício de atribuições do Poder Público Federal, inclusive, nesse ponto, o art. 1º, § 1º, da Lei 12.016/2009 (com redação semelhante ao art. 1º, § 1º, da Lei 1.533/1951) disciplina a questão.

Enfim, o art. 2º da Lei do Mandado de Segurança somente pode ser aplicado se a repercussão do mandado de segurança permitir um interesse jurídico por parte da União.

O § 1º do art. 1º traz as chamadas autoridades coatoras por equiparação. Na revogada legislação, elas eram consideradas autoridades "para fins de mandado de segurança" (art. 1º, § 1º, da Lei 1.533/1951). Com a nova legislação, resta claro que não são autoridades, a lei somente as equiparou.

Assim, os representantes ou órgãos de partidos políticos e os administradores de entidades autárquicas, bem como os dirigentes de pessoas jurídicas ou as pessoas naturais no exercício de atribuições do poder público, somente no que disser respeito a essas atribuições, podem ser alvo de mandado de segurança, na forma do art. 109, VIII, da CF, como se extrai do Enunciado 510 do STF: "Praticado o ato por autoridade, no exercício de competência delegada, contra ela cabe o mandado de segurança ou a medida judicial".

Nessa linha, algumas hipóteses enfrentadas pela jurisprudência são dignas de menção. Mandado de segurança impetrado contra ato de diretor de concessionária

---

81. Reportamos o leitor para o capítulo sobre intervenção de terceiro, especificadamente a assistência.

de energia elétrica, em virtude de corte de energia;[82] ato que diga respeito ao ensino superior, praticado por diretor estabelecimento particular (Enunciado 15 do TFR[83]); ato praticado por diretor de Junta Comercial que age por delegação federal;[84] serão todas da competência da Justiça Federal.

Observe que, para o mandado de segurança ser da competência da Justiça Federal, a autoridade deve estar no exercício da atividade típica do Poder Público, do contrário, será da Justiça Estadual. Por exemplo, se o diretor de instituição particular de ensino superior condicionar a renovação da matrícula ao pagamento da mensalidade, o MS será da competência da Justiça Federal, todavia, se a discussão no MS for sobre aumento da mensalidade, será competente a Justiça Estadual (Enunciado 34 STJ: "Compete à Justiça Estadual processar e julgar causa relativa a mensalidade escolar, cobrada por estabelecimento particular de ensino").

4.13 DO PRAZO

Desde a antiga legislação, o prazo para a impetração do mandado de segurança é de 120 (cento e vinte) dias e de natureza decadencial, o que foi repetido pela nova legislação (art. 23).

Sempre houve controvérsia sobre a constitucionalidade de tal prazo, vejamos:

(i) A jurisprudência sempre entendeu válida tal previsão legislativa e, como se observa da *"exposição de motivos"*, o legislador seguiu a trilha da jurisprudência que, inclusive, já havia sumulado que tal prazo é constitucional (Enunciado 632 do STF);[85]

(ii) Contudo, a doutrina majoritária[86] tece fortes críticas a tal prazo, eis que, não tendo o constituinte restringido, não poderia o legislador fazê-lo.

Existem hipóteses em que a jurisprudência já reconheceu que não haverá prazo para a impetração de MS, como na hipótese preventiva, eis que utilizado quando existe apenas uma ameaça de lesão ao direito líquido e certo.[87] Ora, se existe somente

---

82. STJ, CC 45.792/SP, 1ª S., rel. Min. Castro Meira, j. 23.11.2005.
83. STJ, 1ª S., CC 108.466/RS, rel. Min. Castro Meira, j. 10.02.2010.
84. STJ, CC 20.140/MG, rel. Min. Sálvio de Figueiredo Teixeira, j. 13.12.1999.
85. Defendendo a constitucionalidade: CÂMARA, Alexandre Freitas. *Escritos de direito processual* – 2ª série. Rio de Janeiro: Lumen Juris, 2005. p. 59-71.
86. No sentido da inconstitucionalidade: GARCIA REDONDO, Bruno; SUAREZ LOJO, Mário Vitor. Ainda e sempre a penhora *online*: constitucionalidade, princípios e procedimento. In: DIDIER JR., Fredie (Org.). *Leituras complementares de processo civil*. 7. Salvador: JusPodivm, 2009. p. 103-14; NERY JR., Nelson. *Princípios do processo civil na Constituição Federal*. 7. ed. São Paulo: Ed. RT, 2002. p. 108-109; FERRAZ, Sérgio. *Mandado de segurança* cit., 2006, p. 224-227; BUENO, Cassio Scapinella. *Mandado de segurança* cit., 5. ed. 2009. p. 196-198; Min. Carlos Velloso, MS 21.356-AgR, publicado em 18.10.1991, o qual, em seu voto, afirmou que o prazo para o mandado de segurança é absurdo e *"desmerece o princípio da economia processual"*.
87. Na feliz expressão de: BARBI, Celso Agrícola. *Mandado de segurança*.10. ed. Rio de Janeiro: Forense, 2002. p. 68. O que deve ser qualificado não é o receio, mas a ameaça, que é elemento objetivo. Não é importante

ameaça de lesão a direito líquido e certo, resta inviável a contagem, eis que seu termo *a quo* é da ciência pelo interessado do ato impugnado e, como ainda não existe ato coator, não há prazo específico para a impetração de MS.[88]

Também é o caso de omissão da autoridade. Havendo omissão e não existindo na lei um prazo para que essa autoridade se manifeste, não haverá prazo para a impetração, ou seja, não há como dizer que existe um ato coator, uma omissão que esteja gerando violação a direito líquido e certo para disparar o prazo, até porque a lei não estabeleceu um prazo para que a autoridade pratique o ato.[89]

A contrário *sensu*, havendo prazo para a administração praticar o ato, encerrado este, incontinenti, temos uma lesão ao direito, iniciando-se a contagem do prazo decadencial.

Observe-se que pelo art. 3º da LMS, nos casos de direito decorrente, o interessado vai notificar judicialmente ou extrajudicialmente o titular do direito líquido e certo para que impetre o MS em 30 dias. Porém, não havendo prazo para a impetração, a notificação não impedirá que, posteriormente, as partes venham a impetrar o *writ* ou que haja nova notificação pelo titular do direito decorrente, eis que, como dito, na hipótese de omissão da autoridade ou de mandado de segurança preventivo, não há início de prazo para o mandado de segurança, não podendo a notificação fazer surgir um termo inicial.

O parágrafo único do art. 3º informa que o prazo da notificação se insere no prazo decadencial de 120 dias do mandado de segurança. Assim, o titular do direito decorrente, terá, no máximo o prazo de 90 dias para manejar o comentado remédio constitucional.

Tratando-se de violações sucessivas, ou seja, incidente sobre obrigações continuadas, que se renovam mês a mês, o prazo do mandado de segurança, de igual modo, renova-se a cada violação.[90]

No mesmo caminho, o pedido de reconsideração realizado na via administrativa não interrompe o prazo decadencial (Enunciado 430 do STF). Terminando o prazo decadencial em dia não útil, prorrogar-se-á ao primeiro dia útil subsequente.[91]

---

o receio do autor, mas sim a ameaça prática de um ato ilegal ou abusivo. No mesmo sentido: AgRg no MS 14.059/DF, rel. Min. Celso Limongi, (Desembargador convocado do TJRJ), 3ª S., j. 13.05.2009.

88. TAVARES, André Ramos. *Manual do mandado de segurança*: Lei n. 12.016/09 cit., p. 81.
89. STJ, AgRg no Ag 1.045.751/RJ, rel. Min. Denise Arruda, publicado em 11.02.2009.
90. STJ, MS 11282-DF, Min. Maria Thereza de Assis Moura, 3ª S., j. 25.11.2009; STJ, MS 13.816/DF, rel. Min. Napoleão Nunes Maia Filho, publicado em 04.06.2009. No mesmo sentido: KLEIN, Aline Lícia. Mandado de segurança contra omissão e contra ato de gestão. *Informativo Justen, Pereira, Oliveira e Talamini*, Curitiba, n. 30, ago. 2009. Disponível em: http://www.justen.com.br/informativo. Acesso em: 2 set. 2009.
91. STJ, REsp 201.111-SC, Min. Maria Thereza de Assis Moura, 6ª T., j. 08.03.2007. Em sentido contrário, entendendo que o MS deve ser protocolizado no plantão judiciário. GARCIA REDONDO, Bruno; OLIVEIRA, Guilherme Peres; CRAMER, Ronaldo. *Mandado de segurança*: comentários à Lei n. 12.016/09. Rio de Janeiro: Método, 2009. p. 161.

O prazo decadencial para impetração de mandado de segurança contra ato coator que excluiu candidato de concurso público, por não ter apresentado o diploma antes da posse, conta a partir de sua eliminação do certame, como consagrado pelo STJ.[92] De igual modo, entende o STF que o prazo decadencial, *mesmo que tenha ocorrido perante juízo absolutamente incompetente, há de ser aferido pela data em que foi originariamente protocolizado.*[93]

Por fim, entende o STJ que o prazo decadencial para impetrar o mandado de segurança apenas se inicia com o ato administrativo que elimina o candidato do concurso público, não com a publicação do edital;[94] bem como, nos casos em que o candidato aprovado em concurso público não foi nomeado, o prazo decadencial inicia-se com o término da validade do certame.[95]

4.14 ATOS PASSÍVEIS DE MANDADO DE SEGURANÇA

4.14.1 Ato ilegal ou com abuso de poder, não amparado por *habeas corpus* ou *habeas data*

Ato coator é expressão que revela ato ou omissão de autoridade pública, ou seja, ato praticado ou omitido, por pessoa investida por parcela do Poder Público, com ilegalidade ou abuso de poder. A rigor, ilegalidade é um gênero, que contém o abuso de poder.

Qualquer vício, em relação aos requisitos do ato administrativo (competência, finalidade, forma, motivo e objeto), gera uma ilegalidade. Agora, um vício de competência caracteriza abuso de poder e um vício de finalidade caracteriza desvio de poder.

O art. 1º da lei informa que somente é possível a utilização do mandado de segurança quando o direito não for amparado por *habeas corpus* ou *habeas data*.[96] Então, o MS tem uma previsão subsidiária, ou seja, não sendo possível outro remédio jurídico, será cabível o MS.

---

92. STJ, 2ª T., REsp 1.230.048, rel. Min. Castro Meira, j. 17.05.2011.
93. STF, 1ª T., AgR MS 26.792/PR, rel. Min. Dias Toffoli, julgado 04.09.2012.
94. Informativo 473: STJ, 2ª T., REsp 1.230.048/PR, rel. Min. Castro Meira, j. 17.05.2011. Precedentes citados: RMS 22.785-SP, *DJ* 17.12.2007; AgRg no Ag 1.318.406-MS, *DJe* 1º.12.2010; RMS 23.604-MT, *DJe* 02.06.2008; REsp 588.017-DF, *DJ* 07.06.2004.
95. Informativo 473: STJ, 2ª T., REsp 1.200.622/AM, rel. Min. Mauro Campbell Marques, j. 19.05.2011. Precedentes citados: AgRg no RMS 21.764-ES, *DJe* 03.11.2009; AgRg no RMS 21.165-MG, *DJe* 08.09.2008; REsp 948.471-SC, *DJ* 20.09.2007; EDcl nos EDcl no REsp 848.739/DF, *DJe* 29.10.2009; AgRg no REsp 630.974-RS, *DJ* 28.03.2005.
96. Tal previsão legislativa decorre da chamada "doutrina brasileira do *habeas corpus*", em virtude da clássica e salutar discussão entre Rui Barbosa e Pedro Lessa, na qual o primeiro defendia a utilização do HC para a guarida de qualquer direito objeto de ato abusivo, posição essa adotada pelo STF. Todavia, Pedro Lessa repudiava tal raciocínio e, posteriormente, esse entendimento foi positivado, mantendo-se até os dias atuais.

Como cediço, o *habeas data* é o remédio cabível para a obtenção de informações relativas à pessoa do impetrante, não podendo ser confundido com o objeto do mandado de segurança.

O STJ diferencia o **objeto final da tutela**: se o impetrante busca a obtenção de cópia de processo administrativo de seu interesse, tal finalidade não está amparada por *habeas data*, restando aberta a via do mandado de segurança.[97]

De igual modo, não se pode confundir o cabimento do mandado de segurança com o *habeas corpus*, utilizando-se, novamente, o **objeto final da tutela**. Por exemplo, um advogado que se vê impedido de ouvir seu cliente em estabelecimento prisional deve impetrar mandado de segurança, pois o objetivo é garantir o exercício da profissão e não a liberdade de ir e vir.[98] O bem lesado não é a liberdade de locomoção, mas, sim, o direito ao exercício das suas funções.[99]

4.14.2 Mandado de segurança preventivo

Na hipótese de iminente ameaça de ocorrer lesão ao direito do impetrante, por meio de ilegalidade ou abusividade, que ainda não se concretizou, é cabível o mandado de segurança na modalidade preventiva.

A proposta é evitar que seja consumada a violência ou ilegalidade.

4.14.3 Atos de gestão comercial

Primeira hipótese que a lei restringe o cabimento do MS é o caso de atos de gestão comercial praticados pelos administradores de empresas públicas, de sociedade de economia mista e de concessionárias de serviço público (art. 1º, § 2º).

O mencionado dispositivo, inclusive, está sendo questionado pela OAB em ADIn (4.296-DF), pois, estaria reduzindo o objeto do MS, afastando os atos de gestão comercial.

Com a devida vênia, os atos da Administração Pública podem ser divididos em atos de império e atos de gestão. Alguns autores até abandonaram essa classificação e falam em atos administrativos e atos privados da administração. Enfim, qualquer que seja a nomenclatura utilizada, os atos de império, ou atos administrativos propriamente ditos, são aqueles em que a Administração Pública atua na relação jurídica com caráter de supremacia, dotada das prerrogativas estatais para perseguir o interesse público. Enfim, pode-se afirmar que o ato administrativo é um gênero e o ato da administração é espécie.

---

97. REsp 904.447/RJ, rel. Min. Teori Albino Zawascki, 1ª T., j. 08.05.2007.
98. Nesse sentido: BARBOSA MOREIRA, José Carlos. Mandado de segurança: uma apresentação. *Temas de direito processual civil* – 6ª série. São Paulo, Saraiva: 1997. p. 203.
99. BARBI, Celso Agrícola. *Do mandado de segurança* cit., 10. ed., 2002. p. 74.

Já nos atos de gestão, ou privados da administração, a atuação é diferente, pois, despida das prerrogativas que diferenciam a administração dos demais particulares, vedando a Constituição, inclusive, a concessão de privilégios às Sociedades de Economia Mista e Empresas Públicas (art. 173, § 2°, da CF/1988).

Pela nossa doutrina e pela jurisprudência do STJ,[100] o MS somente pode ser utilizado em face dos atos de império ou atos administrativos propriamente ditos, jamais na discussão de atos de mera gestão, atos privados da administração, eis que atos de gestão são atos equiparados a atos praticados por particulares, o que escaparia da ideia de proteger o particular de um ato de autoridade.

É importante essa diferenciação realizada pela lei, pois, essas pessoas praticam atos de império, com caráter de direito público, sendo, assim, possível a impetração de MS, como ocorre, por exemplo, em uma licitação (Enunciado 333 do STJ).

À guisa de maior esclarecimento vejamos:

*Conflito negativo de competência. Mandado de segurança. Ato praticado por dirigente da Sanasa Campinas. **Sociedade de economia mista constituída por lei municipal**. Competência da Justiça Estadual. 1. Conflito negativo de competência instaurado entre Tribunal de Justiça e Juízo Federal. 2. Discussão quanto à competência para julgamento de mandado de segurança impetrado contra ato praticado por dirigente da Sociedade de Abastecimento de Água e Saneamento S/A – Sanasa Campinas, que se enquadra na categoria de sociedade de economia mista constituída por Lei Municipal. 3. "Compete ao Município, diante da realidade existente nos seus limites territoriais e tendo em vista sua capacidade operacional, a responsabilidade pela prestação, direta ou sob regime de concessão, **do serviço de fornecimento de água, de peculiar interesse local**. Interpretação do art. 30, V, da CF/1988" (CC 65803/SP, Rel. Min. Eliana Calmon, DJe de 07.04.2008). **4. Não havendo delegação de serviço público federal, fica afastada a competência da Justiça Federal para processar e julgar o feito**. 5. Conflito conhecido para declarar competente o Tribunal de Justiça do Estado de São Paulo, o suscitado (grifos nossos) (CC 107.409/SP, Rel. Min. Castro Meira, 1ª Seção, j. 25.11.2009).*

*Processual civil. Embargos de declaração. Conflito de competência. Ausência de vícios do julgado. Mandado de segurança. Concurso da Petrobras. Sociedade de economia mista. Competência da Justiça Federal. Precedentes. 1. A solução integral da controvérsia, com fundamento suficiente, não caracteriza ofensa ao art. 535 do CPC [corresponde ao art. 1.022, CPC/15]. 2. Conflito de competência estabelecido entre a Justiça Estadual Comum e a Justiça Federal referente ao mandado de segurança impetrado contra ato do Gerente Executivo de Recursos Humanos da Petrobras, **com o objetivo de se discutir a eliminação de candidatos em concurso seletivo**, bem como a suspensão de novos exames até que todos os aprovados no certame anterior sejam nomeados. **3. A Primeira Seção deste Tribunal entende que compete à Justiça Federal julgar mandado de segurança impetrado contra ato de dirigente de sociedade de economia mista federal**. Embargos de declaração rejeitados (grifos nossos) (EDcL no AgRg no CC 97.889/PA, Rel. Min. Humberto Martins (1130), 1ª Seção, j. 14.10.2009).*

---

100. STJ, 1ª T., REsp 1.078.342/PR, rel. Min. Luiz Fux, j. 09.02.2010.

4.14.4 Ato passível de recurso administrativo com efeito suspensivo, independentemente de caução

O art. 5º afasta diretamente o cabimento de MS contra certos atos, como, por exemplo, na hipótese em que do ato caiba recurso administrativo com efeito suspensivo, independentemente de caução. Assim, o recurso tem o condão de suspender a eficácia daquela decisão e sendo, ainda, dispensada a caução, não haverá ônus financeiro para o recorrente. Então, em tese, não haverá interesse no MS, se a parte tem um meio eficaz para atacar o ato na esfera administrativa.

O teor desse inciso I do art. 5º da LMS, desde antes da reforma legislativa, já tinha uma interpretação restrita pelos tribunais superiores, pois, pela garantia da inafastabilidade do controle jurisdicional (art. 5º, XXXV, da CF/1988), é possível a impetração do MS, renunciando-se à esfera administrativa, eis que o exercício da jurisdição, em regra, não é condicionado. Logo, esse inciso I não pode ser lido como o recurso administrativo uma etapa obrigatória. Agora, o STJ somente ressalva a hipótese de a parte ter interposto recurso administrativo sem caução com efeito suspensivo, pois, nesse caso, não seria possível utilizar o MS.[101]

Em prol da garantia ao acesso à justiça, não será o cabimento de recurso, com efeito suspensivo e independente de caução, que impedirá o acesso ao Judiciário, pois a parte pode optar pela esfera jurisdicional em vez de buscar as instâncias administrativas.

Diante do exposto, resta enfrentarmos o Enunciado 429 do STF, que restringe o artigo em comento. Pelo enunciado, a existência de recurso administrativo, com efeito suspensivo, não impede o uso do mandado de segurança contra omissão da autoridade. O efeito suspensivo busca sustar a eficácia daquele ato impugnado pelo recurso, todavia, sendo hipótese de omissão da autoridade, havendo recurso administrativo, esse efeito suspensivo não tem condição de beneficiar a parte, pois, o efeito suspensivo suspenderia o que já não produz efeitos. A rigor, o efeito pretendido pela parte não é suspensivo, mas, sim, antecipação da tutela recursal ou o efeito suspensivo ativo, sendo imprescindível a utilização do MS.[102]

Cumpre registrarmos, que a Súmula Vinculante 21 afirma que é inconstitucional a exigência de depósito ou arrolamento prévio de bens ou dinheiro para a admissibilidade de recurso administrativo. A Súmula, portanto, impede a exigência para a admissibilidade e não para o efeito suspensivo, não interferindo, portanto, em todo o exposto. Por óbvio, se exigida caução para recorrer administrativamente, será admissível mandado de segurança para o reconhecimento em concreto (controle difuso) da inconstitucionalidade dessa exigência.

---

101. STJ, MS 12.417-DF, Min. Maria Thereza de Assis Moura, 3ª S., j. 09.09.2009.
102. JUSTEN FILHO, Marçal. *Curso de direito administrativo*. 5. ed. São Paulo: Saraiva, 2010. Disponível em: http://www.justen.com.br/informativo. Acesso em: 18 fev. 2010. p. 1-2.

4.14.5 Decisão judicial sujeita a recurso sem efeito suspensivo

O inciso II do art. 5º da LMS trata da não concessão de MS de decisão judicial da qual caiba recurso com efeito suspensivo. Houve uma mudança importante, quando confrontado com o art. 5º, inciso II, da lei antiga. Ambos tratam de atos não passivos de MS, mas, no regime antigo, a lei previa que não era possível MS em face de ato judicial, nos casos em que coubesse recurso ou cognição em face do ato.

Pela lei anterior, cabendo recurso ou correição em face de despacho ou decisão judicial não seria admissível MS, pois esse remédio somente é admissível quando não houver mecanismo impugnativo, para evitar fraude ao sistema recursal (Enunciado 267 do STF). Perceba-se que até a correição[103] pode obstar o mandado de segurança.

Com o novo regime, não caberá MS de decisão judicial da qual caiba recurso com efeito suspensivo. Assim, a contrário senso, se o ato for sujeito a recurso **sem** efeito suspensivo, caberá a impetração para atacar aquele ato, assim como nos casos em que se admite correição.

Assim, o mencionado artigo assume elevada importância, pois, cada vez mais, os recursos estão perdendo o efeito suspensivo, como a apelação (art. 1.012, § 1º do CPC/15, importa mencionar que de acordo com o *caput* do artigo citado, determina a lei que *a apelação terá efeito suspensivo*) e o agravo de instrumento (art. 995 do CPC/15), que só terá efeito suspensivo *ope iudicis*, ou seja, se o relator atribuir (art. 1.019, I, do CPC/15).

Criou-se mais um mecanismo para prejudicar o já embaraçoso sistema recursal brasileiro. Assim, pode ocorrer de a apelação ser recebida apenas no efeito devolutivo, permitindo o art. 1.012, § 4º, do CPC/15, que o relator atribua efeito suspensivo, havendo risco presumido, por exemplo, na prisão civil ou no arresto. Pela dicção da lei, não sendo atribuído efeito suspensivo pelo relator (bem como na hipótese de ser atribuído o efeito suspensivo), restaria a utilização do mandado de segurança, o que não pode ser admitido.

Na sistemática do CPC, os despachos, por não ostentarem conteúdo decisório, veda-se a interposição de recursos (art. 1.001 do CPC/15), não vedando o cabimento de mandado de segurança, que se trata de uma ação civil de procedimento sumaríssimo, portanto, teoricamente, admitir-se-ia mandado de segurança contra despachos.

Algumas vezes, na praxe forense, encontramos decisões que formalmente são despachos, embora, substancialmente, sejam interlocutórias. Nesse caso, estar-se-ia diante da hipótese do art. 5º, inciso II, da LMS.

Como cediço, recurso especial e extraordinário estão na regra geral, ou seja, não possuem efeito suspensivo (art. 995 CPC), nesse sentido, é possível o seu re-

---

103. Mecanismo administrativo instaurado em virtude de atividade tumultuária do juiz, como na hipótese de subversão da ordem do procedimento ou abuso de autoridade.

querimento, nos termos do art. 1029 § 5°, como se admitia por meio das Súmulas 634 e 635 do STF.

Diante na redação do art. 5°, inciso II, da lei, devemos aguardar o STJ, pois, a interpretação a ser realizada deve ser restritiva, do contrário, teremos sempre uma concomitância entre o recurso e o MS para atribuição de efeito suspensivo, caminho extremamente indesejado e retrógrado diante da evolução do direito processual.

4.14.6 Decisão judicial transitada em julgado

O inciso III nada mais fez do que positivar o Enunciado 268 do STF, pois, diante de decisões transitadas em julgado, existe um meio hábil para combatê-las que é a ação rescisória, admitindo-se nestas o deferimento de tutela provisória (art. 969 do CPC/15), esvaziando a necessidade de um mandado de segurança.

4.14.7 Atos normativos abstratos e concretos. Enunciado 266 do STF

Os atos normativos podem ser abstratos ou concretos. Serão abstratos quando necessitam de um fato gerador para produzir os efeitos que lhe são particulares. Serão concretos quando a sua simples vigência já produz efeitos no mundo fático, a rigor são atos administrativos em forma de atos legislativos.

Um notório exemplo de ato normativo abstrato é o art. 121 do Código Penal, trazendo o mandamento *"não matarás"*. Praticado tal fato, estará atraída a incidência da norma; do contrário, tal norma jamais poderá incidir, não produzindo efeitos concretos.

Contra os atos normativos concretos,[104] é notório que se pode impetrar mandado de segurança, haja vista que sua mera vigência pode provocar, por si só, lesão ou ameaça de lesão a direito líquido e certo de determinada pessoa humana. Contra os atos normativos abstratos, também chamados de leis em tese, o ajuizamento da ação mandamental é vedado; nesse sentido encontramos o Enunciado 266 do STF.

A proposta do enunciado é proibir a utilização do mandado de segurança como controle individual e popular da constitucionalidade das leis. Tal enunciado foi aprovado na sessão de 13.12.1963, sendo certo que o controle de constitucionalidade abstrato no Brasil somente foi inaugurado em 1965, pela Emenda 16 à Constituição Federal de 1946.[105]

Frise-se que o enunciado não veda o controle de constitucionalidade em sede de mandado de segurança, todavia, de forma indireta (não como objeto principal do *writ*), é possível o controle difuso, devendo a questão prejudicial de a constitu-

---

104. Como por exemplo: exoneração de um servidor; decreto expropriatório ou que defina a área como de proteção ao meio ambiente etc.
105. MENDES, Gilmar Ferreira. *Curso de direito constitucional*. In: MENDES, Gilmar Ferreira; COELHO, Inocêncio Mártires; BRANCO, Paulo Gustavo Gonet. 2. ed. rev. e atual. São Paulo: Saraiva, 2008. p. 1042.

cionalidade ser enfrentada na fundamentação da decisão (art. 503, §§ 1º e 2º, do CPC/15), não gerando efeitos senão para as partes.

Admite-se, inclusive, o controle de constitucionalidade judicial preventivo, quando impetrado por parlamentar nos casos de violação do devido processo legislativo constitucional por projeto de Lei ou proposta de emenda à Constituição. O MS visa a proteger direito líquido e certo (devido processo legislativo constitucional) do parlamentar (titular do direito). O objeto do MS é o ato impugnado, que é o ato da mesa diretora da Casa que deu seguimento ao projeto de Lei ou à proposta de emenda à Constituição. A competência de julgamento é do STF. Se o MS envolver um projeto de Lei, será uma análise de vício formal, já em proposta de emenda à Constituição ocorre a análise de um vício formal ou vício material (art. 60, § 4º, da CRFB). Esse controle é incidental, pois a análise da matéria constitucional é *incidenter tantum*.

Enfim, o enunciado deve ser lido com cautela, podendo ser aplicado um *distinguishing*[106] em determinados casos concretos, em razão das suas especificidades.

4.15 OBJETO DO MANDADO DE SEGURANÇA COLETIVO

O parágrafo único do artigo 21 da LMS trouxe inédita previsão, limitando o cabimento de mandado de segurança para direitos coletivos *stricto sensu* e individual homogêneo, excluindo, assim os direitos difusos. Tal restrição é outro ponto de embate entre doutrina e jurisprudência:

(i) A interpretação literal não poderia prevalecer, pois o art. 5º, LXX, da CR/1988 não fez tal restrição, logo, se o texto constitucional não restringiu, não pode o legislador infraconstitucional fazê-lo. Assim, o direito difuso também pode ser tutelado por meio do mandado de segurança coletivo. Inclusive, esse era o entendimento do STF;[107]

(ii) Há, contudo, o entendimento que adota a tese restritiva, limitando o mandado de segurança para direitos coletivos *stricto sensu* e individuais homogêneos.[108]

---

106. Para não pairar dúvidas, *distinguishing* significa afastar determinado precedente sem abandoná-lo, tendo em vista uma condição essencial do caso concreto que o diferencia dos demais. Não se pode confundir *distinguishing* com *overrruling*, caracterizando-se este último como uma tomada de posição pelo tribunal de forma contrária a seus precedentes ou súmulas, abandonando-os de forma definitiva.
107. Nesse sentido: RE 181.438-1/SC e STF, RE 196.184/AM, *DJ* 18.02.2005. Parece ser esse o posicionamento também do STJ: 1ª T., REsp 401.964. rel. Min. Luiz Fux, *DJ* 11.11.2002. ZANETI JR, Hermes. *Mandado de segurança coletivo: aspectos processuais controversos*. Porto Alegre: Fabris, 2001. p. 81. BUENO, Cassio Scarpinella. *A nova Lei do Mandado de Segurança* cit., 2009. p. 130-131.
108. GARCIA MEDINA, José Miguel; ARAÚJO, Fábio Caldas de. *Mandado de segurança individual e coletivo*: comentários à Lei 12.016, de 07 de agosto de 2009. São Paulo: Ed. RT, 2009. p. 208 e 218. CRUZ E TUCCI, José Rogério. *Class action e mandado de segurança coletivo*. São Paulo: Ed. RT, 2009. p. 39-40 e 50. TAVARES, André Ramos. *Manual do novo mandado de segurança*: Lei 12.016/2009 cit., p. 168-169.

4.16 DA LIMINAR

A legislação trouxe previsão de liminar no art. 7º, inciso III, além do *caput* do mencionado artigo informar que *"ao despachar a inicial"*, ou seja, com o recebimento do MS a liminar deve ser apreciada, eis que, diante da sumariedade do procedimento, depois de ouvida a autoridade coatora, será ouvido o Ministério Público e, logo em seguida, ocorrerá o julgamento. Evidentemente que não sendo analisada inicialmente a liminar, esta pode ser enfrentada no curso do procedimento, embora tal oportunidade seja muito exígua devido a sumariedade do procedimento.

No mencionado artigo, a liminar foi prevista como forma de suspensão do ato coator, em semelhante previsão existente na lei revogada (art. 7º, II), embora a liminar pudesse ser deferida não necessariamente só para a suspensão do ato impugnado.

A legislação inovou de modo temerário, pois, **faculta** ao magistrado a exigência de **caução** para o deferimento da liminar, o que pode ferir o acesso à justiça. Nesse sentido, controverte doutrina e jurisprudência:

(i) O STJ[109] firmou entendimento de que não é possível condicionar a realização de um depósito ou caução para o deferimento de liminar;

(ii) Há autores que, peremptoriamente, taxam tal norma de inconstitucional, por comprometer a eficácia desejada pela Constituição;[110]

(iii) A exigência de garantia tem natureza jurídica de uma contracautela para o réu, eis que a suspensão do ato impugnado, providência pedida pelo autor, é a cautela requerida. Assim, no caso concreto, deve o juiz ponderar entre os interesses contrapostos, e, verificando a evidência do direito do autor, deve permitir a medida sem a exigência de garantia.[111] A legislação pode restringir a concessão de medidas liminares, mas, o STF no julgamento do ADI 223/DF e da ADC 4, evidenciou que, diante do bem jurídico em conflito, o magistrado pode afastar a exigência de caução; a solução, portanto, é o manejo do sistema difuso de controle de constitucionalidade.

Cremos ser este o dispositivo mais controverso da lei, pois a jurisprudência já havia se posicionado contrariamente à exigência da garantia. Por outro lado, a Lei demonstra uma preocupação em favor do réu, o que soa legítimo, ainda mais por que o próprio STF admite restrições à concessão de liminares. O que não pode faltar é razoabilidade e critério do magistrado no caso concreto.

---

109. STJ, REsp 249.647, Min. rel. Eliana Calmon, 2ª T., j. 13.11.2001.
110. GARCIA REDONDO, Bruno; OLIVEIRA, Guilherme Peres; CRAMER, Ronaldo. *Mandado de segurança*: comentários à Lei 12.016/2009 cit., p. 102.
111. BUENO, Cassio Scarpinella. *A nova Lei do Mandado de Segurança* cit., 2009. p. 42. GRECO FILHO, Vicente. *O novo mandado de segurança*: comentários à Lei 12.016 cit., 2010. p. 30. Entendendo ser medida excepcionalíssima a ser amplamente fundamentada: FIGUEIREDO, Lúcia Valle. *Mandado de segurança*. p. 139-147.

O art. 7º, § 2º, condensou algumas normas esparsas que restringiam a concessão da liminar em MS[112], bem como previsto no Enunciado 212 do STJ, as quais, analisadas literalmente, devem ser reputadas como inconstitucionais. Interessante que tais vedações foram, a certo grau, ratificadas pelo CPC/15 como se observa da redação do art. 1059.

Ocorre, contudo, que o pleno do STF[113] entendeu como **inconstitucional** o mencionado parágrafo, bem como o art. 22 § 2º da LMS. Destarte, **não** há mais vedação a concessão de liminares contra o Poder Público, **tampouco** será necessária sua oitiva prévia.

Interessante, ainda, mencionar que com tal decisão o STF **supera-se** seu antigo entendimento firmado na ADC 4[114], bem como todos os dispositivos que, de algum modo, inspiraram o art. 7º § 2º da LMS, gerando uma **inconstitucionalidade por arrastamento**, como o art. 1059 do CPC/15, art. 1º Lei 9.494/97, art. 1º ao 4º da Lei 8.437/92, Enunciado da súmula 729 do STF, Enunciado 14 do FNPP.

A sentença no MS pode ser executada provisoriamente, portanto, publicada, já está produzindo seus efeitos, eis que eventual apelação **não** possuirá efeito suspensivo (art. 14, § 3º, da LMS).

No mesmo dispositivo, o legislador restringe a execução provisória caso a sentença defira o que é vedado de ser concedido em liminar (art. 14, § 3º, c/c 7, § 2º, da LMS), contudo, como tal dispositivo foi havido por inconstitucional pelo STF, tal norma não produz mais nenhum efeito. Assim, a sentença em MS **pode** ser executada provisoriamente, tendo a apelação somente efeito devolutivo.

Como se observa, o legislador tentou ceifar a potência do mandado de segurança, tutelando demasiadamente a Fazenda Pública, ofendendo a tempestividade da tutela jurisdicional, pois somente seria possível a execução da sentença de modo definitivo, gerando um estímulo a recorribilidade. Tal condicionamento se mostrava mais entristecedor quando se conhece a sanha recursal da Fazenda Pública em juízo.[115]

O art. 7º, § 1º, trouxe, expressamente, o cabimento do agravo de instrumento em face da decisão que concede ou denega a liminar. Tal ponto é salutar, eis que existia na doutrina autores, como Araken de Assis,[116] que entendiam não caber agravo de instrumento em face das decisões que concediam ou negavam liminar.

Sustentava-se o não cabimento de agravo porque a regra do nosso ordenamento é a irrecorribilidade das decisões interlocutórias e, como a Lei do Mandado de

---

112. Vide, por exemplo, art. 1º Lei 9.494/97, bem como art. 1º ao 4º da Lei 8.437/92 e art. 170-A do CTN.
113. STF, Pleno, ADI 4.296/DF, rel. Min. Alexandre de Moraes, julgado 09.06.2021.
114. STF, Pleno, ADC 4 MC/DF, rel. Min. Sydnei Sanches, julgado 11.02.1998.
115. No mesmo sentido: BUENO, Cassio Scarpinella. *A nova Lei do Mandado de Segurança* cit., 2009. p. 85.
116. Três ensaios são clássicos sobre o tema: (a) a favor da recorribilidade, consultem-se, por todos: BUENO, Cassio Scarpinella. *Liminar em mandado de segurança*. 2. ed. São Paulo: RT. p. 131-137. WAMBIER, Teresa Arruda Alvim. *Os agravos no CPC brasileiro*. 3. ed. São Paulo: RT, 2001. p. 478-484. (b) pugnando pela irrecorribilidade, com ampla demonstração dos fundamentos levantados pela doutrina e pela jurisprudência: ASSIS, Araken de. *Doutrina e prática do processo civil contemporâneo*. São Paulo: RT, 2001. p. 277-290.

Segurança era silente, por força do princípio da taxatividade, não existiria analogia em sede de cabimento recursal.

A opção legislativa é a positivação da jurisprudência do STJ, pois, com a reforma do CPC de 1995, restou claro o cabimento do agravo em face de quaisquer decisões interlocutórias. Entretanto, mesmo com essa previsão genérica do CPC quanto ao agravo de instrumento, alguns tribunais e parte da doutrina negavam a sua admissão diante da liminar no mandado de segurança.

Interessante questionamento é o que se faz referente ao mandado de segurança impetrado na competência originária de um TJ ou TRF, sendo deferida ou indeferida a liminar. O STF, por meio do Enunciado 622, informa que não cabe agravo regimental contra decisão do relator que concede ou indefere liminar em mandado de segurança.

Ocorre que o art. 16 e seu parágrafo único da LMS são expressos em informar que, nos casos de competência originária, da decisão do relator que conceder ou denegar a medida liminar, caberá agravo. Portanto, foi aberta uma exceção ao enunciado do STF para a hipótese de competência originária. Frise-se que, igualmente ao indeferimento da liminar, o indeferimento da petição inicial, na competência originária, também suporta o cabimento de agravo (art. 10, § 1º).

O art. 7º, § 3º, traz importante previsão sobre os efeitos da liminar, informando que os mesmos persistirão até a prolação da sentença, salvo se revogada ou cassada.

A lei está informando que a sentença, necessariamente, vai afastar a decisão liminar do universo jurídico, pois, a cognição exercida na sentença é exauriente, com base em provas documentais, enquanto a cognição da liminar é sumária. Assim, sobrevindo a sentença, esta tem o condão de afastar a liminar, se não houve no curso do processo a revogação ou cassação da liminar.

A lei tentou afastar um possível raciocínio de que a liminar voltaria a produzir efeitos com a interposição de apelação que possua efeito suspensivo, pois a eficácia da sentença estaria suspensa. A cognição da liminar é sumária, enquanto a da sentença é exauriente, então, sobrevindo a sentença, a liminar perderá totalmente seus efeitos.

Inclusive, o Enunciado 405 do STF informa que mesmo se a sentença não revogar expressamente a liminar, mas se lhe for contrária, retira a liminar do mundo jurídico. De igual modo, sendo a sentença no mesmo sentido da liminar, esta também será retirada do mundo jurídico, porque é a sentença que passa a vigorar, não a liminar.

Pelo art. 1.012 § 1º, V do CPC/15, quando temos liminar confirmada em sentença, a apelação é recebida sem efeito suspensivo, mantendo-se, assim, os efeitos da liminar. A rigor, não é a liminar que mantém seus efeitos, a apelação é recebida sem efeito suspensivo e como ela substitui a liminar, esta está produzindo efeitos. No MS, teremos essa lógica, não pelo art. 1.012, já que o efeito suspensivo para o MS está no art. 14, § 3º, da LMS. Assim, como a sentença substitui a liminar (art. 7º, § 3º), sendo então possível a execução provisória, a sentença já estará produzindo seus efeitos.

4.16.1 Da perempção ou caducidade da medida liminar

Inicialmente, cumpre registrar que esse instituto praticamente só se assemelha no nome à perempção prevista no art. 486, § 3º, do CPC/15. Em sede de mandado de segurança, somente incidirá sobre a medida liminar.

O art. 8º da Lei 12.016/2009 refere-se ao instituto, denominando-o *perempção* ou *caducidade*, entendendo a doutrina[117] tratar-se de expressões sinônimas, que resultam na perda da eficácia da medida liminar anteriormente deferida.

Caracteriza-se, novamente, como uma desídia do autor, pois toda vez que o impetrante criar obstáculos ao normal andamento do processo ou deixar de promover, por mais de três dias úteis, os atos e as diligências que lhe cumprirem, será decretada perempção a requerimento do Ministério Público ou de ofício pelo juiz. Evidentemente deve, também, ser admitido o requerimento por parte da autoridade coatora ou da pessoa jurídica a que aquela pertença.[118]

Há, em doutrina, quem sustente a inconstitucionalidade de tal norma, pois não há correlação sistemática entre a manutenção dos efeitos de uma anterior medida e o "bom comportamento" processual do impetrante. A concessão da medida liminar não pode depender de bom ou mau comportamento do impetrante, mas da cessação dos seus requisitos autorizadores.[119] Outros autores, sem afirmar uma inconstitucionalidade, simplesmente extraem do dispositivo uma preocupação do legislador com a banalização do deferimento da liminar.[120] Há, ainda, quem afirme que a intenção do dispositivo é evidenciar a preocupação do legislador com a rápida tramitação do mandado de segurança.[121]

Realmente não encontramos justificativa para essa medida, principalmente por se tratar o mandado de segurança de um remédio constitucional, elencado no rol dos direitos fundamentais. O que se quer afirmar como indevida é a inclusão entre os requisitos da liminar da análise do comportamento do impetrante; contudo, nada impede que se apliquem os institutos pertinentes aos assuntos previstos no CPC/15, como o art. 485, II ou III, bem como a própria perempção prevista no art. 486, § 3º. Se alguma sanção tiver de ser aplicada ao litigante desidioso deverá ser a litigância de má-fé, não a perempção, como se extrai do art. 25 da Lei 12.016/2009.

Aos que sustentarem a constitucionalidade do artigo, no mínimo deve ser aplicável, subsidiariamente, o art. 485, § 1º, do CPC/15, para que a intimação pessoal do impetrante dê andamento normal ao feito no prazo de 5 dias, em prestígio ao processo civil cooperativo. Do contrário, estar-se-ia admitindo um atuar jurisdicional arbitrário,

---
117. Idem, p. 55.
118. Idem, p. 57.
119. Idem, p. 55.
120. TAVARES, André Ramos. *Manual do novo mandado de segurança:* Lei 12.016/09 cit., 2009. p. 95.
121. FIGUEIREDO CRUZ, Luana Pedrosa et al. *Comentários à nova Lei do Mandado de Segurança:* Lei 12.016/2009 cit., 2009. p. 94.

sem participação das partes. Como afirmado na análise do princípio do contraditório, atuar de ofício não significar atuar sem ouvir as partes, evitando-se decisões "surpresa".

De igual modo, contra a decisão será admissível agravo de instrumento, justamente por equivaler ao deferimento ou indeferimento da liminar.[122]

4.17 DOS RECURSOS

Quanto aos recursos, já discorremos sobre o agravo de instrumento, o agravo interno e a apelação.

Concernente ao agravo interno, na hipótese de suspensão de segurança, o art. 15 permite a sua utilização, tanto para a decisão do Presidente do Tribunal que suspende ou não liminar ou a sentença.

O art. 25 da lei afasta, expressamente, o cabimento de embargos infringentes, seguindo o que já era estabelecido pelos Enunciados 597 do STF e 169 do STJ e, como não existe mais tal recurso no CPC/15, que foi substituído pela técnica de julgamento ampliado (art. 942), a qual deve ser aplicada ao mandado de segurança[123].

É cabível a impetração de mandado de segurança contra decisão que nega provimento aos embargos infringentes previstos na Lei de execução fiscal, eis que contra tal decisão somente é admissível interposição de recurso extraordinário (Súmula 640 do STF), o qual se destina a apreciar violação dos dispositivos da Constituição Federal. Dessa forma, não havendo recurso passível de sanar a ilegalidade, devem ser mitigados os rigores da Súmula 267 do STF para considerar cabível ação mandamental.[124]

O mencionado artigo afasta, ainda, o cabimento de honorários advocatícios, seguindo, novamente, os Enunciados 105 do STJ e 512 do STF, pois, o entendimento é no sentido de que, pela natureza constitucional deste remédio, essa não condenação em honorários é uma forma de se estimular a utilização do mandado de segurança.

Cumpre registrar que são devidos honorários advocatícios nos embargos à execução opostos à execução de decisão em mandado de segurança, por ser ação autônoma que demanda novo trabalho do patrono.[125]

Admite-se a utilização de embargos de declaração (art. 1.022 do CPC/15), bem como dos recursos especial e extraordinário (arts. 105, III, e 102, III, da CF). De igual modo, admite-se o recurso ordinário constitucional, todavia, segundo o STJ,[126] tal recurso não será admitido se o relator indeferir o mandado de segurança

---

122. GRECO FILHO, Vicente. *O novo mandado de segurança: comentários a Lei 12.016/2009* cit., 2010. p. 33; TAVARES, André Ramos. *Manual do novo mandado de segurança: Lei 12.016/2009* cit., 2009. p. 178.
123. Enunciado 62 CJF: Aplica-se a técnica prevista no art. 942 do CPC no julgamento de recurso de apelação interposto em mandado de segurança.
124. STJ, 2ª T., RMS 31.681-SP, Rel. Min. Castro Meira, julgado em 18/10/2012 (Informativo 507). Precedentes citados: RMS 31.380-SP, DJe 16.06.2010; RMS 33.199-SP, DJe 16.03.2011, e RMS 35.136-SP, DJe 14.09.2011).
125. STJ, CE, AR 4.365/DF, rel. Min. Humberto Martins, j. 09.05.2012.
126. RMS 26374 / RJ, rel. Min. Napoleão Nunes Maia Filho, 5ª T., j. 08.09.2008.

e não for manejado agravo regimental, que agora encontra previsão expressa na lei (art. 10, § 1º, da Lei 12.016/2009).

4.18 DA SUSPENSÃO DE SEGURANÇA

A lei procurou melhor disciplinar a figura da suspensão de segurança das decisões proferidas contra o poder público, que existia tanto para o mandado de segurança, como para outras ações em que a Fazenda Pública viesse a ser ré.

A suspensão de segurança encontra uma previsão genérica na Lei 8.437/1992, que dispõe sobre a concessão de medidas cautelares contra atos do Poder Público e dá outras providências.

Em síntese, havendo uma decisão contrária aos interesses da Fazenda Pública, concomitantemente com a possibilidade de recorrer, é possível um pedido de suspensão da decisão ao Presidente do Tribunal ao qual couber conhecer do recurso em face da decisão. Frise-se que o recurso busca a reforma ou invalidação da decisão, já o incidente tem por finalidade sustar a eficácia da decisão; portanto, um mecanismo não exclui o outro.

A doutrina controverte sobre a natureza jurídica desse incidente.

(i) O STJ entende que o juízo realizado no pedido de suspensão ostenta feição política,[127] portanto, não teria caráter jurídico, mas administrativo;

(ii) Majoritariamente, tal instituto não tem natureza recursal, por não estar previsto em lei como recurso e, igualmente, por não gerar reforma, anulação nem desconstituição da decisão. Contudo afasta-se o caráter político ou administrativo, pois, uma decisão administrativa não poderia atingir uma decisão judicial e, de igual modo, o Presidente poderia agir de ofício. Portanto, trata-se, a rigor, de um **incidente processual**, com finalidade de contracautela;[128]

(iii) Seria um sucedâneo recursal, fazendo as vezes de um recurso, ou seja, também pretende anular ou reformar a decisão judicial.[129]

Cumpre registrar que o art. 15 não estabelece a eficácia dessa decisão prolatada pelo Presidente do Tribunal, devendo nos reportar ao Enunciado 626 do STF, pois a suspensão da liminar em mandado de segurança, salvo determinação em contrário da decisão que a deferir, vigorará até o trânsito em julgado da decisão definitiva de concessão da segurança ou, havendo recurso, até a sua manutenção pelo Supremo Tribunal Federal, desde que o objeto da liminar deferida coincida, total ou parcialmente, com o da impetração.

---

127. NORTHFLEET, Ellen Gracie. Suspensão de sentença e de liminar. *RePro*. n. 97. p. 184. São Paulo: Ed. RT, 2000.
128. DIDIER JR., Fredie. *Curso de direito processual civil*. Meios de impugnação às decisões judiciais e processo nos tribunais. 5. ed., v. 3., p. 463-464; ARRUDA ALVIM, Eduardo. *Suspensão da eficácia da decisão liminar ou da sentença em mandado de segurança*. Aspectos controvertidos do art. 4º da Lei 4.348/1964. Disponível em: http://arrudaalvimadvogados.com.br/pt/index.asp?lng=pt. Acesso em: 1º set. 2011.
129. GARCIA MEDINA, José Miguel; CALDAS DE ARAÚJO, Fábio. *Mandado de segurança individual e coletivo*: comentários à Lei 12.016, de 7 de agosto de 2009. São Paulo: Ed. RT, 2009. p. 176.

O STF aplicou, de maneira extensiva, a previsão constante do art. 4º da Lei 8.437, que prevê algumas regras gerais sobre a suspensão de segurança. É a chamada **ultratividade da decisão de suspensão**.

Observe-se que já afirmamos que, sobrevindo a sentença, a liminar perde totalmente a sua eficácia (art. 7º, § 3º); nesse sentido, a decisão de suspensão da liminar vigora até o final do processo, salvo se o Presidente, ao deferir essa liminar, estabelecer de maneira diferente. Destarte, a decisão de suspensão ultrapassa os efeitos da decisão liminar, que cessa com a sentença (art. 7º, § 3º), diferentemente daquela, que se mantém eficaz.

A competência para analisar tal pedido é do Presidente do Tribunal ao qual couber o recurso. Assim, se a liminar foi deferida em agravo de instrumento pelo Tribunal de Justiça, e a pretensão recursal seria de um recurso extraordinário, o pedido de suspensão deverá ser dirigido ao presidente do STF, exemplificativamente.

Negado o pedido, caberá um novo pedido de suspensão de segurança ao Presidente do STJ ou do STF, dependendo da matéria em discussão.

A legitimidade ativa é do Ministério Público e da Pessoa Jurídica, cabendo sempre agravo da decisão do Presidente do Tribunal, independentemente do conteúdo dessas decisões, cancelando-se, assim, os Enunciados 217 do STJ e 506 do STF. Entende o STJ que as empresas públicas e as sociedades de economia mista têm legitimidade para ingressar com pedidos de suspensão de liminar e de segurança, quando na defesa de interesse público decorrente da delegação, não na busca de interesses privados.[130]

Da decisão em suspensão de segurança não se admite recurso especial ou extraordinário.[131] É possível, por meio de uma única decisão, que o presidente do tribunal suspenda várias liminares concedidas em mandado de segurança, evitando-se, assim, o chamado efeito multiplicador (art. 15, § 5º).

Com LMS não repetiu o previsto no art. 4º, § 2º, da Lei 8.437/1992, que prevê a oitiva da parte contrária antes de se suspender a execução da liminar, há embate doutrinário e jurisprudencial:

(i) Não é obrigatória a oitiva do impetrante na suspensão de segurança;[132]

(ii) O dispositivo legal deve ser entendido no sentido da necessidade de que o exame do pedido de suspensão seja precedido de contraditório, sendo o deferimento da medida sem contraditório algo excepcional, ainda que silente a lei;[133]

---

130. Informativo 466: STJ, CE, AgRg na SLS 1.320/BA, rel. Min. Presidente Ari Pargendler, j. 16.03.2011. STJ, Corte Especial, AgRg no AgRg nos EDcl na SLS 771/SC, rel. Min. Cesar Asfor Rocha, j. 30.06.2009.
131. EDcl no REsp 768.480/RJ, rel. Min. José Delgado, 1ª T., j. 11.04.2006.
132. STF, SS 303-8, rel. Min. Néri da Silveira, *DJU* 26.04.1991, p. 5.094.
133. BUENO, Cassio Scarpinella. *A nova Lei do Mandado de Segurança* cit., 2009. p. 102; BUENO, Cassio Scarpinella. *Mandado de segurança*: comentários às Leis n. 1.533/51, 4.348/64 e 5.022/66 cit., 5. ed., p. 278.

(iii) Tal instituto seria inconstitucional por violar o devido processo legal e o juiz natural e, ainda, por não ter previsão de contraditório.[134]

4.19 RELAÇÃO ENTRE MS INDIVIDUAL E COLETIVO. COISA JULGADA. *RIGHT TO OPT IN E OUT*

No que se refere à regulamentação da coisa julgada no mandado de segurança coletivo, bem como ao *right to opt in* e *out* a legislação inovou bastante, quando confrontado com o estudo relativo às demais ações coletivas.

Afirma o art. 22, § 1º, que não há litispendência entre um MS coletivo e um individual. Nesse sentido, nenhuma novidade, adotando-se o que já era previsto no art. 104 do CDC, remetendo-se o leitor para o capítulo específico.

Já no que se refere à regulamentação da coisa julgada, afirma o art. 22 (*caput*) que *a sentença fará coisa julgada limitadamente aos membros do grupo ou categoria substituídos pelo impetrante.*

De igual modo, afirma o legislador que se o impetrante individual pretende ser incluído nos efeitos da decisão do MS coletivo, deverá pedir a **desistência** da sua ação individual, exercendo o *right to opt in*, no prazo de trinta dias, contados da ciência comprovada do MS coletivo.

Esse é o panorama legislativo. Ao se confrontar o art. 22, *caput* e § 1º da Lei 12.016/2009 com os arts. 103 e 104 do CDC muitas são as dúvidas sobre as premissas adotadas e, principalmente, sobre as conclusões possíveis.

Vejamos, se o legislador não regulamentou a técnica de produção da coisa julgada (se *pro et contra*, *secundum eventus litis* ou *secundum eventus probationis*), em primeira análise, é crível que foi adotado o sistema geral, ou seja, *pro et contra*, destarte, tanto o resultado favorável ou desfavorável alcançará o titular individual. De igual modo, nessa linha, se o impetrante individual pedir desistência do seu MS individual, transcorrerá o prazo decadencial de cento e vinte dias e, na hipótese do MS coletivo ser julgado improcedente, não caberá mais outro mandado de segurança individual ou uma ação autônoma, justamente por haver coisa julgada para o titular individual e coletivo.

Duas conclusões são possíveis: ou se criou um regime peculiar para o mandado de segurança, que tem a potencialidade de prejudicar o direito individual, ou deve ser aplicado o regime geral da tutela coletiva do arts. 103 e 104 do CDC. Em sede doutrinária, não há uniformidade:

(i) O legislador teria criado um regime jurídico peculiar e especial em relação às demais ações coletivas, não podendo ser aplicado o arts. 103 e 104 do CDC. Haveria no *writ* coletivo a coisa julgada *pro et contra*, afetando os

---

134. Idem, ibidem.

membros da entidade impetrante tanto no caso de resultado favorável, quanto na hipótese de sentença desfavorável, não podendo ser aplicado o regime do art. 103 do CDC, pois o art. 22 é norma posterior e especial, inviabilizando tanto o mandado de segurança individual, como a utilização de uma ação comum[135]. O STJ,[136] inclusive, já afirmou que a previsão legal criou um sistema de vinculação tácita e automática dos substituídos processuais, que suportarão a coisa julgada independentemente do teor da decisão demandada, inclusive na denegação da ordem.

(ii) Não podemos concordar com ao entendimento anterior, resguardando a elevada estima aos mencionados processualistas, pois haveria um retrocesso no sistema da tutela coletiva, devendo o art. 22 da LMS ser lido em conjunto com o art. 103 do CDC, gerando um diálogo entre as fontes, de modo a não ser qualquer resultado que poderia ser aplicado ao demandante individual. Nesse sentido, como o STJ entende que a suspensão da ação individual pode ser dar, inclusive, de ofício, cremos que o impetrante deverá requerer a suspensão de seu *writ*.[137] Cremos, sinceramente, na inconstitucionalidade do art. 22 e do seu § 1º, por violar o acesso à justiça, à razoabilidade, bem como o direito à prestação jurisdicional do jurisdicionado individual.

Bruno Garcia Redondo, Ronaldo Cramer e Guilherme Peres, fortes defensores do entendimento acima, coerentemente, por sustentarem que cabe mandado de segurança coletivo para direitos difusos, com o que concordamos, afirmam que, nessa hipótese, deve ser aplicado o art. 103, I, do CDC.[138]

4.20 LIMINAR EM MANDADO DE SEGURANÇA COLETIVO

Dispõe o art. 22, § 2º, da LMS que, no mandado de segurança coletivo, qualquer medida liminar somente pode ser deferida após a oitiva, no prazo de 72 horas, do representante judicial da pessoa jurídica de direito público.

Observe-se que o dispositivo somente se refere à pessoa jurídica de direito público, então, sendo uma liminar requerida contra uma pessoa jurídica de direito privado que esteja exercendo uma atividade pública, não haverá tal exigência (art. 1º, § 2º da LMS).

---

135. GARCIA REDONDO, Bruno; OLIVEIRA, Guilherme Peres; CRAMER, Ronaldo. *Mandado de segurança*: comentários à Lei 12.016/2009. Rio de Janeiro: Método, 2009. p. 153-155. GRECO FILHO, Vicente. *O novo mandado de segurança*: comentários a Lei 12.016/2009, de 07 ago. 2009. São Paulo: Saraiva, 2010. p. 59. TAVARES, André Ramos. Manual do novo mandado de segurança: Lei 12.016/2009 cit., p. 178.
136. STJ, 1ª T., RMS 34.270/MG, rel. Min. Teori Albino Zavascki, julgado 25.10.2011.
137. BUENO, Cassio Scarpinella. *A nova Lei do Mandado de Segurança* cit., 2009. p. 136-139. FERRARESI, Eurico. *Do mandado de segurança: comentários à Lei 12.016*, de 07 ago. 2009. Rio de Janeiro: Forense, 2010. p. 125-127.
138. GARCIA REDONDO, Bruno; OLIVEIRA, Guilherme Peres; CRAMER, Ronaldo. *Mandado de segurança*: comentários à Lei 12.016/2009 cit., p. 154.

Sobre a constitucionalidade de tal dispositivo, controverte a doutrina:

(i) Por restringir a tempestividade e adequada tutela jurisdicional, tal parágrafo não se coaduna com um modelo constitucional de processo, não cabendo ao legislador infraconstitucional exigir o contraditório antes do deferimento de qualquer tutela de urgência, apenas porque, do outro lado, encontra-se o Poder Público. Nesse sentido, deve o magistrado ponderar no caso concreto, se o contraditório será prévio ou não;[139]

(ii) Novamente discordaremos, porém, somente no fundamento, não nos efeitos. Expliquemos. A exigência do prévio contraditório é a regra em nosso ordenamento (art. 5º, LV, da CR/1988), devendo ocorrer na maneira postergada ou diferida somente em hipóteses excepcionais. O grande problema de tal parágrafo é prestigiar o contraditório somente quando for benéfico para a Fazenda Pública, o que infringe a isonomia, bem como prever prioridade no processamento quando for deferida a liminar em MS, sem se referir para a hipótese de ter sido indeferida, como o fez no art. 7º, § 4º, da LMS. Sinceramente, parece que o legislador tem medo da força do mandado de segurança e, desesperadamente, tenta dele se proteger. Enfim, a regra é o contraditório, contudo, diante das peculiaridades do caso concreto, nada impede que o magistrado defira a liminar *inaudita altera parte*.

Há na doutrina quem defenda a utilização inclusive do dispositivo em comento para todas as tutelas antecipadas, observando-se o prazo de setenta e duas horas, na forma do art. 2º da Lei 8.437/1992[140] (atualmente há hipótese semelhante no art. 22, § 2º, da Lei 12.016/2009), todavia, o melhor critério seria o judicial, para que, de acordo com o caso concreto e, diante da complexidade da causa e da urgência, o magistrado intimasse ou não a Fazenda Pública.[141]

4.21 ENUNCIADOS POR ASSUNTO SOBRE MANDADO DE SEGURANÇA

Legitimidade ordinária

Súmula 101 do STF: O mandado de segurança não substitui a ação popular.

Ato de Tribunal de Contas da União

Súmula 248 do STF: É competente, originariamente, o Supremo Tribunal Federal para mandado de segurança contra ato do Tribunal de Contas da União.

---

139. Idem, p. 156-157. TAVARES, André Ramos. *Manual do novo mandado de segurança:* Lei 12.016/2009 cit., p. 177.
140. ZAVASCKI, Teori Albino. *Antecipação de tutela.* 2. ed. São Paulo: Saraiva, 1999. p. 106.
141. DIDIER JR., Fredie. *Curso de direito processual civil.* Teoria geral do processo e processo de conhecimento. 11. ed. Salvador: JusPodivm, 2009. v. 1, p. 562.

Controle de constitucionalidade

Súmula 266 do STF: Não cabe mandado de segurança contra lei em tese.

Mandado de segurança contra ato judicial

Súmula 267 do STF: Não cabe mandado de segurança contra ato judicial passível de recurso ou correição. (Cumpre registrar que o entendimento consagrado em tal enunciado é excepcionado pela Súmula 202 do STJ, que afirma que *a impetração de segurança por terceiro, contra ato judicial, não se condiciona à interposição de recurso*).

Súmula 268 do STF: Não cabe mandado de segurança contra decisão judicial com trânsito em julgado.

Súmula 376 do STJ: Compete à turma recursal processar e julgar o mandado de segurança contra ato de juizado especial.

Mandado de segurança e recurso administrativo

Súmula 429 do STF: A existência de recurso administrativo com efeito suspensivo não impede o uso do mandado de segurança contra omissão da autoridade.

Súmula 21 do STF (vinculante): É inconstitucional a exigência de depósito ou arrolamento prévios de dinheiro ou bens para admissibilidade de recurso administrativo.

Súmula 373 do STJ: É ilegítima a exigência de depósito prévio para admissibilidade de recurso administrativo.

Ação de cobrança. Liminar (art. 7°, § 2°, da Lei 12.016/2009)

Súmula 269 do STF: O mandado de segurança não é substitutivo de ação de cobrança.

Súmula 271 do STF: Concessão de mandado de segurança não produz efeitos patrimoniais em relação a período pretérito, os quais devem ser reclamados administrativamente ou pela via judicial própria.

Súmula 405 do STF: Denegado o mandado de segurança pela sentença, ou no julgamento do agravo, dela interposto, fica sem efeito a liminar concedida, retroagindo os efeitos da decisão contrária. (*vide* art. 7°, § 3°, da Lei 12.016/2009).

Súmula 212 do STJ: A compensação de créditos tributários não pode ser deferida em ação cautelar ou por medida liminar cautelar ou antecipatória.

Súmula 213 do STJ: O mandado de segurança constitui ação adequada para a declaração do direito à compensação tributária.

Sociedade de economia mista

Súmula 517 do STF: As sociedades de economia mista só têm foro na Justiça Federal, quando a União intervém como assistente ou opoente.

Súmula 556 do STF: É competente a justiça comum para julgar as causas em que é parte sociedade de economia mista.

Súmula 42 do STJ: Compete à Justiça Comum Estadual processar e julgar as causas cíveis em que é parte sociedade de economia mista e os crimes praticados em seu detrimento.

Sistema recursal

Súmula 272 do STF: Não se admite como ordinário recurso extraordinário de decisão denegatória de mandado de segurança.

Súmula 294 do STF: São inadmissíveis embargos infringentes contra decisão do Supremo Tribunal Federal em mandado de segurança.

Súmula 299 do STF: O recurso ordinário e o extraordinário interpostos no mesmo processo de mandado de segurança, ou de *habeas corpus*, serão julgados conjuntamente pelo Tribunal Pleno.

Súmula 392 do STF: O prazo para recorrer de acórdão concessivo de segurança conta-se da publicação oficial de suas conclusões, e não da anterior ciência à autoridade para cumprimento da decisão.

Súmula 597 do STF: Não cabem embargos infringentes de acórdão que, em mandado de segurança, decidiu, por maioria de votos, a apelação.

Súmula 622 do STF: Não cabe agravo regimental contra decisão do relator que concede ou indefere liminar em mandado de segurança. (Tal enunciado restou bastante enfraquecido com a redação dos arts. 10, § 1º; 16, parágrafo único, e 15 da Lei 12.016/2009).

Coisa julgada material

Súmula 304 do STF: Decisão denegatória de mandado de segurança, não fazendo coisa julgada contra o impetrante, não impede o uso da ação própria.

Prazo

Súmula 430 do STF: Pedido de reconsideração na via administrativa não interrompe o prazo para o mandado de segurança.

Súmula 632 do STF: É constitucional lei que fixa o prazo de decadência para a impetração de mandado de segurança.

Ato de Tribunal

Súmula 330 do STF: O Supremo Tribunal Federal não é competente para conhecer de mandado de segurança contra atos dos Tribunais de Justiça dos Estados.

Súmula 624 do STF: Não compete ao STF conhecer originariamente de mandado de segurança contra atos de outros tribunais.

Súmula 41 do STJ: O Superior Tribunal de Justiça não tem competência para processar e julgar, originariamente, mandado de segurança contra ato de outros tribunais ou dos respectivos órgãos.

Autoridade delegada (art. 1º, § 2º, da lei 12.016/2009)

Súmula 510 do STF: Praticado o ato por autoridade, no exercício de competência delegada, contra ela cabe o mandado de segurança ou a medida judicial.

Súmula 60 do TFR: Compete à Justiça Federal decidir da admissibilidade de mandado de segurança impetrado contra atos de dirigentes de pessoas jurídicas privadas, ao argumento de estarem agindo por delegação do Poder Público Federal.

Estabelecimento de ensino

Súmula 34 do STJ: Compete à Justiça Estadual processar e julgar causa relativa a mensalidade escolar, cobrada por estabelecimento particular de ensino.

Súmula 15 do TFR: Compete à Justiça Federal julgar Mandado de segurança contra ato que diga respeito ao ensino superior, praticado por dirigente de estabelecimento particular.

Súmula 16 do TFR: Compete à Justiça Estadual julgar mandado de segurança contra ato referente ao ensino de 1º e 2º Graus e exames supletivos (Lei 5.692, de 1971), salvo se praticado por autoridade federal.

Ato do Presidente do TRT

Súmula 433 do STF: É competente o Tribunal Regional do Trabalho para julgar mandado de segurança contra ato de seu presidente em execução de sentença trabalhista.

Direito líquido e certo

Súmula 474 do STF: Não há direito líquido e certo amparado pelo mandado de segurança, quando se escuda em lei cujos efeitos foram anulados por outra, declarada constitucional pelo Supremo Tribunal Federal.

Súmula 625 do STF: Controvérsia sobre matéria de direito não impede concessão de mandado de segurança.

Suspensão de segurança

Súmula 506 do STF: O agravo a que se refere o art. 4º da Lei 4.348, de 26.06.1964, cabe, somente, do despacho do Presidente do Supremo Tribunal Federal que defere a suspensão da liminar, em mandado de segurança, não do que a denega (superada pelo próprio Tribunal Pleno em 2002 (Acórdão da SS 1945 AgR-AgR-AgR-QO), e pelo art. 15 da Lei 12.016/2009, que passou expressamente a admitir agravo interno).

Súmula 626 do STF: A suspensão da liminar em mandado de segurança, salvo determinação em contrário da decisão que a deferir, vigorará até o trânsito em julgado da decisão definitiva de concessão da segurança ou, havendo recurso, até a sua manutenção pelo Supremo Tribunal Federal, desde que o objeto da liminar deferida coincida, total ou parcialmente, com o da impetração.

Súmula 217 do STJ: Não cabe agravo de decisão que indefere o pedido de suspensão da execução da liminar, ou da sentença em mandado de segurança (cancelada pelo STJ em 2003; superada pelo art. 15 da Lei 12.016/2009, que expressamente admite o agravo interno).

Honorários advocatícios

Súmula 512 do STF: Não cabe condenação em honorários de advogado na ação de mandado de segurança.

Súmula 105 do STJ: Na ação de mandado de segurança não se admite condenação em honorários advocatícios.

Autoridade coatora

Súmula 627 do STF: No mandado de segurança contra a nomeação de magistrado da competência do Presidente da República, este é considerado autoridade coatora, ainda que o fundamento da impetração seja nulidade ocorrida em fase anterior do procedimento.

Mandado de segurança coletivo

Súmula 629 do STF: A impetração de mandado de segurança coletivo por entidade de classe em favor dos associados independe da autorização destes.

Súmula 630 do STF: A entidade de classe tem legitimação para o mandado de segurança ainda quando a pretensão veiculada interesse apenas a uma parte da respectiva categoria.

Litisconsórcio

Súmula 631 do STF: Extingue-se o processo de mandado de segurança se o impetrante não promove, no prazo assinado, a citação do litisconsorte passivo necessário.

Súmula 701 do STF: No mandado de segurança impetrado pelo Ministério Público contra decisão proferida em processo penal, é obrigatória a citação do réu como litisconsorte passivo.

Competência do STJ

Súmula 177 do STJ: O Superior Tribunal de Justiça é incompetente para processar e julgar, originariamente, mandado de segurança contra ato de órgão colegiado presidido por Ministro de Estado.

Direito ameaçado pertencente a várias pessoas (art. 1º, § 3º, da Lei 12.016/2009)

Súmula 628 do STF: Integrante de lista de candidatos a determinada vaga da composição de tribunal é parte legítima para impugnar a validade da nomeação de concorrente.

4.22 SISTEMATIZAÇÃO GRÁFICA DO PROCEDIMENTO

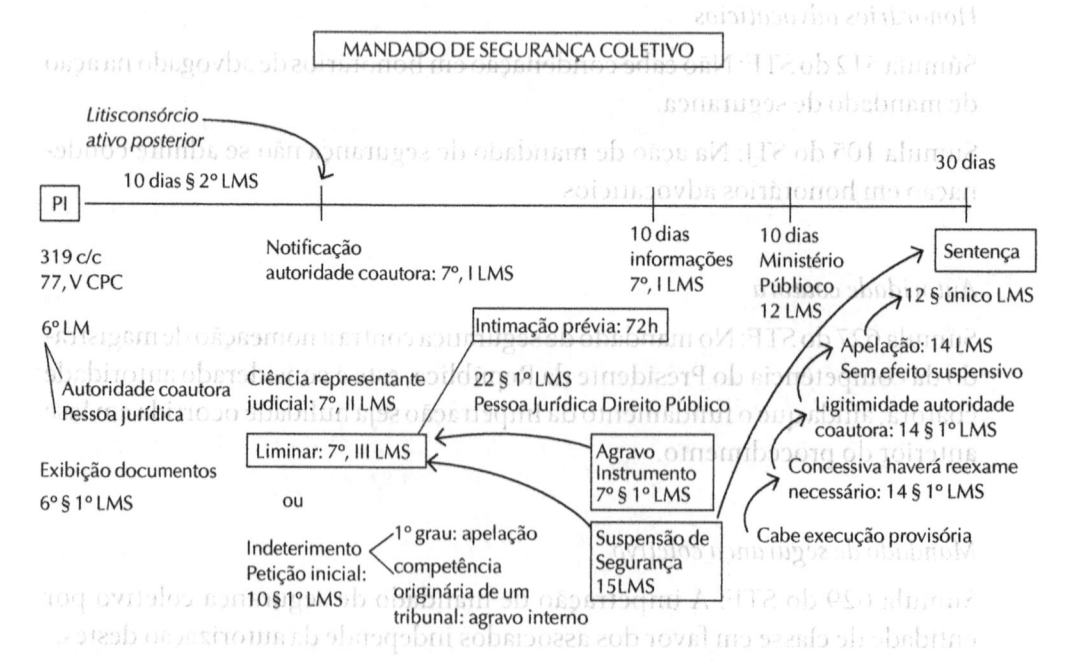

```
                    ┌─────────────────────────────────────┐
                    │   MANDADO DE SEGURANÇA COLETIVO    │
                    └─────────────────────────────────────┘

  Litisconsórcio
  ativo posterior
                                                                              30 dias
      10 dias § 2º LMS
┌────┐                                          10 dias        10 dias
│ PI │                                          informações    Ministério
└────┘                                          7º, I LMS      Público        Sentença
  319 c/c         Notificação                                  12 LMS
  77, V CPC       autoridade coautora: 7º, I LMS                              12 § único LMS

  6º LM                              Intimação prévia: 72h
                                                                              Apelação: 14 LMS
                                                                              Sem efeito suspensivo
  Autoridade coautora   Ciência representante    22 § 1º LMS
  Pessoa jurídica       judicial: 7º, II LMS     Pessoa Jurídica Direito Público
                                                                              Ligitimidade autoridade
                                                                              coautora: 14 § 1º LMS
                                Liminar: 7º, III LMS         Agravo
  Exibição documentos                                        Instrumento      Concessiva haverá reexame
  6º § 1º LMS                          ou                    7º § 1º LMS      necessário: 14 § 1º LMS

                                    1º grau: apelação        Suspensão de    Cabe execução provisória
                         Indeterimento   competência         Segurança
                         Petição inicial: originária de um   15 LMS
                         10 § 1º LMS     tribunal: agravo interno
```

Capítulo 5
MANDADO DE INJUNÇÃO

5.1 INTRODUÇÃO

O mandado de injunção (MI) encontra fundamento no art. 5º, LXXI da CF/88 e regulamentação na Lei 13.300/16 (LMI), sendo instituto inédito em nossa histórica constitucional, não obstante buscar diversos elementos do direito alienígena, como o inglês, norte-americano, alemão e português[1].

Para se compreender o MI coletivo se faz necessária uma percepção adequada do MI individual para que, posteriormente, se avance à análise dos artigos 12 e 13 da LMI, a semelhança da necessária compreensão do MS individual para se compreender o MS coletivo.

Interessante que, não obstante o art. 1º LMI fazer alusão a MI individual e coletivo, não há previsão constitucional para MI coletivo, contudo, o STF[2] sempre admitiu aplicando as regras do MS coletivo.

Será cabível sempre que a falta de norma regulamentadora torne inviável o exercício de direitos e liberdades constitucionais, bem como de prerrogativas inerentes à nacionalidade, à soberania e à cidadania.

Trata-se, portanto, de ação para que o Judiciário reconheça que o Poder Público está em mora e, então, a depender da teoria adotada, supra a falta dessa lei ou ato normativo geral e abstrato que impossibilite o pleno exercício do direito. É instituto que, paralelamente a ADIN por omissão, busca combater a **omissão inconstitucional** ou **síndrome da inefetividade das normas constitucionais**.

Para o seu manejo **cumulativamente** exige-se: (i) omissão legislativa e (ii) sacrifício do direito em razão de tal omissão.

Observe-se que tal omissão deve ser relevante ao ponto de sacrificar o exercício do direito tutelado pelo mandado de injunção, ou seja, se mesmo com tal omissão for possível o exercício de tal direito, consequentemente, **não há interesse de agir** no mandado de injunção. Há, portanto, necessidade do impetrante demonstrar o **nexo de causalidade** entre a omissão e a viabilização de um direito.

---

1. Analisando com mais profundidade o tema: CASTRO, Guilherme de Siqueira. *Mandado de Injunção*. Salvador: Juspodivm, 2016, p. 34-40, onde aponta várias outras influências, como do México, Itália e França.
2. STF, MI 361-1/RJ, rel. Min. Néri da Silveira, DJ 17.06.1994.

Por essa trilha, na hipótese de normas constitucionais de eficácia plena, portanto autoaplicáveis, mesmo com eventual omissão legislativa, **não** será admissível mandado de injunção.

A omissão pode ser **total** ou **parcial** (art. 2º LMI), no primeiro caso não existindo norma regulamentadora ou, no segundo caso, existindo sendo insuficiente, imperfeita ou insatisfatória (art. 2º, parágrafo único LMI). No primeiro caso o STF[3] já afirmou que é indispensável que haja uma superação excessiva de prazo razoável para legislar, configurando um **abuso do direito legal de não legislar**.

Há os mais variados exemplos, como o art. 7º, XX CF/88 (proteção mercado trabalho da mulher), onde há uma falta total, o art. 7º, IV CF/88 (salário-mínimo), onde há uma falta parcial, art. 37, VII CF/88 (direito de greve pelo servidor público)[4], bem como pode ser extraído da Súmula Vinculante 33[5].

Interessante registrar que o próprio dispositivo constitucional do mandado de injunção demorou quase 30 anos para ser regulamentado pela Lei 13.300/16, não obstante isso, o STF[6] sempre entendeu que tal norma constitucional seria autoaplicável, pois se valia das normas infraconstitucionais inerentes ao **mandado de segurança** (MS), como se extrai do art. 24, parágrafo único da Lei 8.038/90.

Com a regulamentação do mandado de injunção a lei do mandado de segurança para a ser **subsidiária** (art. 14 LMI), de igual modo, não se pode cogitar na utilização de MS para proteger direito violado em razão de omissão legislativa.

Percebe-se, assim, que o mandado de injunção é ação **transitória**, somente se justificando enquanto perdurar a omissão legislativa e, nesse sentido, se no curso do processo do mandado de injunção vier a ser regulamentada a indigitada norma constitucional haverá **perda superveniente do interesse de agir** do processo (art. 11, parágrafo único LMI).

De igual modo, a decisão judicial proferida no mandado de injunção estará sempre com a sua **eficácia condicionada** à edição pelo Poder legislativo da respectiva norma regulamentadora que irá superar os efeitos a decisão judicial anteriormente proferida, como se observa da segunda parte do art. 9º LMI, produzindo efeitos *ex nunc* em relação aos beneficiários da decisão transitada em julgado (art. 11 LMI).

---

3. STF, Pleno, MI 361/RJ, rel. Min. Néri da Silveira, rel. p/ acórdão Min. Sepúlveda Pertence, julgado 08.04.1994.
4. Tal assunto já foi julgado, como será melhor trabalho adiante, vide: STF, Pleno, MI 670/ES, rel. Min. Maurício Correa, rel. p/ acórdão Min. Gilmar Mendes, julgado em 25.10.2007.
5. Aplicam-se ao servidor público, no que couber, as regras do regime geral da previdência social sobre aposentadoria especial de que trata o artigo 40 § 4º, III da CF até a edição de lei complementar específica.
6. STF, Plenário. MI 107 QO, Rel. Min. Moreira Alves, julgado em 23.11.1989.

5.2 COMPETÊNCIA

A competência do MI será determinada conforme o caso concreto, levando-se em consideração a autoridade, órgão ou entidade a quem cabia o exercício legislativo não exercido.

Será no **STF** (art. 102, I, "q" da CR/88), em competência originária, quando a elaboração na norma regulamentadora for de atribuição do Presidente República, do Congresso Nacional, da Câmara dos Deputados, do Senado Federal, das Mesas de uma dessas Casas Legislativas, do Tribunal de Contas da União, de um dos Tribunais Superiores ou do próprio STF.

Será no **STJ** (art. 105, I, "h", CF/88), em competência originária, quando a atribuição de edição da norma regulamentadora for de órgão, entidade ou autoridade federal da Administração direta ou indireta, **excetuados** os casos de competência do STF e dos órgãos da Justiça Militar, Justiça Eleitoral, Justiça do Trabalho e da Justiça Federal.

Assim, percebe-se que a competência do STJ é **residual** e com base na matéria, enquanto da **justiça federal**, no mais das vezes, será em razão da pessoa (art. 109, I CF/88), gerando dificuldade em determinar que órgãos, entidade ou autoridade federal da administração direita ou indireta está sujeita a competência do STJ ou da justiça federal. O STJ ao examinar a matéria tem sido restritivo, somente admitindo contra Ministros de Estados[7] e outras autoridades de elevada autoridade, sendo da justiça federal contra autarquias e agências reguladores, como CADE[8] e BACEN[9].

No que se refere à **justiça federal** o art. 105, I, "h", CF/88 traz a ressalva do seu cabimento ao regular a competência do STJ, contudo, tal menção seria desnecessária e sem objeto, pois não há a respectiva previsão no art. 108 ou 109 da CF/88, de igual modo, havendo os entes federais do art. 109, I da CF/88 haverá competência do STJ.

Será em **Tribunal de Justiça** ou na **Justiça Estadual de primeiro grau** havendo previsão expressa na constituição estadual e, residualmente, nas leis de organização judiciária, sendo caso de omissão oriunda de órgãos e autoridades municipais e estaduais, tais como Governador, Assembleia Legislativa, Prefeito, Câmara Municipal, entre outros.

5.3 LEGITIMIDADE ATIVA E PASSIVA

No que se refere a legitimidade ativa o MI individual não há divergência, sendo possível por **qualquer sujeito**, seja pessoa física, jurídica (art. 3º LMI), nacional ou

---

7. STJ, CE, MI 19/DF, rel. Min. Antônio de Pádua Ribeiro, julgado em 10.05.1990.
8. STJ, CE, AgRg no MI 185/DF, rel. Min. Franciulli Netto, julgado em 20.10.2004.
9. STJ, CE, MI 571 QO, rel. Min. Sepúlveda Pertence, julgado em 08.10.1998.

estrangeira (residentes ou em trânsito), ou até mesmo ente despersonalizado, que se *"afirmam titular dos direitos"*[10] previstos art. 5°, LXXI CF/88.

Agora, contudo, no que se refere ao MI coletivo, a questão se torna mais interessante, eis que o art. 12 LMI regulamentou o tema, inovando no sistema coletivo brasileiro, criando uma espécie de fusão entre os principais legitimados coletivos, tomando por base o art. 5° LACP, art. 82 CDC e, ainda, o art. 21 da LMS, trazendo previsão de legitimidade do (i) Ministério Público; (ii) partido político com representação no Congresso nacional; (iii) organização sindical; (iv) entidade de classe; (v) associação legalmente constituída há pelo menos 1 ano e, ainda, para a (vi) Defensoria Pública.

Perceba-se que a ampliação do rol de legitimados ativos é notória e salutar, bem como se exige pertinência temática para **todos** os legitimados.

Cumpre registrar que a inclusão do MP foi realizada por emenda no Senado Federal, **sem** observar a **bicameralidade** (art. 65, parágrafo único CF/88), gerando clássica inconstitucionalidade formal e insanável, não obstante ser importante inclusão que, inclusive, já era encontrada no **art. 6°, VIII LC 75/93** (MPU), muito embora **não** conste para o MS (art. 21 LMS). Ademais, entendemos que a legitimidade para MS e MI coletivo deve ser ampla, não taxativa, sendo inconstitucional o art. 12, I LMI, há o art. 6°, VIII LC 75/93, além de diversos dispositivos da tutela coletiva.

Sobre a legitimidade da Defensoria Pública já era possível encontrar semelhante previsão legislativa no **art. 4°, IX LC 80/94**.

No que se refere a legitimidade da associação, **não** se repetiu a previsão do art. 5° § 4° da LACP, portanto, **não** pode o magistrado dispensar no caso concreto a pré-constituição anua.

No que toca a legitimidade passiva, à semelhança do MS, há forte controvérsia na doutrina.

Para alguns[11] a legitimidade passiva seria da **autoridade, órgão ou entidade** submetida ao dever constitucional de editar a norma regulamentadora, para outros seria da **pessoa natural ou jurídica, pública ou privada**[12] que venha a suportar os efeitos da decisão de procedência e, no máximo, o órgão ou entidade responsável pela regulamentação atue como assistente simples (art. 121 CPC/15) e, por fim, há

---

10. Interessante essa redação legislativa, pois parece se filiar a teoria da asserção no que se refere à análise das condições da ação, em especial a legitimidade.
11. MACIEL, Adhemar Ferreira. Mandado de Injunção e inconstitucionalidade por omissão. In: TEIXEIRA, Sálvio de Figueiredo (Coord.) *Mandados de segurança e de injunção*: estudos de direito processual constitucional em memória de Ronaldo Cunha Campos. São Paulo: Saraiva, 1990, p. 380.
12. SUNDFELD, Carlos Ari. Mandado de Injunção. *Doutrinas essenciais de Direito Constitucional*. v. 5, p. 581-592 (maio/2011).

os que defendem[13] um **litisconsórcio necessário** os legitimados apontados pelas correntes anteriores.

Não obstante toda essa controvérsia, concordo com a doutrina[14] que afirma que a legitimidade irá variar conforme o objeto do MI, pois se for adotada a **teoria**[15] **da subsidiariedade ou não concretista**, o polo passivo será composto somente pelo órgão ou entidade que receberá a comunicação, contudo, sendo admitida a criação da norma jurídica, ainda que limitada ao caso concreto, **teoria da independência jurisdicional e da resolutividade**, é indispensável a formação do litisconsórcio entre o órgão público ou autoridade relapsa e a pessoa física ou jurídica, privada ou pública, que deverá suportar concretamente os efeitos da decisão judicial.

Ocorre, contudo, que o legislador **não** foi suficientemente claro, como se observa do art. 3°, parte final, da LMI, afirmando que o impetrado será o *"Poder, o órgão ou a autoridade com atribuição para editar a norma regulamentadora."*, dando a entender que adotou a primeira corrente acima apontada, porém, ao ler o art. 4° afirma-se que a petição *"indicará, além do órgão impetrado, a pessoa jurídica que ele integra ou aquela a que está vinculado"*, fazendo crer ser necessário o litisconsórcio.

Cremos, contudo, que o legitimado passivo será qualquer órgão ou autoridade da administração direta ou indireta com competência para edição da norma regulamentadora, nos parecendo ser esse o propósito da LMI.

Interessante, por exemplo, o caso de já ter sido apresentado um projeto de lei haverá uma *mora deliberandi* sendo a legitimidade passiva do Congresso Nacional, bem como sendo a norma faltante é um decreto, resolução ou instrução normativa deverá ser impetrado contra o órgão ou autoridade que tenha a atribuição para editar o mencionado ato, como CONTRAN (Conselho Nacional de Trânsito) pela não edição de uma determinada resolução de trânsito.

5.4 PROCEDIMENTO

No que se refere ao procedimento do MI, não se diferencia em muito do procedimento do MS.

A petição inicial observará o CPC/15 (art. 319, art. 320 e 77, V), indicando o órgão impetrado e a pessoa jurídica que ele integra ou a que está vinculado, sendo cabível pedido de **exibição de documentos**, nos termos do art. 396 do CPC/15 c/c art. 4° §§ 2° e 3° LMI.

---

13. Ministro Marco Aurélio, Ilmar Galvão e Carlos Velloso: STF, Pleno, MI 352 QO, rel. Min. Néri da Silveira, julgado em 04.09.1991, contudo não é adotada pelo STF atualmente: Pleno, MI 1007 AgR, rel. Min. Dias Toffoli, julgado em 19.09.2013.
14. NEVES, Daniel Amorim Assumpção. *Ações constitucionais*. Rio de Janeiro: Forense; São Paulo: Método, 2011, p. 104.
15. Tais teorias serão analisadas adiante.

Recebida a petição inicial será ordenada a **notificação** do impetrado para prestar informações no prazo de dez dias úteis (art. 219 CPC/15), **ciência** do representante judicial.

Importante registar que o art. 5º da LMI, diferentemente do art. 7º, III da LMS, **não** traz previsão do cabimento de liminar, mostrando-se alinhado com a jurisprudência do STF[16] que não admite edição da norma regulamentadora supostamente faltante em cognição sumária, contudo, nos filiamos a linha doutrinária[17] de que **somente** não seria possível liminar de conteúdo positivo, pois havendo plausividade do direito invocado e risco de lesão, pela frustração do exercício em concreto de um direito, sendo possível se aplicar o art. 7º, III LMS na forma do art. 14 LMI, no mínimo sendo deferido, de maneira liminar, um apelo para o legislador editar a norma faltante, ainda que se observe o art. 7º § 2º LMS.

É possível indeferimento da petição inicial quando a impetração for manifestamente incabível ou manifestamente improcedente (art. 6º LMI), devendo ser aplicado o regime jurídico dos art. 331 e 332 do CPC/15, admitindo apelação contra tal decisão.

Findo o prazo de informações será intimado o MP (art. 6º LMI), que opinará em 10 (dez) dias úteis, após o que, com ou sem seu parecer, os autos serão conclusos para decisão.

5.5 DAS TEORIAS EXISTENTES SOBRE A DECISÃO

Há duas teorias sobre o acolhimento do mandado de injunção, aonde a segunda irá de subdividir em várias nuances. A primeira conhecida como não concretista (ou da subsidiariedade). A segunda como teoria concretista (ou da independência jurisdicional), podendo ser direta, intermediária, geral ou individual.

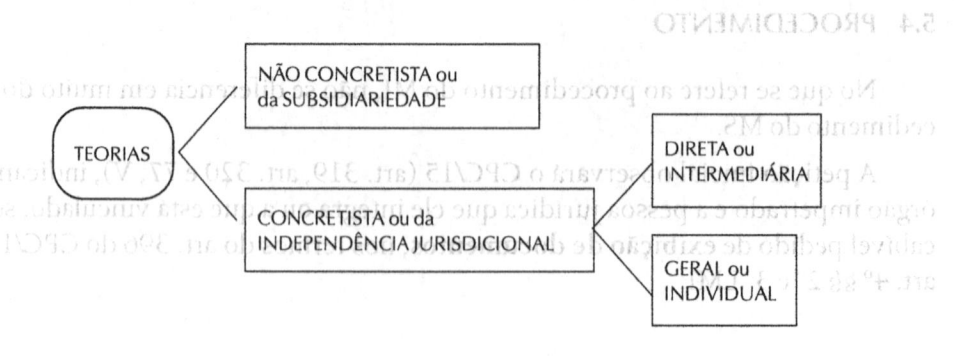

```
                    ┌─ NÃO CONCRETISTA ou
                    │  da SUBSIDIARIEDADE
                    │
                    │                          ┌─ DIRETA ou
         TEORIAS ───┤                          │  INTERMEDIÁRIA
                    │                          │
                    └─ CONCRETISTA ou da ──────┤
                       INDEPENDÊNCIA JURISDICIONAL
                                               │
                                               └─ GERAL ou
                                                  INDIVIDUAL
```

---

16. Vide, por exemplo: STF, Pleno, MI 283, rel. Min. Sepúlveda Pertence, julgado 20.03.1991.
17. MOREIRA, Wander Paulo da Motta. Notas sobre o mandado de injunção. In: TEIXEIRA, Sálvio de Figueiredo (Coord.). *Mandados de segurança e injunção*: estudos de direito processual constitucional em memória de Ronaldo Cunha Campos. São Paulo: Saraiva, 1990, p. 418.

Pela primeira, acolhido o MI, o STF simplesmente **declarará ou certificará** a existência da omissão legislativa declarada pelo impetrante, comunicando tal fato ao Poder Legislativo, **não** alterando em nada a situação jurídica concreta, o que aproximaria o MI à ação de inconstitucionalidade por omissão (art. 103 § 2º CF/88).

Por muito tempo foi adotada pelo **STF**, não sendo cabível ao Judiciário exigir que o Legislativo exerça a sua função típica[18], o que sempre foi visto com complicado, pois o MI se tornaria instituto simbólico, deixando de ser uma ordem oriunda de decisão judicial que deve ser cumprida (um mandado, *mandatum*), bem como uma injunção (uma imposição, ordem a ser cumprida, *injuctione*).

A segunda teoria seria o extremo oposto, pois o Judiciário legislaria efetivamente, sanando por completo a omissão, tanto no plano concreto, como no plano abstrato, criando a norma legislativa aplicável a todos que dela necessitem, por isso denominada de teoria concretista, todavia, também nunca foi indene a críticas, pois ofenderia a separação dos poderes.

Dentro dessa segunda teoria, haveria pelo Judiciário além da produção de um julgamento com efeitos constitutivos e concretos, um efeito *erga omnes*, exercendo uma função atípica de legislar (**teoria concretista geral**) ou um efeito *inter partes* (**teoria concretista individual**), sanando a omissão apenas no caso concreto.

A posição do STF foi se alterando com o passar dos anos.

Em um primeiro momento se entendeu cabível fixar um prazo para o Legislativo sanar a omissão, conhecida como **teoria concreta intermediária**, assegurando ao impetrante, caso a omissão perdurasse após tal prazo, o direito de pleitear reparação indenizatória em razão dos efeitos que a omissão produziu na sua esfera jurídica[19].

Posteriormente, em histórico julgamento realizado em 2007[20], admitindo uma atuação mais efetiva, regulamentando o direito de greve dos servidores públicos, tendo o Ministro Gilmar Mendes ressaltado a necessidade de uma atuação mais ativa do Judiciário, trazendo lições do direito comparado e o Ministro Celso de Mello delimitado com precisão a omissão legislativa do abuso do direito de não legislar, registrando que o STF não poderia assistir passivamente essa inércia continuada de 19 anos, reforçada por já ter o Judiciário comunicado ao Legislativo há 13 anos ao tempo do julgamento do MI 20/DF (teoria concreta direta).

Assim, foi criada uma regra que resolva de forma **concreta** o impasse apresentado pelo impetrante, aplicando-se somente aos **sujeitos afetados** pelo caso concreto, **não** gerando efeito *erga omnes*, salvo na hipótese do **MI coletivo**, que poderá ter efeito *erga omnes* ou *ultra partes* (art. 9º § 1º LMI).

---

18. STF, Pleno, MI 107/DF, rel. Min. Moreira Alves, julgado em 21.11.1990.
19. STF, Pleno, MI 283/DF, rel. Min. Sepulveda Pertence, julgado 20.03.1991.
20. STF, Pleno, MI 670/ES, rel. Min. Maurício Correa, rel. p/ acórdão Min. Gilmar Mendes, julgado em 25.10.2007.

Compulsando-se a LMI percebe-se que o legislador adotou, inequivocamente, a **teoria concreta**, porém foi dosando todas as suas nuances, criando uma opção **sincrética**.

A concepção **concreta intermediária** foi adotada, pois o art. 8º, I afirma que o magistrado *"determinará prazo razoável para que o impetrado promova a edição da norma regulamentadora"*, reforçando seu aspecto concreto pelo inciso II, denominada de **sentença normativa aditiva**.

Há, no art. 8º, uma espécie de **procedimento bifásico**, inicialmente assinalando um prazo para suprimento da mora legislativa e, se desrespeitado tal prazo, haverá uma decisão judicial normativa e concretizadora.

Observe-se que o prazo para edição da norma regulamentadora poderá ser **dispensado** se já tiver havido mandado de injunção anteriormente (art. 8º, parágrafo único), novamente flexibilizando a teoria concreta intermediária avançando para a concreta direta.

De igual modo, pelo art. 9º a eficácia da decisão *"terá eficácia subjetiva limitada às partes"*, portanto, adotando a **teoria concreta individual**, contudo, é possível atribuição de efeito *erga omnes* ou *ultra partes* (art. 9º § 1º), adotando a **teoria concreta geral**, realizando uma espécie de **conversão do MI individual em coletivo**.

5.6 DA COISA JULGADA E DA AÇÃO DE REVISÃO

No que se refere à produção da coisa julgada, o legislador no art. 9º § 3º criou uma **coisa julgada secundum** *eventum probationis*, semelhante a boa parte das ações coletivas, afirmando que o indeferimento do pedido por insuficiência de prova não impede a renovação da impetração fundada em outros elementos probatórios.

Há, contudo, importante instituto, sem assemelhado em nosso ordenamento. É possível o manejo de uma **ação de revisão** da decisão em MI, **sem** prejuízo dos efeitos já produzidos, a **pedido de qualquer interessado**, quando sobrevierem relevantes modificações das circunstâncias de fato ou de direito.

Importante frisar **não** se tratar de ação rescisória, não tendo que observar suas regras e requisitos (art. 966 CPC/15), tampouco o prazo decadencial de dois anos (art. 975 CPC) e, ainda, observará, no que couber, o procedimento estabelecido na LMI (art. 10, parágrafo único).

Percebe-se, assim, que a coisa julgada no MI se produz *rebus sic stantibus*.

No que se refere a coisa julgada no mandado de injunção coletivo, afirma o legislador que a sentença fará coisa julgada limitadamente às pessoas integrantes da coletividade, do grupo, da classe ou da categoria substituídos pelo impetrante, sem prejuízo do disposto nos §§ 1º e 2º do art. 9º, algo semelhante ao previsto no art. 22 da LMS.

5.7 OBJETO DO MI E RELAÇÃO COM MI INDIVIDUAL

Pelo MI coletivo pode ser resguardado direitos difusos, coletivos e individuais homogêneos, como se extrai do art. 12, parágrafo único da LMI, não havendo a restrição prevista no art. 21 da LMS, com a qual não concordamos[21].

O mandado de injunção coletivo **não** induz litispendência em relação aos individuais, mas os efeitos da coisa julgada não beneficiarão o impetrante que não requerer a **desistência** da demanda individual no prazo de 30 (trinta) dias a contar da ciência comprovada da impetração coletiva, trazendo o conhecido *right opt in or out*, semelhante aos arts. 22§ 1º LMS, variando um pouco em relação ao art. 104 do CDC.

5.8 SISTEMATIZAÇÃO GRÁFICA DO PROCEDIMENTO

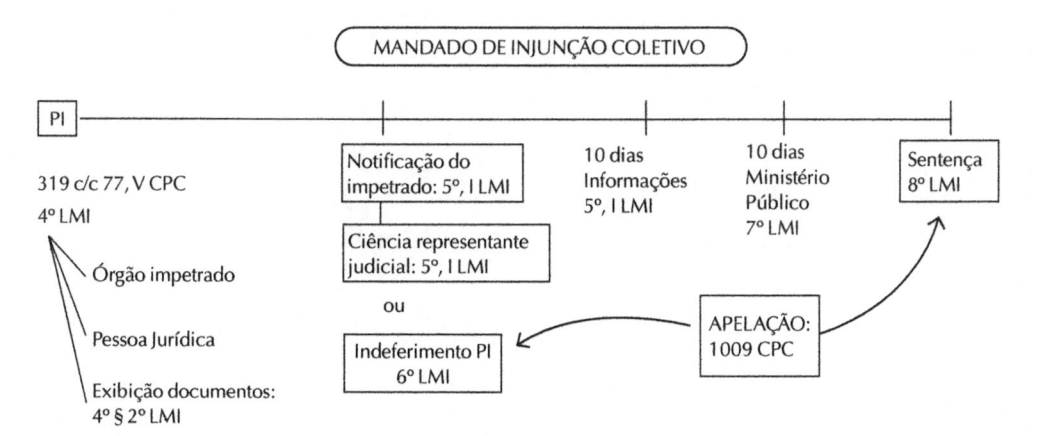

```
                        ┌─ MANDADO DE INJUNÇÃO COLETIVO ─┐

  ┌────┐
  │ PI │──────────────┬────────────────┬──────────────┬──────────────┐
  └────┘              │                │              │              │
                ┌─────────────┐   10 dias        10 dias        ┌──────────┐
 319 c/c 77, V CPC │Notificação do│ Informações    Ministério    │ Sentença │
 4º LMI            │impetrado:5º,I LMI│ 5º, I LMI      Público       │ 8º LMI  │
                └─────────────┘                    7º LMI         └──────────┘
                ┌─────────────┐                                       ↑
    Órgão impetrado │Ciência representante│                                    │
                │judicial: 5º, I LMI│                                    │
                └─────────────┘                                       │
    Pessoa Jurídica      ou                                            │
                ┌─────────────┐           ┌──────────────┐            │
                │Indeferimento PI│◄──────────│  APELAÇÃO:   │────────────┘
    Exibição documentos:│  6º LMI      │           │  1009 CPC    │
    4º § 2º LMI   └─────────────┘           └──────────────┘
```

---

21. Remetemos o leitor para o capítulo sobre mandado de segurança.

5.7 OBJETO DO MI E RELAÇÃO COM MI INDIVIDUAL

Pelo MI coletivo pode ser resguardado direitos difusos, coletivos e individuais homogêneos, como se extrai do art. 12, parágrafo único da LMI, não havendo a restrição prevista no art. 21 da LMS, com a qual não concordamos[21].

O mandado de injunção coletivo não induz litispendência em relação aos indivíduais, mas os efeitos da coisa julgada não beneficiarão o impetrante que não requerer a desistência da demanda individual no prazo de 30 (trinta) dias a contar da ciência comprovada da impetração coletiva, trazendo o conteúdo *right opt in* ou *out*, semelhante aos arts. 22 § 1º LMS, variando um pouco em relação ao art. 104 do CDC.

5.8 SISTEMATIZAÇÃO GRÁFICA DO PROCEDIMENTO

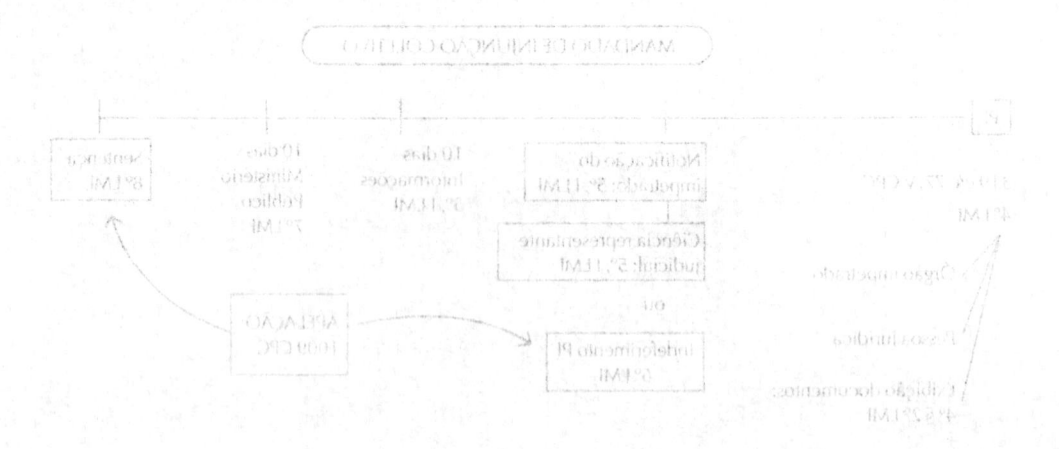

---

21. Remetemos o leitor para o capítulo sobre mandado de segurança.

REFERÊNCIAS

AFONSO DA SILVA, José. *Curso de direito constitucional positivo*. 24. ed. São Paulo: Malheiros, 2005.

ALMEIDA, Gregório Assagra de. *Direito processual coletivo brasileiro*: um novo ramo do direito processual. São Paulo: Saraiva, 2003.

ALVARO DE OLIVEIRA, Carlos Alberto. O formalismo-valorativo no confronto com o formalismo excessivo. *RT*. n. 137. p. 7-31. São Paulo: Ed. RT, ago. 2006.

ALVIM, Teresa Arruda. Apontamentos sobre ações coletivas. *RevPro*. v. 19. n. 75. São Paulo: Ed. RT, jul.-set. 1994.

ANDRADE, Landolfo. *A repercussão do artigo 28 da lindb na interpretação e aplicação do artigo 10 da Lei 8.429/92*. Fonte: https://genjuridico.jusbrasil.com.br/artigos/687668430/a-repercussao--do-artigo-28-da-lindb-na-interpretacao-e-aplicacao-do-artigo-10-da-lei-8429-92.

ARAUJO FILHO, Luiz Paulo da Silva. *Ações coletivas*: a tutela jurisdicional dos direitos individuais homogêneos. Rio de Janeiro: Forense, 2000.

ARENHART, Sérgio Cruz. Decisões estruturais no direito processual civil brasileiro. *Revista de Processo*, n. 225, nov. 2013.

ARRUDA ALVIM, José Manoel. *Código de Defesa do Consumidor comentado*. 2. ed. São Paulo: Ed. RT, 1995.

ARRUDA ALVIM, José Manoel. *Mandado de segurança no direito tributário*. São Paulo: Ed. RT, 1998. n. 4.1 e 4.2.

ARRUDA ALVIM, José Manoel. *Suspensão da eficácia da decisão liminar ou da sentença em mandado de segurança*. Aspectos controvertidos do art. 4º da Lei 4.348/1964. Disponível em: http://arrudaalvimadvogados.com.br/pt/index.asp?lng=pt. Acesso em: 1º set. 2011.

ASSAGRA ALMEIDA, Gregório. ALMEIDA, Gregório Assagra. *Manual das ações constitucionais*. Belo Horizonte: Del Rey, 2007.

ASSIS, Araken de. *Doutrina e prática do processo civil contemporâneo*. São Paulo: Ed. RT, 2001.

ASSIS, Araken de. *Sujeito passivo no mandado de segurança*. São Paulo: Malheiros, 1997, n. 8.

BARBI, Celso Agrícola. *Mandado de segurança*.10. ed. Rio de Janeiro: Forense, 2002.

BARBOSA MOREIRA, José Carlos. Interesses difusos e coletivos. *Revista Trimestral de Direito Público*. São Paulo: Malheiros, n. 3, 1993.

BARBOSA MOREIRA, José Carlos. Mandado de segurança: uma apresentação. *Temas de direito processual civil* – 6ª série. São Paulo, Saraiva: 1997.

BARBOSA MOREIRA, José Carlos. Tendências contemporâneas do Direito Processual Civil. *Temas de direito processual* – 3ª série cit., p. 10, nota 24.

BARBOSA MOREIRA, José Carlos. Tutela jurisdicional dos interesses coletivos ou difusos. *Temas de direito processual civil* – 3ª série. São Paulo: Saraiva, 1984.

BATALHA, Wilson de Souza Campos. *Direito processual das coletividades e dos grupos*. 2. ed. São Paulo: LTr, 1992.

BERNARDINA DE PINHO, Humberto Dalla; FARIAS, Bianca Oliveira de. *Apontamentos sobre o compromisso de ajustamento de conduta na lei de improbidade administrativa e no projeto de Lei da Ação Civil Pública*. Disponível em: www.humbertodalla.pro.br.

BEVILÁQUA, Clóvis. *Código Civil dos Estados Unidos do Brasil*. 11. ed. atual. por Achilles Bevilaqua e Isaias Bevilaqua. São Paulo: Livraria Francisco Alves, 1956. v. 1.

BOTELHO DE MESQUITA, José Ignácio. Mandado de segurança: contribuição para o seu estudo. *RePro*. n. 66. p. 125. São Paulo: Ed. RT, abr.-jun. 1992.

BUENO DE VIDIGAL, Luís Eulálio. Do mandado de segurança. *Direito processual civil*. São Paulo: Saraiva, 1965.

BUENO, Cassio Scarpinella. *A ação civil pública e o Poder Público*. Disponível em: www.scarpinellabueno.com.br. Acesso em: 07 ago. 2011.

BUENO, Cássio Scarpinella. *A nova Lei do Mandado de Segurança*. São Paulo: Saraiva, 2009.

BUENO, Cássio Scarpinella. *Class action e o direito brasileiro*. Disponível em: www.scarpinellabueno.com.br.

BUENO, Cássio Scarpinella. *Curso sistematizado de direito processual civil*: direito processual coletivo e direito processual público. São Paulo: Saraiva, 2010. v. 2, t. III.

BUENO, Cassio Scarpinella. *Lições de direito processual civil*. 17. ed. inteiramente revista. Rio de Janeiro: Lumen Juris, 2008. v. 1.

BUENO, Cássio Scarpinella. *Mandado de segurança*. 5. ed. São Paulo: Saraiva, 2009.

BUENO, Cássio Scarpinella. *Mandado de segurança*: comentários às Leis n. 1.533/51, 4.348/64 e 5.022/66. 5. ed. rev. atual. e ampl. São Paulo: Saraiva, 2009.

BUENO, Cassio Scarpinella. *O Poder Público em juízo*. São Paulo: Max Limonad Réquiem para a ação civil pública. Disponível em: www.scarpinellabueno.com.br.

CAETANO, Marcelo. As origens luso-brasileiras do mandado de segurança. *Revista Forense*. a. 71. v. 252. Rio de Janeiro: Forense, out.-dez. 1975.

CÂMARA, Alexandre Freitas. *Escritos de direito processual* – 2ª série. Rio de Janeiro: Lumen Juris, 2005.

CANOTILHO, José Joaquim Gomes. *Direito constitucional e teoria da Constituição*. 6. ed. Lisboa: Almedina, 2002.

CAPPELLETTI, Mauro; GARTH, Bryan. *Acesso à justiça*. Trad. Ellen Gracie Northfleet. Porto Alegre: Fabris, 1988.

CARNEIRO, Athos Gusmão. *Intervenção de terceiros*. 18. ed. São Paulo: Saraiva, 2009.

CARNEIRO, Paulo Cezar Pinheiro. *A proteção dos direitos difusos através do compromisso de ajustamento de conduta previsto na lei que disciplina a ação civil pública*. Tese aprovada no 9º Congresso Nacional do Ministério Público. Salvador, 1992.

CARNEIRO, Paulo Cezar Pinheiro. *O Ministério Público no processo civil e penal*: promotor natural, atribuição e conflito. Rio de Janeiro: Forense, 1989.

CARVALHO FILHO, José dos Santos. *Ação Civil Pública*. 7 ed. Rio de Janeiro: Lumen Juris, 2011.

CASTRO, Guilherme de Siqueira. *Mandado de Injunção*. Salvador: JusPodivm, 2016.

CRUZ E TUCCI, José Rogério. *Class action e mandado de segurança coletivo*. São Paulo: Ed. RT, 2009.

CRUZ E TUCCI, José Rogério. *Devido processo legal e a tutela jurisdicional*. São Paulo: Ed. RT, 1993.

DALLARI, Adilson Abreu. Limitações a atuação do Ministério Público na ação civil pública. In: Obra coletiva. *Improbidade administrativa*. Questões polêmicas e atuais. 2. ed. São Paulo: Malheiros, 2003.

DANTAS, Marcelo Navarro Ribeiro. *Mandado de segurança coletivo: legitimação ativa*. São Paulo: Saraiva, 2000.

DELGADO, José Augusto. Improbidade administrativa: algumas controvérsias doutrinárias e jurisprudenciais sobre a Lei de Improbidade Administrativo. Obra coletiva. *Improbidade administrativa*. Questões polêmicas e atuais. 2. ed. São Paulo: Malheiros, 2003.

DI PIETRO, Maria Sylvia Zanella. *Direito Administrativo*. 23. ed. São Paulo: Atlas, 2010.

DIDIER JR., Fredie. *Curso de direito processual civil*. Direito probatório, decisão judicial, cumprimento e liquidação da sentença e coisa julgada. Salvador: JusPodivm, 2007. v. 2.

DIDIER JR., Fredie. *Curso de direito processual civil*. Meios de impugnação às decisões judiciais e processo nos tribunais. 5. ed. v. 3.

DIDIER JR., Fredie. *Curso de direito processual civil*. Teoria geral do processo e processo de conhecimento. 11. ed. Salvador: JusPodium, 2009. v. 1.

DIDIER Jr., Fredie. ZANETI Jr., Hermes. *Curso de Direito Processual Civil*. Salvador: Juspodivm, 2019, v. 4.

DIDIER JR., Fredie. ZANETI JR., Hermes. *Editorial 35*: Legitimidade da Defensoria Pública para a propositura de ações coletivas, de 30 de abril de 2008. Disponível em: www.frediedidier.com.br . Acesso em: 1 mai. 2008.

DIDIER JR., Fredie; ZANETI JR., Hermes. *Curso de direito processual civil*. Processo coletivo. 3. ed. Salvador: JusPodivm, 2008. v. 4.

DINAMARCO, Cândido. *Instituições de direito processual civil*. São Paulo: Malheiros. v. 1.

DIREITO, Carlos Alberto Menezes. *Manual do mandado de segurança*. 4. ed. ampl. e atual. Rio de Janeiro: Renovar, 2003.

FAGUNDES, Seabra. *O controle dos atos administrativos pelo Poder Judiciário*. 4. ed. Forense: Rio de Janeiro, 1957.

FARIAS, Cristiano Chaves de. ROSENVALD, Nelson. NETTO, Felipe Peixoto Braga. *Novo Tratado de Responsabilidade Civil*. 3. ed. São Paulo: Saraiva.

FERRARESI, Eurico. *Do mandado de segurança: comentários à Lei 12.016, de 07 ago. 2009*. Rio de Janeiro: Forense, 2010.

FERRAZ, Antonio Augusto Mello de Camargo; BENJAMIN, Antonio Herman de Vasconcellos e. *A inversão do ônus da prova na Lei da Improbidade Administrativa* – Lei 8.429/1992. Teses aprovadas no Congresso Nacional do Ministério Público. Cadernos – Temas Institucionais. São Paulo: Associação Paulista do Ministério Público, 1995.

FERRAZ, Sérgio. *Mandado de segurança*. 3. ed. São Paulo: Malheiros, 2006.

FIGUEIREDO CRUZ, Luana Pedrosa et al. *Comentários à nova Lei do Mandado de Segurança*: Lei n. 12.016/09, de 7 de agosto de 2009. São Paulo: Ed. RT, 2009.

FIGUEIREDO, Lucia Valle. *Mandado de segurança*.4. ed. São Paulo: Malheiros, 2002.

FIGUEIREDO, Marcelo. *Probidade administrativa*: comentários à Lei 8.429/1992 e legislação complementar. São Paulo: Malheiros.

FIGUEIREDO, Marcelo. Ação de improbidade administrativa e suas peculiaridades e inovações. In: Obra coletiva. *Improbidade administrativa*. Questões polêmicas e atuais. 2. ed. São Paulo: Malheiros: 2003.

FISS, Owen. *Two models of adjudication*. In: DIDIER JR., Fredie, JORDÃO, Eduardo Ferreira (Coord.). *Teoria do Processo* – panorama doutrinário mundial. Salvador: Juspodivm, 2007.

GARCIA MEDINA, José Miguel; ARAÚJO, Fábio Caldas de. *Mandado de segurança individual e coletivo*: comentários à Lei 12.016, de 07 de agosto de 2009. São Paulo: Ed. RT, 2009.

GARCIA REDONDO, Bruno; OLIVEIRA, Guilherme Peres; CRAMER, Ronaldo. *Mandado de segurança*: comentários à Lei n. 12.016/09. Rio de Janeiro: Método, 2009.

GARCIA REDONDO, Bruno; SUAREZ LOJO, Mário Vitor. Ainda e sempre a penhora *online*: constitucionalidade, princípios e procedimento. In: DIDIER JR., Fredie (Org.). *Leituras complementares de processo civil*. 7. Salvador: JusPodivm, 2009.

GARCIA, Emerson. *Ministério Público*: organização, atribuições e regime jurídico. 3. ed. Rio de Janeiro: Lumen Juris, 2008.

GARCIA, Emerson; ALVES, Rogério Pacheco. *Improbidade administrativa*. 2. tir. Rio de Janeiro: Lumen Juris, 2002.

GIDI, Antonio. A representação adequada nas ações coletivas brasileiras: uma proposta. *RePro*. n. 108. São Paulo: Ed. RT.

GIDI, Antonio. *Coisa julgada e litispendência em ações coletivas*. São Paulo: Saraiva, 1995.

GIDI, Antonio. *Las acciones coletivas y la tutela de los derechos difusos, colectivos e individuales em Brasil*: um modelo para países de derecho civil.

GOMES JUNIOR, Luiz Manoel et al. *Comentários à nova lei do mandado de segurança*: lei 12.016, de 7 de agosto de 2009. São Paulo: Ed. RT, 2009.

GRECO FILHO, Vicente. *O novo mandado de segurança*: comentários a Lei 12.016/2009, de 07 ago. 2009. São Paulo: Saraiva, 2010.

GRECO, Leonardo. Natureza jurídica do mandado de segurança. *Revista Arquivos do Ministério da Justiça*. n. 129, p.79. Rio de Janeiro: Departamento de Imprensa Nacional, jan.-mar. 1974.

GRECO, Leonardo. *Novas súmulas do STF e alguns reflexos sobre o mandado de segurança*. Disponível em: http://www.mundojuridico.adv.br. Acesso em: 03 mar. 2010.

GRINOVER, Ada Pelegrini. *Mandado de segurança coletivo*: legitimação e objeto. *RePro*. v. 15. n. 57. p. 150. São Paulo: Ed. RT, jan.-mar, 1990.

GRINOVER, Ada Pelegrini et al. *Código Brasileiro de Defesa do Consumidor comentado pelos autores do anteprojeto*. 8. ed. Rio de Janeiro: Forense, 2004.

GRINOVER, Ada Pelegrini. A ação civil pública refém do autoritarismo. *O processo:* estudos e pareceres. São Paulo: Perfil, 2005.

GRINOVER, Ada Pelegrini. Ações coletivas ibero-americanas: novas questões sobre a legitimação e a coisa julgada. *Revista Forense.* n. 361. Rio de Janeiro: Forense, 2002.

GRINOVER, Ada Pelegrini. Direito processual coletivo. In: GRINOVER, Ada Pellegrini; MENDES, Aluisio Gonçalves de Castro; WATANABE, Kazuo. (Coord.). *Direito processual coletivo e o anteprojeto de Código de Brasileiro de Processos Coletivos.* São Paulo: Ed. RT, 2007.

GRINOVER, Ada Pelegrini. Direito processual coletivo. In: LUCON, Paulo Henrique dos Santos (Coord.). *Tutela coletiva.* 20 anos da Lei da Ação Civil Pública e do fundo de defesa de direitos difusos. 15 anos do Código de Defesa do Consumidor. São Paulo: Atlas, 2006.

GRINOVER, Ada Pelegrini. Novas questões sobre a legitimação e a coisa julgada nas ações coletivas. *O processo:* estudos & pareceres. São Paulo: DPJ, 2006.

JOBIM, Marco Félix. *Medidas estruturantes* – Da Suprema Corte Estadunidense ao Supremo Tribunal Federal. Porto Alegre: Livraria do Advogado, 2013.

JUSTEN FILHO, Marçal. *Curso de direito administrativo.* 5. ed. São Paulo: Saraiva, 2010. Disponível em: http://www.justen.com.br/informativo. Acesso em: 18 fev. 2010.

KLEIN, Aline Lícia. Mandado de segurança contra omissão e contra ato de gestão. *Informativo Justen, Pereira, Oliveira e Talamini,* Curitiba, n. 30, ago. 2009. Disponível em: http://www.justen.com.br/informativo. Acesso em: 02 set. 2009.

LENZA, Pedro. *Teoria geral da ação civil pública.* 3. ed. rev., atual. e ampl. São Paulo: Ed. RT, 2008.

LIMA DOS SANTOS, Ronaldo. *Defendant class actions* – o grupo como legitimado passivo no direito norte-americano e no Brasil. *Boletim Científico da Escola Superior do Ministério Público da União.* Brasília, jan.-mar. 2004.

LIMA, Edilson Vitorelli Diniz. Tipologia dos litígios transindividuais: um novo ponto de partida para a tutela coletiva. In: ZANETI JR., Hermes (Coord.). *Repercussões do novo CPC* – processo coletivo. Salvador: JusPodivm, 2015.

LOPES, Mauro Luis Rocha. *Comentários à nova Lei do Mandado de Segurança.* Niterói: Impetus, 2009.

LOURENÇO, Haroldo. *Teoria dinâmica do ônus da prova e o novo CPC.* Rio de Janeiro: Forense, São Paulo: Método, 2015.

MACIEL, Adhemar Ferreira. Mandado de Injunção e inconstitucionalidade por omissão. In: TEIXEIRA, Sálvio de Figueiredo (Coord.) *Mandados de segurança e de injunção:* estudos de direito processual constitucional em memória de Ronaldo Cunha Campos. São Paulo: Saraiva, 1990.

MANCUSO, Rodolfo Camargo. *Ação popular.* 4 ed. São Paulo: Ed. RT, 2001.

MANCUSO, Rodolfo de Camargo. *Interesses difusos.* Conceito e legitimação para agir. 3. ed. São Paulo: Ed. RT, 1994.

MARINONI, Luiz Guilherme; ARENHART, Sérgio Cruz. *Manual de processo de conhecimento.* São Paulo: Ed. RT, 2006.

MARINONI, Luiz Guilherme. *O direito à tutela jurisdicional efetiva na perspectiva da teoria dos direitos fundamentais.* Disponível em: http://www.marinoni.adv.br/artigos.php#. Acesso em: 17 maio 2016.

MARTINS JUNIOR, Wallace Paiva. *Probidade administrativa*. 2. ed. São Paulo: Saraiva, 2002.

MAZILLI, Hugo Nigro. *A defesa dos interesses difusos em juízo*. 15. ed. São Paulo: Saraiva, 2003.

MAZILLI, Hugo Nigro. *Tutela dos interesses difusos e coletivos*. 3. ed. São Paulo: Damásio de Jesus, 2003.

MAZILLI, Hugo Nigro. Intervenção do Ministério Público no processo civil: críticas e perspectivas. In: SALLES, Carlos Alberto. *Processo civil e interesse público*: o processo como instrumento de defesa social. São Paulo: Ed. RT, 2003.

MAZZEI, Rodrigo Reis. A ação popular e o microssistema da tutela coletiva. In: GOMES JR., Luiz Manoel. (Coord.). *Ação popular*: aspectos controvertidos e relevantes. 40 anos da Lei 4.717/1965. São Paulo: RCS, 2006.

MEIRELLES, Hely Lopes. *Mandado de segurança* cit., 31. ed., p. 64.

MELLO, Celso Antônio Bandeira de. *Curso de direito administrativo*. 17. ed. São Paulo: Malheiros.

MENDES, Aluisio Gonçalves de Castro. *Ações coletivas e meios de resolução coletiva de conflitos no direito comparado e nacional*. 3 ed. São Paulo: Ed. RT, 2012.

MENDES, Aluísio Gonçalves de Castro. *Ações coletivas*. São Paulo: Ed. RT, 2002.

MENDES, Aluísio Gonçalves de Castro. *Ações coletivas*: no direito comparado e nacional. São Paulo: Ed. RT, 2001.

MENDES, Aluísio Gonçalves. *Competência civil da Justiça Federal*. São Paulo: Saraiva, 1998.

MENDES, Gilmar Ferreira; COELHO, Inocêncio Mártires; BRANCO, Paulo Gustavo Gonet. *Curso de direito constitucional*. 2. ed. rev. e atual. São Paulo: Saraiva, 2008.

MENDES, Gilmar Ferreira; WALD, Arnoldo. Competência para julgar ação de improbidade administrativa. *RePro*. n. 107. p. 256. São Paulo: Ed. RT, 2002.

MILLER, Cristiano. A legitimação ativa no mandado de segurança coletivo. *Revista da Faculdade de Direito de Campos*. n. 2 e 3. Campos 2001-2002.

MOREIRA, Wander Paulo da Motta. Notas sobre o mandado de injunção. In: TEIXEIRA, Sálvio de Figueiredo (Coord.). *Mandados de segurança e injunção*: estudos de direito processual constitucional em memória de Ronaldo Cunha Campos. São Paulo: Saraiva, 1990.

NERY JR., Nelson. Arts. 109 a 119. In: GRINOVER, Ada Pellegrini et al. *Código Brasileiro de Defesa do Consumidor*: comentado pelos autores do anteprojeto. Rio de Janeiro: Forense Universitária, 1998.

NERY JR., Nelson. *Princípios do processo civil na Constituição Federal*. 7. ed. São Paulo: Ed. RT, 2002.

NERY JR., Nelson; NERY, Rosa Maria Andrade. *Código de Processo Civil anotado e legislação processual civil extravagante em vigor*. 5. ed. São Paulo: Ed. RT, 1999.

NEVES, Daniel Amorim Assumpção. *Ações constitucionais*. Rio de Janeiro: Forense; São Paulo: MÉTODO, 2011.

EVES, Daniel Amorim Assumpção. *Manual de processo coletivo*. Rio de Janeiro: Forense; São Paulo: Método, 2012. Volume único.

NIGRO MAZZILLI, Hugo. *A defesa dos interesses difusos em juízo*. Meio ambiente, consumidor, patrimônio cultural, patrimônio público e outros interesses. 20. ed. rev. ampl. atual. São Paulo: Saraiva, 2007.

NORTHFLEET, Ellen Gracie. Suspensão de sentença e de liminar. *RePro*. n. 97. p. 184. São Paulo: Ed. RT, 2000.

NUCCI, Guilherme. *Código Penal comentado*. 4. ed. São Paulo: Ed. RT, 2003.

OLIVEIRA, Carlos Alberto Alvaro. A ação coletiva de responsabilidade civil e seu alcance. In: BITTAR, Carlos Alberto. (Coord.). *Responsabilidade civil por danos a consumidores*. São Paulo: Saraiva, 1992.

OSÓRIO, Fábio Medina. *Improbidade administrativa*. 2. ed. Porto Alegre: Síntese, 1998.

PASSOS, José Joaquim Calmon de. *Mandado de segurança, mandado de injunção e habeas data*. Rio de Janeiro: Forense, 1989.

PAZZAGLINI FILHO, Marino et al. *Improbidade administrativa, aspectos jurídicos da defesa do patrimônio público*. São Paulo: Atlas, 1999.

PAZZAGLINI FILHO, Marino. *Lei de Improbidade Administrativa comentada*. 3. ed. São Paulo: Atlas, 2007.

PAZZAGLINI FILHO, Marino; ROSA, Marcio Fernando Elias; FAZZIO JUNIOR, Waldo. *Improbidade administrativa*: aspectos jurídicos da defesa do patrimônio público. 4. ed. São Paulo: Atlas, 1999.

PEREIRA, Marco Antonio Marcondes. A transação no curso da ação civil pública. *Revista de Direito do Consumidor*. n. 16, out.-dez. 1995.

POMBO, Rodrigo Goulart de Freitas. A requisição de documentos necessários à impetração e a necessidade de emenda à inicial do mandado de segurança. *Informativo Justen, Pereira, Oliveira e Talamini*, Curitiba, n. 33, nov. 2009. Disponível em: http://www.justen.com.br/informativo. Acesso em: 04 mar. 2010.

PRUDENTE, Antonio de Souza. A tutela coletiva e de evidência no Juizado Especial Federal Cível e o acesso pleno à justiça. *R. CEJ*, Brasília, n. 21, p. 92-97, abr.-jun. 2003.

REMÉDIO, José Antonio. *Mandado de segurança individual e coletivo*. São Paulo: Saraiva, 2002.

ROBRIGUES, Marcelo Abelha. *Ação civil pública e meio ambiente*. São Paulo: Forense Universitária, 2003.

RODRIGUES, Geisa de Assis. *A ação civil pública e termo de ajustamento de conduta*. Rio de Janeiro: Forense, 2002.

RODRIGUES, Geisa de Assis. *Juizados Especiais Cíveis e ações coletivas*. Rio de Janeiro: Forense, 1997.

RODRIGUES, Geisa de Assis. *Ação civil pública e meio ambiente*. São Paulo: Forense Universitária, 2003.

ROQUE, André. Tutela coletiva dos dados pessoais na lei geral de proteção de dados pessoais (LGPD). *Revista Eletrônica de Direito Processual* – REDP. Rio de Janeiro, ano 13, v. 20, n. 2, maio a agosto de 2019.

SAMPAIO, Francisco José Marques. *Negócio jurídico e direitos difusos e coletivos*. Rio de Janeiro: Lumen Juris, 1999;

SUNDFELD, Carlos Ari. Mandado de Injunção. *Doutrinas essenciais de Direito Constitucional*. v. 5, p. 581-592 (maio/2011).

TAVARES, André Ramos. *Manual do mandado de segurança*: Lei n. 12.016/09. Rio de Janeiro: Forense, 2009.

THEODORO JR., Humberto. *O mandado de segurança segundo a Lei 12.016, de 07 de agosto de 2009*. Rio de Janeiro: Forense, 2009.

VELLOSO, Carlos Mário da Silva. *Temas de direito público*. Belo Horizonte: Del Rey, 1994.

VITORELLI, Edilson. Litígios estruturais: decisão e implementação de mudanças socialmente relevantes pela via processual. In: ARENHART, Sérgio Cruz; JOBIM, Marco Félix (Coord.). *Processos estruturais*. Salvador: Juspodivm, 2017.

WAMBIER, Teresa Arruda Alvim. Litispendência entre ações coletivas. In: MAZZEI, Rodrigo; NOLASCO, Rita. (Coord.). *Processo coletivo*. São Paulo: Quartier latin, 2005.

WAMBIER, Teresa Arruda Alvim. *Os agravos no CPC brasileiro*. 3. ed. São Paulo: Ed. RT, 2001.

WATANABE, Kazuo. *Código de Defesa do Consumidor comentado pelos autores do anteprojeto*. 10 ed. Rio de Janeiro: Forense, 2011. v. II.

WATANABE, Kazuo. Demandas coletivas e problemas emergentes da práxis forense. *RePro*. v. 17. n. 67. São Paulo: Ed. RT, jul.-set. 1992.

WATANABE, Kazuo. Relação entre demanda coletiva e demandas individuais. *RePro*. n. 139. p. 29-35. São Paulo: Ed. RT, 2006.

WATANABE, Kazuo. Tutela jurisdicional dos interesses difusos: a legitimação para agir. In: GRINOVER, Ada Pellegrini. (Coord.). *A tutela dos interesses difusos*. São Paulo: Max Limonad, 1984.

ZANETI JR., Hermes. *Mandado de segurança coletivo*. Aspectos processuais controversos. Porto Alegre: Sergio Antonio Fabris Editor, 2001.

ZANETTI JR., Hermes. *Curso de direito processual civil*: processo coletivo. 3. ed. Salvador: JusPodium, 2008. v. 4, p. 153.

ZANETTI JR., Hermes. *Antecipação de tutela*. 2. ed. São Paulo: Saraiva, 1999.

ZANETTI JR., Hermes. *Processo Coletivo*: tutela de direitos coletivos e tutela coletiva de direitos. 5. ed. atual. e ampl. São Paulo: Ed. RT, 2011.

ZAVASCKI, Teori Albino. *Processo coletivo*: tutela de direitos coletivos e tutela coletiva de direitos. 5. ed. rev., atual. e ampl. São Paulo: Ed. RT, 2011.